MÉMOIRES
ET LETTRES
DE MADAME
DE MAINTENON.

TOME V.

Contenant le Tome V^e. des MÉMOIRES.

MÉMOIRES

POUR SERVIR A L'HISTOIRE

DÉ MADAME

DE MAINTENON,

Et à celle du Siecle passé.

PAR MR. DE. LA BEAUMELLE.

NOUVELLE ÉDITION,

Augmentée des Remarques Critiques de Mr. DE VOLTAIRE, tirées de son Essai sur l'Histoire Générale.

TOME CINQUIEME.

À MAESTRICHT,

Chez JEAN-EDME DUFOUR & PHILIPPE Roux, Imprimeurs-Libraires, associés.

M. DCC. LXXVIII.

TABLE

DES

LIVRES & CHAPITRES

Contenus dans le Tome cinquieme.

LIVRE TREIZIEME.

Tome V. a

LIVRE QUATORZIEME.

LIVRE QUINZIEME.

Fin de la Table des Chapitres.

MÉMOIRES

POUR SERVIR A L'HISTOIRE

DE MADAME

DE MAINTENON,

Et à celle du Siecle passé.

LIVRE TREIZIEME.

CHAPITRE PREMIER.

Traités de partage, & Testaments.

L A santé chancelante du Roi d'Espagne annonçoit sa mort prochaine, & sa mort une guerre générale. Louis & Guillaume ne songeoient qu'à maintenir la paix; ils étoient devenus les arbitres de l'Europe;

& avoient ceſſé de ſe craindre. Cependant leur politique allarmoit la Maiſon d'Autriche, à qui l'Eſpagne alloit échapper. Le premier traité de partage la donnoit au Prince Electoral de Baviere, petit-fils de Marguerite-Thérèſe, fille du ſecond lit de Philippe IV. M. le Dauphin, fils de Marie-Thérèſe, fille du premier lit du même Philippe, & par conſéquent ſeul héritier légitime, avoit pour ſa part les Deux-Siciles, & les meilleures places d'Italie. L'Archiduc Charles n'avoit que le Milanez.

Le Roi d'Eſpagne apprit qu'on démembroit ſa Monarchie dès ſon vivant, & ne dit que ces mots : » Tout traité eſt » nul, tant que Dieu ne l'a pas ſigné." La Reine, outrée de cette inſenſibilité, ne ceſſa de l'irriter contre des diſpoſitions faites ſans lui. Elle éclatoit hautement en regrets de n'en avoir pas d'héritiers, ou de ne lui en avoir pas donné. Elle ne lui parloit que du contrat de mariage, par lequel ſa ſœur aînée avoit ſolemnellement renoncé à toute la Monarchie d'Eſpagne. Renonciation, nulle aux yeux des Politiques, quand elle ne l'auroit pas été pour les Juriſconſultes, mais toujours citée avec avantage à un Prince foible ; comme ſi celui qui l'avoit exigée, ne s'en étoit pas joué.

Elle faifoit fecretement fes brigues en faveur de l'Archiduc, fecond fils de l'Impératrice fa fœur. Mais comme les droits de fon neveu étoient fi éloignés, que fes prétentions auroient révolté toute l'Europe, & peut-être indigné fon époux, elle avoit pris des mefures pour arracher par la force ce qu'elle défefpéroit quelquefois d'obtenir par la perfuafion. Elle avoit rempli le Palais de fes créatures, le Confeil de fes Miniftres, les troupes d'Allemands. Les plus grands poftes du Royaume étoient occupés par fes parents ou par fes amis; le Gouvernement des Pays-Bas. par l'Electeur de Baviere; celui du Milanez, par le Prince de Vaudemont, l'ancien ami de Guillaume & de l'Empereur; la Vice-Royauté de Catalogne, par le Prince de Darmftadt, fon coufin germain.

L'averfion pour la tyrannie Allemande, affoibliffoit dans tous les cœurs Efpagnols leur vieille haine contre les François. Les Grands du Royaume étoient partagés; les uns vouloient le Prince de Baviere, les autres, un enfant de France; mais tous déteftoient un démembrement, & craignoient que les deux Couronnes ne devinffent le patrimoine d'une feule famille. Ils prévoyoient une guerre cruelle de la part de la France, si l'on méprisoit ses droits. Ils concerterent les moyens de la prévenir. Les intrigues furent vives : les murmures contre la Reine fréquents ; les plus ardents furent exilés. Le Marquis d'Harcourt, Ambassadeur à Madrid, homme également propre aux affaires & aux combats, profita de tout pour établir entre les deux Nations une amitié, également utile, soit que le traité de partage subsistât, soit qu'il fut attaqué par un testament. Ce fut lui qui, au mépris de ce traité, témoin des menées de la Reine, & autorisé par les circonstances décisives pour un Négociateur, proposa le premier aux Espagnols, un fils de M. le Dauphin. Il forma un parti assez puissant pour balancer le parti de la Reine.

Mais le Roi, sans cesse importuné par elle, déconcerta ces projets, & fit un testament, par lequel il nomma le Prince Electoral de Baviere son héritier universel au préjudice du Dauphin, & à son défaut, l'Archiduc, au préjudice du Duc d'Orléans. Par-là la Reine d'Espagne mettoit une grande Monarchie dans sa Maison, & , assurée de la Régence pendant la minorité, se flattoit de régner encore quelques années.

Mr. le Président Hénault est le premier

Hiſtorien qui ait parlé de ce premier teſtament d'après les Mémoires de Dangeau,
qui lui ont fourni tant de faits. L'Auteur
d'un *Mémoire ſur la ſucceſſion d'Eſpagne*,
que j'attribue à Valincourt, ajoute, que
l'Empereur n'oſa s'y oppoſer ; parce que
le Prince de Baviere étoit ſon petit-fils,
& que le pere avoit utilement ſervi la
Maiſon d'Autriche par ſon courage & par
ſa capacité dans la guerre. On ſe ſouve-
noit encore de la priſe de Belgrade & de la
Neuhauſel : conjectures frivoles ; croire
que les particuliers ſont toujours décidés
par des raiſons d'intérêt, eſt d'un mé-
chant ; croire que les Princes le ſont
par la reconnoiſſance, ou par l'amitié,
eſt d'un imbécille. La Cour de Vienne ſe
tut, parce qu'elle ne trouva perſonne qui
voulût parler pour elle.

Le Marquis d'Harcourt ſut le contenu
du teſtament par le Cardinal Portocarrero,
qui crut que la fidélité pour la Monarchie d'Eſpagne, vouloit qu'il en trahît le
Monarque. Guilville, un de ſes Gentilshommes, en porta la nouvelle à Louis,
qui réſolut de rappeller de Madrid ſon
Ambaſſadeur, pour marquer ſon mécontentement aux Eſpagnols, & qui l'y laiſſa
pour entretenir la faction Françoiſe. La
paix entre le Turc & l'Empereur, con-

clue par la médiation de la Hollande & de l'Agleterre, rompit pour quelques mois l'intelligence entre Guillaume & Louis ; Guillaume fut accusé d'avoir rendu toutes ses forces à l'Empereur, auquel il ne pouvoit en trop ôter, s'il vouloit que le partage eût lieu.

(1) Le Prince de Baviere mourut à Bruxelles, âgé de sept ans. La Reine seule le pleura. Valincourt, ou l'Auteur du Mémoire déja cité, impute sans détour cette mort subite à la Cour de Vienne, de tout temps infectée des maximes de Machiavel, & soupçonnée de réparer par ses empoisonneurs les fautes de ses Ministres. (2)

Les cabales recommencerent dans celle d'Espagne. La Reine fut plus puissante que jamais, parce qu'elle fit plus de bassesses que jamais pour le devenir. Elle paroissoit toute Espagnole, pour rendre l'Es-

_____

(1) 6 Février 1699.
(2) Il semble par cette phrase, dit M. de V. Tom. V, p. 261, que la Cour de Vienne ait eu de tout temps des empoisonneurs en titre d'office, comme on a des Huissiers & des Drabans. Cependant les bruits odieux répandus sur la mort du Prince Electoral de Baviere, ne méritent plus aujourd'hui aucune créance.

pagne toute Allemande. La Comtesse de Berlips la gouvernoit ; & le Comte d'Harrach, la Comtesse de Berlips. Le Cardinal Portocarrero, d'un esprit altier, d'un caractere inflexible, adoré du peuple, respecté des Grands, protecteur de la France qu'il haïssoit, avide de gloire, certain que l'Autriche ne donneroit que des fers à sa patrie, s'opposa vigoureusement au parti Autrichien, & se retira dans son Archevêché de Tolede. Madrid cria qu'il perdoit son défenseur ; & tout ce qu'il restoit de sujets incorruptibles ou incorrompus, tourna les yeux vers Louis XIV.

(1) La France, l'Angleterre & la Hollande signerent un second traité de partage. M. le Dauphin y avoit tout ce que lui donnoit le premier, & de plus, la Lorraine, qu'on ôtoit au Duc Léopold, qu'on dédommageoit par le Milanez, sans lui demander son avis ; l'Archiduc avoit tout le reste de la Monarchie d'Espagne, à condition que les Couronnes Impériale & Espagnole ne seroient jamais sur la même tête. On fixoit à l'Empereur trois mois pour accepter ce traité : sur son re-

(1) 13 Mars 1700.

A iv

fus, les Puiſſances contractantes devoient choiſir un autre Roi. Quand on voit trois grands Etats s'accorder ſi facilement, malgré leurs jalouſies & leurs animoſités, dans une affaire où il s'agit du ſalut du monde, on ne peut qu'avouer avec le Duc d'Orléans, que la paix perpétuelle de l'Abbé de St. Pierre n'eſt une chimere & un rêve, que pour le peuple des Politiques.

Ce fameux traité, rendu public dans toutes les Cours, en fut reçu fort différemment. Peu l'approuverent; la plupart le crurent impoſſible dans l'exécution; d'autres le regarderent non comme le lien de la paix, mais comme le flambeau de la diſcorde. Ici, on ſoupçonna Guillaume d'endormir la France par des négociations; là, Louis XIV, de tendre les mêmes pieges à Guillaume. On convenoit que la France avoit droit de ſe plaindre de l'injuſtice du teſtament; mais on demandoit de quel droit l'Angleterre & la Hollande partageoient ce qui ne leur appartenoit pas? Eſt-ce pour maintenir la tranquillité Européenne? mais l'Europe n'a point été conſultée ſur ce traité. Eſt-ce pour conſerver cette égalité de pouvoir, qui empêche le fort d'opprimer le foible? Mais quel équilibre! la France arrondie par la Lorraine, aggrandie par les frontieres d'Espagne, Souveraine de la Méditerranée par le Royaume de Naples, ne fera-t-elle pas pencher à son gré la balance politique?

Dès que Louis eut signé le partage, il vit qu'il ne seroit jamais exécuté. Cependant, pour ôter à ses Alliés les ombrages qu'ils prenoient des intrigues du Marquis d'Harcourt, il le rappella de Madrid. Mais pour se ménager une ressource contre leur infidélité, il y laissa Blecourt, que Voltaire fait Secretaire de l'Ambassadeur, & que le Roi fit son Envoyé extraordinaire. La Reine & ses partisans ne douterent point qu'il ne songeât uniquement à exécuter le traité, & travaillerent sourdement à l'en empêcher.

Cependant les Grands d'Espagne, excités par Monterey, étoient outrés de l'affront fait à leur patrie. À l'intérêt public, se joignoit l'intérêt particulier. Ils craignoient qu'un Prince étranger n'envahît les Charges & les Gouvernements, l'unique ressource de plusieurs familles ruinées: l'Allemand les menaçoit de cette injustice, plus que le François, parce que l'Autriche étoit pleine de Seigneurs, à qui la pauvreté rendoit tous les pays égaux; au lieu que les grandes Maisons de France

renonçoient rarement au leur. Ils s'assemblerent souvent en secret, animés par Blécourt, conduits par le Cardinal Portocarrero, qui, sans assister à ces délibérations, y présidoient par leurs amis. Quelques-uns furent d'avis qu'on appellât le
Duc de Chartres, que le souvenir de la
Reine Louise sa sœur, leur rendoit cher.
Quelques autres parlerent au Roi de Mr.
le Duc d'Anjou, comme du Prince à qui
le Trône appartenoit par justice & par
bienséance ; & des sentiments du Pape,
qui, brouillé avec l'Autriche, avoit décidé le cas de conscience pour les Bourbons. Leurs raisons ne l'ébranlerent point,
mais le préparerent à recevoir un jour
la vérité. Pressé par la Reine, il confir-
ma son testament, qui appelloit l'Archiduc à la Couronne, au défaut du Prince
de Baviere. L'Empereur, qui se croyoit
assuré de toute la succession, différa d'a-
bord, & ensuite refusa d'accéder au traité
de partage.

Les trois mois écoulés, Louis, instruit
des dispositions des Espagnols, reçut froidement les propositions de Londres & de
la Haye, sur le choix d'un autre Roi. Les
négociations traînerent en longueur ; &
Guil'aume & Louis parurent abandonner
le destin de l'Espagne à la Providence.

Cependant la maladie de Charles II augmentoit. Blécourt fait jouer tous les ressorts. Il ordonne à un Oratorien qui gouverne Me. d'Aguerri, d'ordonner à Me. d'Aguerri, qui gouverne le Chanoine Urraca, de dire à Urraca, qui gouverne Portocarrero, que sa conscience & son honneur le rappellent à Madrid.) Portocarrero fut persuadé, & sachant quel empire la Religion a sur les mourants les plus rebelles en santé à la justice, il résolut d'en faire entendre au Roi la voix effrayante. Dom Antoine de Ubilla, Secretaire des dépêches universelles, lui étoit dévoué. Ces deux hommes dresserent, avec Sébastien Cotes, un testament, qui conservoit la Monarchie Espagnole en son entier, & assuroit la paix de l'Europe, en donnant la Couronne, non à M. le Dauphin, mais au second de ses enfants.

(1) Le Cardinal Portocarrero, appellé pour administrer au Roi les derniers Sacrements, lui dit avec une noble liberté :
» Sire, toutes vos grandeurs vont s'éva-
» nouir ; vous allez paroître devant le
» Trône de Dieu, où vous rendrez compte

_____

(1) 2 Octobre 1709.

A vj

» de vos actions, comme le moindre de
» vos Sujets : votre conscience ne vous
» reproche-t'elle rien?" Le Roi répondit en soupirant, qu'il avoit toujours rendu justice à ses peuples. » Oui, reprit le
» Cardinal, mais l'avez-vous rendue à
» vos parents? Le Dauphin de France est
» le plus proche héritier de Votre Ma-
» jesté; & en dépit de toutes les Loix,
» vous prenez votre successeur dans le
» degré le plus éloigné. J'aurois, dit le
» mourant, préféré mon neveu, si le Roi
» de France ne s'étoit uni à l'hérétique
» pour partager ma dépouille. Sire, re-
» pliqua Portocarrero avec toute l'auto-
» rité que lui donnoit son ministere, ces
» ressentiments, quoique légitimes, ne
» vous justifieront pas devant Dieu : le
» Dauphin n'est point coupable des hau-
» teurs ou des injustices de son pere ; &
» les injustices de son pere n'excuseront
» pas les vôtres. Vous allez être inter-
» rogé sur les devoirs des Rois ; que ré-
» pondrez-vous à Dieu, qui vous de-
» mandera si vous n'avez pas désobéi
» aux premieres loix de la Nature, par
» égard pour des conseils trompeurs &
» intéressés? si vous avez épuisé tous
» les moyens possibles de laisser la paix
» à vos peuples? l'Espagne va être dé-

» chirée par une guerre opiniâtre, &
» peut-être civile ; l'Europe, confumée
» par les feux dévorants de l'ambition de
» deux puiffants rivaux ; & Votre Majefté
» coupable & éternellement punie de tou-
» tes les calamités, qu'il eft aifé d'éviter
» par un teftament, qui déclarant Roi
» d'Efpagne un de vos petits-neveux,
» affurera la tranquillité publique. "

La Reine entre dans le moment : fa
furprife eft extrême. Portocarrero l'éloi-
gne. Elle fe retire avec emportement. A
dix heures du foir, l'Oratorien porte le
teftament à Blécourt.

Quelques-uns prétendent que le Cardinal, abufant de la foibleffe du Roi,
ne lui propofa que quelques legs pieux
pour le repos de fa confcience, & que le
Roi croyant les figner figna le teftament.
Mais les contemporains affurent que Portocarrero le voyant touché de ce difcours, lui préfenta le teftament projetté ;
qu'il fit entrer dans la chambre quelques
Grands, pour le rendre plus authentique ;
que le Roi lui-même leur en recommanda l'exécution, & leur ordonna de le
figner. Ces Grands étoient attachés à la
France.

Le fecret, quoique confié à plufieurs
perfonnes, fut religieufement gardé. La

Reine fut avertie que le Roi avoit signé quelque chose ; mais on lui dit que ce n'étoit qu'un codicile plein de fondations pieuses : & elle le crut pieusement. Depuis, le Cardinal, qui craignoit l'ascendant qu'elle avoit sur le Roi, ne la laissa jamais seule avec lui, tantôt lui refusant l'entrée de l'appartement sous prétexte de mauvais air, tantôt y entrant avec elle, sous prétexte de donner des absolutions. Cependant le Roi laissa souvent échapper dans ses délires ces paroles énergiques : » Au moins que la Reine n'en sache rien. "Il ne vouloit point être exposé aux discours, aux cris, aux menaces, aux larmes, dont elle le fatiguoit depuis tant d'années.

(1) Enfin, ce Prince, mourant depuis sa naissance, mourut ; peu estimé du peuple à qui il n'avoit fait aucun bien, peu regretté des Grands, qui espéroient un changement de fortune d'un changement de domination. La Reine seule paroissoit inconsolable, parce qu'elle n'étoit point affligée. Deux heures après, on s'assembla pour ouvrir le testament. La Reine essuyoit ses pleurs, & méditoit déja les pre-

_____

(1) 1 Novembre 1700.

miers ordres d'une Régente : les grands
Officiers de la Couronne juroient qu'ils
n'avoient d'autre volonté que celle du
feu Roi : le Cardinal Portocarrero tâchoit de dissimuler sa joie, lorsque Dom
Antoine d'Ubilla entra dans la salle, &
fit l'ouverture du testament avec toutes
les formalités accoutumées. Le testateur
y déclaroit d'abord, pour la décharge de
sa conscience, que la renonciation de Ma-
rie-Thérese sa sœur & celle d'Anne sa
tante n'ayant été faites que pour prévenir l'union des deux Couronnes sur une
même tête, elles étoient valides à l'égard
de Mr. le Dauphin, mais nulles à l'égard
des autres héritiers légitimes, & qu'ainsi
Mr. le Dauphin & Mr. le Duc de Bourgogne étant appellés au Trône de France,
il nommoit pour son héritier universel
Mr. le Duc d'Anjou, à son défaut, Mr.
le Duc de Berry, après eux leur postérité, ensuite l'Archiduc, & enfin le Duc
de Savoye. Il établissoit un Conseil de
Régence, composé de la Reine, du Cardinal, des Présidents de Castille & d'Arragon, de l'Inquisiteur-général, du Comte
d'Aiguillar comme Conseiller d'Etat, &
du Comte de Benaventi comme Grand
d'Espagne : la Reine n'avoit qu'une voix ;
& en cas de partage, la voix prépon-
dérante.

Chaque mot de ces étranges difpofitions étoit un coup de poignard pour elle. Abattue, confufe, défefpérée, elle n'ofa parler du teftament antérieur, ni reprocher à Portocarrero de l'avoir trompée. Elle fortit de l'affemblée, en verfant un torrent de larmes, & en béniffant la mémoire de fon époux qu'elle maudiffoit fans doute en fecret.

L'ingénieux, le hardi, mais l'infidele Auteur (1) de l'*Hiftoire politique de Louis XIV*, prétend qu'elle étoit non-feulement inftruite de tout le myftere, mais encore qu'elle avoit elle-même confeillé ce teftament, pour fufciter des ennemis à la France, & pour lui ravir une partie de la fucceffion en la lui offrant toute entiere (2). Combattre des faits unanimement avoués par des conjectures fur les circonftances de ces faits, c'eft établir fur les débris de l'Hiftoire les rêveries de la politique. Si la Reine eût rendu un fi grand fervice à la France, le Duc d'Anjou l'auroit-il en-

---

(1) M. Maubert, Auteur du *Teftament politique d'Albéroni*, fi critiqué par M. de Voltaire, & fi eftimé malgré lui.

(2) Voyez dans la Bibliotheque Britannique de M. le Docteur Maty, la réfutation de ce conte, qui reparoit dans la 2e. partie de l'*Hift. Polit.* avec auffi peu de vraifemblance.

voyée à Bayonne? il eût récompensé le bienfait; il en eût oublié ou ignoré le motif.

CHAPITRE II.

Le Duc d'Anjou, Roi d'Espagne.

LA Régence dépêcha un Courier au Roi de France, pour lui porter les articles du testament qui regardoient la succession, & deux jours après, un autre, qui apporta le testament entier & des lettres fort respectueuses, qui pressoient vivement le départ du Duc d'Anjou. Le Marquis de Castel dos Rios, Ambassadeur d'Espagne, eut une audience particuliere du Roi, qui ne lui répondit que ces mots: *Mr. l'Ambassadeur, je verrai* (1). » Je

---

(1) » On est obligé d'avertir les Lecteurs de » ces Mémoires, que tout ce qu'on y dit au su- » jet de ce Testament est faux. L'Auteur pré- » tend que lorsque l'Ambassadeur d'Espagne vint » apporter à Louis XIV les dernieres volon- » tés de Philippe V, le Roi lui répondit: *Je ver- » rai.* Cependant le Roi ne fit point une réponse » si étrange, puisque, de l'aveu du Marquis de » Torcy, l'Ambassadeur de France n'eut audien- » ce de Louis XIV, qu'après le conseil dans le- » quel le testament fut accepté. »

» n'aurois jamais cru, dit ce Miniftre en
» fortant du cabinet, qu'en offrant vingt-
„ deux Royaumes, je puffe avoir pour
„ toute réponfe: *Je verrai.* ”

Le Duc de Chartres, averti de l'ir-
réfolution de fon oncle, projetta de fe
dérober de la Cour, & de gagner un
port d'Efpagne. Là, il fe feroit fait connoître pour le petit-fils d'Anne-d'Autriche, & il auroit déclaré aux Efpagnols,
qu'il vouloit tenir la Couronne de leur
choix.

Les Princes, les Miniftres, & quelques
Seigneurs furent affemblés. Le Roi leur
propofa la plus grande queftion qui ait
jamais été agitée. Falloit-il accepter le
teftament du Roi d'Efpagne? falloit-il
s'en tenir au traité de partage? Louis
laiffoit aux fuffrages toute la liberté :
mais on n'ignoroit pas combien il étoit
touché de la gloire d'avoir dans fa famille un Roi de plus. Mr. le Dauphin fe
déclara pour l'acceptation, & dit qu'il
n'afpiroit qu'à dire toute fa vie, *le Roi
mon pere*, & *le Roi mon fils* : belles paroles, fi l'indolence ne les eût infpirées
autant que la modération. On vit alors
ce que c'eft qu'un Confeil de Courtifans : tous parlerent pour l'honneur de
la Famille Royale, aucun pour le bien

de la France. Car Mr. le Duc de Bourgogne & le Duc de Beauvilliers protefte-
rent qu'ils n'avoient été d'un autre avis,
que pour éclaircir la matiere. Cependant
la raifon étoit pour eux. L'acceptation
du teftament jettoit la France dans une
guerre qui réuniffoit contre elle toute l'Europe : l'obfervation du traité de partage aggrandiffoit la France, avec le fecours
des deux Puiffances jufqu'alors les plus op-
pofées à fon aggrandiffement : & fi l'Europe n'avoit pas voulu que les Deux-Siciles & la France obéiffent au même homme, on l'eût défarmée en donnant Naples au Duc d'Anjou. On eût épargné
cette effufion de fang humain qui ne
coûte rien aux Princes. En cédant aux
confeils meurtriers de la gloire, on força l'Europe à combattre pour fa liberté.

Me. de Maintenon fut confultée. Elle
répondit fimplement: ,, S'il eft vrai, com-
,, me tous les Miniftres le difent, qu'en
,, acceptant on aura la paix, il me fem-
,, ble qu'il ne faut pas héfiter. '' Ceux
qui opinoient pour le teftament, s'étoient
flattés qu'on n'oferoit attaquer l'Epagne
& la France réunies : comme s'il n'étoit
pas plus vraifemblable, que l'Empereur
feroit valoir les renonciations, & l'Angleterre & la Hollande les traités de par-

tage, si libres, si justes, & si ambitieusement violés.

Le Roi, ayant pesé tous les avis, méconnut le plus utile, & suivit le plus glorieux. Cependant il cacha sa résolution, jusqu'à ce qu'il eût fait sonder le Gouverneur des Pays-Bas, qui fit de grandes protestations de fidélité, & le Pensionnaire de Hollande, qui s'en tint à des compliments. Il eut un long entretien avec le Duc d'Anjou, qui, maître de sa joie, répondit seulement à ceux qui épioient ce grand secret : » Après l'hon-
„ neur que le Roi d'Espagne m'a fait de
„ me nommer son successeur, sa mémoi-
„ re me sera toujours précieuse. ”

La Cour attendoit le dénouement de cette grande affaire avec impatience ; la ville, avec inquiétude. Qu'importe au peuple, disoient les uns, qu'un homme nommé Bourbon, ou un homme nommé Hapsbourg, soit Roi d'Espagne ? Que nous importe, disoient les autres, que la France soit accrue de quelques Provinces ? Le Roi sera plus riche ; mais en serons-nous moins pauvres ? La grandeur du Prince est toujours l'humiliation du peuple. On étoit las de se battre pour des querelles fort indifférentes à la Nation. On prévoyoit que la patrie alloit être sacrifiée à la dignité de la Famille Royale, dont la véritable gloire eſt de ſe ſacrifier toujours au bonheur de la patrie.

(1) Quoi qu'il en arrivât, le Roi écrivit cette lettre à la Régence d'Eſpagne : „ Le Marquis de Caſtel dos Rios nous a „ remis les clauſes du teſtament conte- „ nant l'ordre & le rang des héritiers „ appellés à la ſucceſſion, & les ſages „ diſpoſitions pour le gouvernement du „ Royaume juſqu'à l'arrivée & la ma- „ jorité du Succeſſeur. La ſenſible dou- „ leur que nous avons de la perte d'un „ Prince dont les qualités & les liai- „ ſons du ſang nous rendoit l'amitié ſi „ chere, eſt infiniment augmentée par „ les marques touchantes qu'il nous don- „ ne, à ſa mort, de ſa juſtice, de ſon „ amour pour des ſujets fideles, & de „ ſon attention à maintenir même au- „ delà de ſa vie le repos général de la „ Chrétienté. Pour répondre à l'entiere „ confiance qu'il nous a témoignée, nous „ nous conformons entiérement à ſes der- „ nieres volontés: & tous nos ſoins ten- » dront déſormais à rétablir par une paix » inviolable la Monarchie d'Eſpagne dans

_____

(1) 12 Novembre 1700.

» fon ancienne fplendeur. Nous acceptons
» en faveur de notre petit-fils le Duc
» d'Anjou, le teftament du feu Roi Ca-
» tholique : notre fils unique le Dau-
» phin l'accepte auffi : il abandonne fans
» regret les juftes droits de la feue Reine
» fa mere, reconnus inconteftables par
» les différents Miniftres d'Etat & de
» Juftice confultés par le Teftateur. Loin
» de fe réferver aucune partie de la Mo-
» narchie, il facrifie fes propres intérêts
» au Duc d'Anjou, que la volonté du
» feu Roi & la voix de fes peuples ap-
» pellent. Nous le ferons partir inceffam-
» ment, pour donner au plutôt à des fu-
» jets fideles la confolation de recevoir un
» Roi bien perfuadé que fon premier de-
» voir doit être de faire régner avec lui
» la juftice & la Religion, de s'appliquer
» uniquement au bonheur de fon Etat,
» de connoître & de récompenfer le mé-
» rite, & de s'en fervir dans fes Confeils,
» dans fes armées, & dans les différents
» emplois de l'Eglife & de l'Etat. Nous
» l'inftruirons de ce qu'il doit à fa gloi-
» re, & encore plus de ce qu'il doit à
» une nation également brave & éclai-
» rée, toujours fidelle à fes Maîtres. Nous
» l'exhorterons à fe fouvenir de fa naif-
» fance & de qui il eft fils, mais encore

» de qui il eſt Roi. Il aimera ſon pays,
» mais ſeulement pour maintenir la bonne
» intelligence ſi néceſſaire au repos com-
» mun de nos ſujets & des ſiens. Cette
» paix a toujours été le principal objet de
» nos vœux : & ſi les malheurs des temps
» ne nous ont pas permis de nous livrer
» à ces ſentiments, nous ſommes per-
» ſuadés que ce grand événement va
» changer l'état des choſes ; en ſorte que
» chaque jour nous offrira de nouvel-
» les occaſions de montrer à tout l'U-
» nivers notre eſtime & notre bien-
» veillance pour toute la Nation Eſpa-
» gnole. ”

La précipitation avec laquelle le teſtament fut accepté, ſuffit pour prouver,
qu'avant qu'il arrivât en France, le Roi
en ſavoit la teneur. Eſt-il vraiſemblable
que Blécourt ne l'en ait pas inſtruit ? Ce
Miniſtre étoit eſtimé du Roi : auroit-il
conſervé ſa confiance, s'il n'avoit pas ſu
pénétrer un myſtere ſi important ? Le
Duc d'Orléans, auquel le teſtament pré-
féroit l'Archiduc & le Duc de Savoye,
crut que cette excluſion avoit été ſug-
gérée à Portocarrero par l'Ambaſſadeur
de France. Il fit ſes proteſtations, avec
tant d'applaudiſſement, qu'il fut perſuadé que l'Europe eût vu plus vo-

lontiers fur le Trône d'Efpagne le petit-fils de Louis XIII, que le petit-fils de
Louis XIV.

La Régence d'Efpagne écrivoit tous les
jours de nouvelles lettres au Roi, pour
preffer le départ du Duc d'Anjou. La
Reine les fignoit avec une joie apparen-
te, & dépêchoit des couriers dans les
Provinces pour s'affurer des Gouverneurs
fi le teftament étoit refufé. Le Préfident
de Caftille ne fe déclaroit, ni pour la France, ni pour l'Autriche, & attendoit les
ordres de fes commettants, ou, pour mieux
dire, ceux de la fortune. Le Cardinal
Portocarrero s'abfentoit du Confeil, fous
prétexte de maladie, pour fe ménager
une excufe auprès du nouveau Roi, quel
qu'il fût.

Louis envoya en Efpagne le Marquis
d'Harcourt, qu'il créa Duc, & chargea
de concerter avec la Régence la maniere
de recevoir le nouveau Roi. Il n'en fit
la confidence qu'au Marquis de Caftel dos
Rios : & le fecret fut fi bien gardé, que
tous les Miniftres étrangers écrivirent à
leurs Maîtres, que le teftament ne feroit
pas accepté. De-là l'étonnement de l'Europe, quand il le fut.

Enfin, la Cour revint de Fontainebleau.
Le Roi choifit, pour déclarer fa réfolution,

tion, un Mardi, jour auquel les Ambaſſadeurs ſe rendoient à Verſailles. A neuf heures & demie du matin, (1) il fit entrer dans ſon cabinet celui d'Eſpagne, & lui dit : *L'heure eſt venue de faire un Roi :* enſuite il appella le Duc d'Anjou, qui étoit dans les arriere-cabinets avec les Princes ſes freres : *Mon fils*, lui dit-il, *c'eſt Dieu qui vous a fait Roi : ſongez à le faire régner dans tous les lieux où vous allez commander : & vous, Mr. l'Ambaſſadeur, ſaluez votre Roi.* Soudain l'Ambaſſadeur met un genoux en terre, baiſe les mains au Duc d'Anjou, & lui fait un long compliment en Eſpagnol. Le Roi prend la parole, & dit : *Il n'entend pas encore l'Eſpagnol, il faut que je réponde pour lui. S'il ſuit mes conſeils, vous ſerez un grand Seigneur, & bientôt : en attendant, il ne peut mieux faire que de ſuivre les vôtres.* Les Ducs de Bourgogne & de Berry s'avancerent & ſe jetterent au cou de leur frere, exprimant par leurs larmes la joie qu'ils avoient de ſon élévation, & le regret qu'ils avoient de le perdre. Ce fut alors que le Duc d'Anjou dit au Duc de Bourgogne : *Je ſuis Roi d'Eſpagne, vous ſerez Roi de France ;*

_____

(1) 16 Novembre.

il n'y a que ce pauvre *Berry* qui ne fera rien ; & que celui-ci répondit : *Moi, je ferai Prince d'Orange, & je vous ferai tous deux enrager.* Le Duc de Bourgogne demanda la permiſſion d'accompagner ſon frere juſqu'à la frontiere d'Eſpagne : *Oui, mon fils,* lui dit le Roi avec émotion, *vous irez, & le Duc de Berry auſſi ; je ſuis ravi que vous vous aimiez ſi tendrement.*

A dix heures, les portes du cabinet s'ouvrirent ; les Courtiſans entrerent en foule. Au bruit confus des aſſiſtants, ſuccéda un profond ſilence ; tous les regards ſe porterent ſur Louis, qui prenant par la main le Duc d'Anjou, dit avec la majeſté du maître de l'Univers : *Meſſieurs, voilà le Roi d'Eſpagne. La Nature l'a fait, le feu Roi le nomme, les peuples le demandent, & j'y conſens. Et vous, Monſeigneur,* ajouta-t-il, *ſoyez bon Eſpagnol ; c'eſt à préſent votre premier devoir ; mais n'oubliez pas que vous êtes né François. Souvenez-vous-en pour entretenir l'union entre les deux Couronnes ; que l'Eſpagne & la France, heureuſes l'une par l'autre, affermiſſent à jamais le repos de l'Europe !*

A ces mots, tous les Ambaſſadeurs furent ſaiſis de reſpect ; ils prévoyoient qu'un Roi ſi ſolemnellement fait, ne ſeroit pas attaqué; ils examinoient la contenance du Comte de Sinzendorf, Miniftre de l'Empereur, que cette fcene accablante ne déconcerta point. On n'apperçut en lui, ni joie fimulée, ni trifteffe fecrete. La veille, il avoit demandé audience avec empreffement. Il l'eut dès le moment même; & maître de fon vifage, il reçut fur la naiffance du fils du Roi des Romains, des compliments exagérés, auxquels il répondit comme s'ils ne l'euffent pas été. Le lendemain, il reçut ordre de fon maître de s'infcrire en faux contre le teftament: c'étoit avouer que s'il étoit authentique, il étoit légitime; enfuite de parler de la renonciation du traité des Pyrénées, comme fi le danger de la réunion des deux Couronnes n'étoit pas plus imminent de la part de l'Autriche, que de celle de la France; enfin, de paroître charmé de l'acceptation, & de publier que les Puiffances maritimes n'offriroient plus aux Bourbons le partage, & les empêcheroient d'avoir la Monarchie. Ces variations du Confeil de Vienne difoient affez que l'Autriche n'avoit ni droits à cette fucceffion, ni forces pour foutenir ceux qu'elle fe faifoit,

Le nouveau Roi naturellement férieux parloit peu, examinoit fur la carte fes différents Royaumes, & apprenoit rapidement la langue du pays qu'il alloit gouverner. » Il la saura bientôt, dit le Roi » à Castel dos Rios : Ah ! Sire, dit l'Ambassadeur, c'est présentement aux Espagnols à apprendre le François. Il a » déja, reprit le Roi, la gravité Espagnole. Ce qui m'enchante, dit le Marquis, c'est qu'il conserve la politesse » Françoise. '' Ce Seigneur avoit toujours souhaité un enfant de France pour son maître. Dans cette espérance, il avoit soutenu l'Ambassade à ses dépens ; & ses dépêches avoient ranimé le courage de Portocarrero. Voyant ses vœux accomplis, il s'écrioit : *Enfin, les Pyrénées sont fondues*. Présent à tout, il applaudissoit avec transport à tout ce que le hasard ou la mémoire fournissoit d'heureux à son Roi. Les réponses du Prince aux harangues des Compagnies du Royaume, furent justes & précises. » Monsieur, dit-» il au Directeur de l'Académie, j'ai toujours estimé votre compagnie ; elle est » pleine d'esprit, & vous ne lui avez pas » fait de tort. '' Il avoit de fréquents entretiens avec son grand-pere, qui lui donnoit des leçons sur le Gouvernement des hommes, & qui, charmé du bon sens & de la droiture qu'il trouvoit en lui,

ne put s'empêcher de lui dire en l'em-
braſſant ; » Mon fils, vous & moi ſouf-
» frirons beaucoup de nous être ſi par-
» ticuliérement connus. " Le Duc de la
Rochefoucault lui ayant dit qu'il ne pourroit chaſſer en Eſpagne, parce que les
chiens y perdoient le nez à cauſe de la
chaleur : » Oui, les chiens de France,
» répondit le jeune Roi ; mais j'en au-
» rai d'Afrique, & c'eſt le premier tri-
» but que je veux impoſer au Roi de Ma-
» roc. " Quelqu'un demandant quelle
étoit la place d'un Roi dans une armée,
il répondit, où il fait le plus chaud : &
ſur ce qu'un vieux Seigneur prétendit
qu'un Roi, qui n'avoit pas d'enfants,
devoit être à la ſeconde ligne ou au corps
de réſerve ; il dit : » N'avoir point d'en-
» fants, eſt-ce une raiſon pour ſe dés-
» honorer ? "

Dès que la nouvelle de l'acceptation
fut arrivée à Bruxelles, l'Electeur de Baviere en témoigna une grande joie, quitta
le deuil, fit chanter le *Te Deum*, & célébra par les plus ſuperbes fêtes ce jour
qui lui devint ſi fatal. A la mort de ſon
fils, il s'étoit plaint de l'étoile de la Maiſon d'Autriche, toujours funeſte, diſoit-
il, à ceux qui s'oppoſent à ſon aggran-
diſſement ; & ces ſoupçons n'étoient ni

éclaircis, ni diffipés. Il envoya le Marquis de Bedmar, affurer le Roi Catholique de fon obéiffance.

Le Prince de Chimay, le Duc d'Avray, & d'autres Seigneurs Flamands, voulurent être du voyage ; toutes les villes reconnurent le nouveau Roi ; celle d'Anvers lui offrit une ftatue. Les Flamands furent invités à Marly, où l'on n'admettoit nul étranger. » Vous me voyez ici, » dit Louis au Marquis de Bedmar, dé- » pouillé de toute grandeur. Sire, répon- » dit Bedmar, il eft difficile de s'en ap- » percevoir. " Ils admirerent l'adreffe de leur Roi, l'humanité du Roi de France, & les graces de la Ducheffe de Bourgogne.

En Efpagne, toutes les charges, hormis celle de la Couronne, vaquent à la mort du Roi. Il faut de nouvelles provifions: ufage oppofé, ce femble, au principe de la Monarchie. L'Electeur de Baviere avoit efpéré qu'on lui continueroit fur le champ le Gouvernement des Pays-Bas ; on le lui promit. Les Meffinois, réfugiés en France, avoient demandé grace : mais le Roi d'Efpagne voulut confulter la Régence, & fe contenta de dire, qu'il fe fouviendroit de ceux qui les premiers l'avoit reconnu Roi. Bedmar,

Commandant des troupes de Flandres, fut long-temps interrogé fur l'état des places. Il dit qu'elles étoient pleines de Hollandois. » Affurez M. de Baviere, lui » dit le Roi, qu'au premier courier qu'il » m'enverra, je ferai marcher autant de » François qu'il me demandera; & j'en- » gage ma parole Royale de les retirer » au moment qu'ils lui paroîtront inuti- » les. " Louis n'oublia rien de ce qui pouvoit raffurer fes Alliés, & défarmer fes ennemis; fes paroles furent pleines de bonté, & fes démarches, de modération.

Le Prince de Vaudemont, Gouverneur du Milanez, écrivit qu'il avoit commencé à refpirer dès qu'il avoit appris le tefta- ment en faveur du Duc d'Anjou; qu'il étoit comblé de joie, depuis qu'il favoit que la France l'avoit accepté; qu'il affu- roit le Roi Catholique de fon obéiffance, & de celle des peuples foumis à fes or- dres. Tous les partifans d'Autriche aban- donnerent une Cour, qui, loin de pro- mettre des récompenfes à leur fidélité, n'avoit pas même prévu qu'elle feroit ébranlée. Dès que le Prince de Darmftadt, Vice-Roi de Catalogne, reçut les dépê- ches du Confeil de Régence, il fit affem- bler fon Confeil, & jurer qu'on obéiroit au teftament, & qu'on reconnoîtroit pour

B iv

Roi celui qui y feroit nommé. Il ne doutoit pas que ce ne fût l'Archiduc; il ouvrit le paquet, & fit tout haut la lecture
de l'acte; quand le nom du Duc d'Anjou
frappa fes yeux, le papier lui tomba des
mains; tous les affiftants crierent : *Vive
le Duc d'Anjou, Roi d'Efpagne !* & l'Autrichien fut obligé de joindre fes acclamations aux leurs : l'Evêque de Gironne
ofa s'y oppofer; on ne l'écouta point.
L'Ambaffadeur de Savoye, celui de Ve-
nife, le Nonce, les Miniftres des Princes
d'Italie, reconnurent à l'envi le nouveau
Roi. La Hollande & l'Angleterre garde-
rent un profond filence, plus étonnées
de cet événement, qu'empreffées à le
traverfer.

Mais les Efpagnols, qui venoient d'é-
crire à Louis XIV qu'il étoit auffi maître
en Efpagne qu'en France, furent irrités
des Lettres-Patentes, par lefquelles il affuroit fa Couronne à fon petit-fils & à
fes defcendants. Ces lettres donnerent aux
droits de l'Autriche un nouvel éclat, &
à fes partifans, une nouvelle audace. Le
teftament de Charles II, difoit-on, n'appelle en Efpagne le Duc d'Anjou, qu'à
condition qu'il renoncera à la France;
Philippe n'eft Roi qu'en vertu de ce teftament; & il en viole le premier article.

(1) Le jour marqué pour le départ, arriva. Le Maréchal de Noailles & le Duc de Beauvilliers furent nommés pour accompagner les Princes. Le Roi voulut conduire le Roi d'Espagne jusqu'à Seaux, maison que le Duc du Maine venoit d'acheter de Me. de Louvois. Il donna la premiere place du carrosse à son petit-fils. Ayant trouvé le chemin entre Seaux & Versailles plein d'un peuple innombrable, il dit à ses enfants : » Voyez combien » nous sommes aimés ! & au Roi d'Es- » pagne : cette joie est sincere ; & tant » que vous vous souviendrez que vous » êtes François, vous trouverez les Fran- » çois Espagnols. »

Les adieux furent fort tendres ; les deux Rois fondoient en larmes en s'embrassant ; M. le Dauphin, appuyé contre la mu-raille, cachoit ses pleurs ; Me. la Duchesse de Bourgogne étoit enveloppée dans ses coëffes. Le silence, au milieu de cette foule de Princes & de Seigneurs, augmentoit la joie des assistants ; ravis de voir leurs Maîtres s'abandonner aux mouvements du cœur : » Pourquoi tant de larmes ? di- » soit Castel dos Rios ; ne vous revettez-

_____

(1) 4 Décembre 1700.

B v

» vous pas, quand vous le voudrez?"

Le Duc de Bourgogne & le Duc de
Berry fuivirent le Roi d'Efpagne jufqu'à
la frontiere. Ils virent l'allégreffe des peuples, & furent touchés de leur mifere. En
entrant dans fes Etats, Philippe donna
des marques d'humanité; il défendit les
combats de taureaux, fous prétexte de
la fainteté du Carême; il refufa un di-
vertiffement où quelques gens de la lie
du peuple hafardoient leur vie : » A Dieu
» ne plaife, dit-il, que mes plaifirs foient
» funeftes à quelqu'un!" Il chaffa fa nour-
rice, parce qu'elle recevoit des préfents.
Il s'affervit à l'étiquette du Palais, qui fait
du Souverain une efpece d'automate;
mais à la campagne, il vécut avec toute
la liberté Françoife. Il tenoit de fon grand-
pere, des inftructions qui auroient fait le
bonheur de l'Efpagne, fi fes lumieres euffent égalé fes bonnes intentions. Ces écrits
paffoient par les mains de M. le Comte
d'Ayen, qui en a fait préfent à la Bibliotheque du Roi.

Les Efpagnols murmurerent bientôt
contre le Gouvernement François. Les
Lettres de cachet s'établirent; les efprits
qu'on eut regagnés par la douceur, s'aliénerent à la vue d'une autorité qui ne par-
donnoit rien; l'Amirante de Caftille per-

dit ſes emplois. Ce Seigneur, intime ami du Maréchal de Noailles, lui montra les défauts de la nouvelle adminiſtration. Noailles en parla au Roi, & ne fut point écouté. Les François ſe moquerent des privileges des Catalans, & leurs railleries diſpoſerent cette Province à la révolte. Le Duc de Najara fut exilé pour avoir parlé en homme.

CHAPITRE III.

Guerre déclarée. Premiere Campagne.

Malgré les efforts de toute l'Europe conjurée contre Louis XIV, de ſages politiques ſoutenoient que l'acceptation pure & ſimple du teſtament étoit plus avantageuſe à la France, par l'harmonie qui régneroit déſormais entre les deux Couronnes, que ne l'auroit été un traité de partage qui lui donnoit de nouveaux Etats en Italie, dont la conſervation, qui avoit fait les malheurs de Louis XII & de François I, affoibliroit ſes forces de mer, & partageroit celles de terre.

Rien n'étoit prêt pour la guerre : Louis n'avoit ménagé ni ſes alliés, ni ſes voi-

fins. Il avoit indigné les Princes Proteftants de l'Empire, par fon obftination à
faire dire la Meffe dans le pays de Mont-
belliard ; le Duc de Lorraine, par l'hu-
miliante cérémonie de vaffalité qu'il en
avoit exigée ; les Vénitiens, par l'attentat fait à leur liberté, en prétendant pour
des bandits François une impunité qu'un
Roi coupable d'affaffinat hors de chez lui
n'eût pu prétendre pour lui-même.

Si la France feule ne pouvoit faire une
guerre avantageufe, elle pouvoit faire aifément des alliances. Mais fes Miniftres
ne furent ni négocier ni agir ; & jamais
elle n'en eut de plus mauvais, qu'au moment où il lui en falloit d'habiles. Celui
de la guerre & des finances, ne favoit
ce que c'étoit qu'un Officier ni un négo-
ciant : celui de la Marine n'avoit pas vu
de vaiffeau : celui des affaires étrangeres
(M. de Torcy) n'étoit jamais forti de
Paris. On m'affure qu'il avoit voyagé ;
cependant il eft fûr qu'il fignoit pour le
Roi dans le temps qu'il ne pouvoit figner
pour lui-même. Peu de capacité, point
de réputation, encore moins d'affection
au bien de l'Etat.

Cependant les circonftances étoient favorables. Léopold n'avoit pas été accufé
d'ambition, quoiqu'oppreffeur de la li-

berté de ſes peuples, conquérant de la
Servie & de la Tranſylvanie. Guillaume
avoit été ſi bien trompé, qu'en 1689, il
lui avoit promis l'Eſpagne. Mais dès qu'il
conſidéra ce que Léopold avoit uſurpé
ſur l'Empire, acquis ſur le Turc, pris
ſur les Hongrois, il le crut aſſez fort
pour ſe battre ſeul contre Louis, & parut vouloir reſter neutre, juſqu'au moment où la néceſſité de conſerver l'équilibre l'armeroit contre le plus puiſſant.

On eût donc pu profiter des premieres démarches de Guillaume & des Hollandois. Guillaume avoit félicité le Duc
d'Anjou comme héritier légitime ; & les
Hollandois l'avoient enfin hautement reconnu. On ſe préparoit à la guerre ; mais
l'Empereur ſeul la vouloit : l'Angleterre
& les Etats-Généraux ſouhaitoient ſincé-
rement la paix. On eût pu les déſunir,
en feignant de prendre pour arbitre des
droits du poſſeſſeur & de ceux du prétendant, le Roi Guillaume, uniquement
flatté du perſonnage de protecteur de la
liberté Européenne, & en donnant ou
promettant aux Hollandois des ſûretés qui
leur ôtaſſent la crainte.

Loin d'entrer dans ces vues, qui auroient ſauvé les droits du Roi d'Eſpagne
ſans commettre la gloire du Roi de Fran-

ce, le Conseil reprit ses anciennes hauteurs, sans être capable de les soutenir. On laissa l'Empereur se faire des amis; on négligea, on irrita les Puissances maritimes : on envoya Tessé au Duc de Mantoue : on permit à la République de Vénise une neutralité qui devoit être plus nuisible qu'une rupture ouverte; on crut que le Duc de Savoye seroit l'ami de ses gendres, & on lui proposa un mariage & de l'argent, au-lieu de lui promettre des morceaux de la Lombardie, que l'Empereur lui offroit secretement : on écrivit des lettres très-polies à Vaudemont, pour l'engager à servir sous M. de Savoye, & de très-dures à la Diete de l'Empire, qu'il étoit dangereux d'insulter. Enfin, on s'empara de toutes les places des Pays-Bas. Vingt-deux Bataillons Hollandois qui les gardoient, en furent chassés sans résistance. On eût pu, & peut-être dû les arrêter; mais on craignit d'être accusé d'avoir fait les premieres actes d'hostilité; quoiqu'en ces moments critiques l'aggresseur soit non celui qui attaque, mais celui qui veut attaquer. La docilité des Etats-Généraux, & la délicatesse de Louis, disoient assez, que ni la Hollande ni la France ne vouloient la guerre. Cette situation ressembloit à celle d'aujourd'hui, où l'on voit deux Rois la projetter, ne pas la vouloir, la faire, & ne pas ofer la déclarer.

Cependant l'Empereur fit paffer en Italie une armée de trente mille hommes, commandée par le Prince Eugene. Louis y en avoit déja envoyé une, conduite par Catinat, le dernier éleve de Turenne & de Condé. Eugene arrivoit par le Trentin; on ne put l'empêcher de paffer l'Adige. Catinat qui avoit ordre de ne pas attaquer le premier, fe contenta de lui fermer l'entrée du Mantouan & du Milanez. St. Fremont & Teffé furent battus à Carpi.

Catinat reçut tous les jours de nouveaux échecs; il foupçonna M. de Savoye d'être d'intelligence avec le Prince Eugene, & dit un jour tout haut dans le Confeil de guerre : Il y a ici un traître. Il écrivit à la Cour fes inquiétudes. Les faits dont il les appuyoit, donnoient du poids aux foupçons; la probité du Roi les infirmoit. La Ducheffe de Bourgogne, outrée que fon pere fût accufé de perfidie, engagea le Comte de Teffé à le juftifier. Chamillard fut d'avis de rappeller l'accufateur, que perfonne ne foutenoit à la Cour, parce qu'il n'étoit qu'un grand homme. Le Maréchal de Villeroi, enfant

de la faveur, jufqu'alors uniquement connu par des fautes à la guerre & par ces
qualités brillantes qui font aimer en
temps de paix, ofa lui fuccéder; il avoit
des concurrents; il les écarta, & partit pour commencer les malheurs de la
France.

(1) Il trouva le Prince Eugene retran-
ché devant Chiari, rempli d'infanterie
foutenue de toute fon armée. Catinat, qui
n'avoit pas encore quitté le camp, foutint qu'il ne falloit pas l'attaquer, que
l'entreprife feroit vraifemblablement mal-
heureufe, & le fuccès certainement inutile. Villeroi héfitoit. Il fut entraîné par
le Duc de Savoye, qui fit valoir fes droits
de Généraliffime. Les François allerent de
bonne grace à la boucherie; nos deux Généraux fe battirent en défefpérés; le Duc
de Savoye tâcha de fe laver, à force de
courage & même de témérité, du reproche de trahifon; il eut un cheval tué fous
lui, & fon habit percé de plufieurs coups
de feu. Son intrepidité n'en impofa ni au
public, ni au Roi; le public dit, qu'on pouvoit être à la fois brave dans la mêlée, &
perfide dans le cabinet, trahir fes alliés par

_____

(1) 1 Septembre 1701.

intérêt, & braver la mort par honneur ;
en un mot, fe livrer à l'ardeur du combat,
& à l'efpérance de fe faire pardonner fon
infidélité par l'ennemi qui en profite, & de
la faire refpecter par l'ami qui en eft la
victime. Le Roi douta fi peu que fes
troupes n'euffent été facrifiées à l'Empereur, qu'il donna ordre à fon Ambaffadeur & à celui d'Efpagne, de rompre le
mariage négocié entre Mlle. de Savoye
& Philippe : l'ordre n'arriva qu'après la
conclufion.

A la nouvelle de cette défaite, Guillaume & la Hollande, qui n'attendoient
que les premiers événemens, formerent
avec l'Empereur la Grande-Alliance. Les
Hollandois penchoient pour la neutralité ;
mais Louis ne leur offroit pour barriere
que fa parole facrée ; foible fûreté pour
des Marchands, qui fe fouvenoient des
triftes effets de leur ancienne crédulité.
On allarma, on ébranla le Roi de Portugal, en lui perfuadant que la France avoit
promis à l'Efpagne ce Royaume, en récompenfe des Pays-Bas que Louis garde-
roit pour s'indemnifer des frais de la guerre. Le Roi n'avoit pas même penfé à cet
échange, & toute l'Europe le croyoit dé-
montré.

L'objet de la Grande-Alliance étoit non

de détrôner Philippe V, mais de donner
à l'Empereur une satisfaction que les traités ne déterminoient pas. Les contrac-
tants devoient agir en Europe pour la
cause commune, & dans les Indes pour
eux-mêmes. On projettoit de donner Naples & le Milanez à l'Archiduc ; on donnoit à la Hollande les Pays-Bas Espagnols,
pour lui servir de|barriere contre l'inva-
sion de la France ; on promettoit sur-tout
de ne pas faire de paix particuliere.

Le traité qui promit ensuite la succession entiere à un Prince Autrichien,
étoit aussi contraire à la liberté de l'Europe, que le testament qui la donnoit toute
à un Prince François. L'Anglois le sentit
sans doute ; mais il espéra que les événements dégageroient sa parole, & qu'au
Congrès il se rendroit maître des victoires.

(1) Cependant le Roi Jacques étoit
dangereusement malade ; il dit à son fils :
» Quelque belle que soit une Couronne,
» il vient un temps où elle est fort indif-
» férente : respectez votre mere, aimez
» le Roi de France comme votre bienfaic-
» teur, & préférez votre Religion à tou-
» tes les grandeurs humaines. " Les Stuards

_____

(1) 15 Septembre 1701.

ont été fideles à ſes dernieres volontés,
& le ſont encore à ce Catholiciſme qui
les exclut du trône. Par quelle fatalité les
Princes Proteſtants ont-ils changé de Religion toutes les fois que leur intérêt l'a
voulu, tandis que les Princes Catholiques ont été inébranlables dans la leur?

Louis alla voir à St. Germain le mourant; & ſans avoir été prié par la Reine, ni ſollicité par Me. de Maintenon, il
lui dit qu'il pouvoit mourir en repos ſur
le Prince de Galles, & qu'il le recon-
noiſſoit Roi d'Angleterre. Il donna des
conſolations au pere, & des inſtructions
au fils, qui les écrivit ſur le champ,
» pour les relire tous les jours, dit-il à
» ſon Gouverneur, & ne les oublier ja-
„ mais. (1)" Jacques mourut un vendredi
ſur les trois heures : c'étoit une de ſes
foibleſſes, de ſouhaiter de mourir ce jour-
là. Il avoit demandé d'être enterré dans
la Paroiſſe de St. Germain, ſans aucune
pompe, ſans aucun Mauſolée, avec ces
mots pour toute épitaphe : *Ci gît Jacques
ſecond, Roi d'Angleterre.* Mauvais Prince,
homme de bien, il perdit ſon Royaume,
& fit des miracles : ſes Reliques guéri-

(1) Mſs. de Dangeau.

rent l'Evêque d'Autun de la fiftule ; les dévots invoquerent comme un Saint, un Roi qui avoit eu pour Chancelier le barbare Jeffreys.

Le Prince de Galles fut reconnu Roi. L'Auteur du *Siecle de Louis XIV* donne cette reconnoiffance pour la principale caufe de la guerre, & l'attribue à la foibleffe du Roi, pour la Reine d'Angleterre profternée à fes pieds, (1) & pour Me. de Maintenon, trop fenfible aux malheurs de fon amie. Mais il eft certain que Louis n'héfita pas un moment, & qu'il reconnut le Prince de Galles, de fon propre mouvement, par générofité, par pitié, peut-être pour le plaifir de faire un Roi. Il ne fit cet acte de Souveraineté que le 16 de Septembre, & le traité de la Grande-Alliance avoit été figné le 7 du même mois. Il eft vrai que le Parlement d'Angleterre ne l'avoit pas encore ratifié : mais Guillaume étoit fi fûr du confentement de la nation, qu'ayant fu que Louïs avoit envoyé fix millions pour corrompre les deux Chambres, il dit : » Tant mieux ; » il aura la guerre, & nous aurons fon

_____

(1) Voyez le Libelle qu'il a fait contre moi, fous le titre de *Supplément au Siecle de Louis XIV.*

» argent. " En vain cet Auteur dit que
des Membres de ce Parlement l'ont affu-
ré, que fans cette imprudence les Anglois
feroient reftés neutres : Guillaume avoit
déja réveillé dans tous les cœurs la haine
du nom François, & fait entendre le mot
fi puiffant de liberté de l'Europe. Si la
conceffion des prérogatives royales faite
à un Prince profcrit, avoit été le principal grief de l'Angleterre, elle eût été ap-
paifée & fatisfaite par la déclaration que
fit Louis, que cette reconnoiffance ne
donnoit aucune atteinte au Traité de Rif-
wick. Le Prince de Galles n'avoit qu'un
vain titre : il étoit Roi dans le même
fens que le Roi d'Angleterre l'eft de France ; & les Anglois lui auroient permis volontiers de régner dans l'anti-chambre de
Verfailles : *Iftâ fe jactet in aulâ.*

CHAPITRE IV.

Caufes des malheurs de la France.

GUillaume fuivit de près fon beau-
pere. Malade d'une chûte de cheval, il fit confulter Fagon fur fa maladie, fous le nom d'un Curé. Le Médecin

qui n'en avoit nul foupçon, répondit que
le Curé n'avoit qu'à fe préparer à la mort.
Louis en ayant reçu la nouvelle, n'en dit
mot aux Courtifans, & n'en marqua nulle
joie; il crut être défait de fon plus cruel
ennemi, & il perdoit le plus modéré.

Il eût pu rompre la ligue, après la
mort du Prince qui en étoit l'ame, en
en détachant les Hollandois défolés de la
perte de leur confeil & de leur appui.
Soit qu'il méprifât fes ennemis, foit qu'il
crût qu'une modération qu'on attribueroit
à la crainte, aviliroit fa dignité, il s'abf-
tint également des négociations & des
hoftilités. L'alliance prefque inutile de
l'Electeur de Baviere fut préférée à celle
des Provinces-Unies, qui n'attendirent
une barriere que de leur courage & de
leur argent.

Après avoir traité avec indifférence un
peuple libre, il traita avec hauteur un
peuple de Souverains; il menaça les Etats
de l'Empire d'envoyer chez les Princes qui
fe déclareroient contre lui, une armée qui
mettroit tout à feu & à fang. L'Allemagne fe rappella les cruautés exercées dans
les Provinces du Haut-Rhin, & crut que
le plus fûr moyen d'en prévenir de nouvelles, étoit de venger les anciennes. Les
menaces de Louis firent ce que les prie-

res de Léopold ne faifoient pas : elles réunirent contre la France les Cercles, qui jufqu'alors avoient dit que l'Empire ne devoit point entrer dans les querelles de l'Empereur.

Baviere & Cologne lui reftoient, amis ardents, foibles alliés, menacés du Ban de l'Empire, & bientôt chaffés de leurs Etats, échappés au reffentiment de la Diete pour tomber entre les mains du Confeil Aulique, qui depuis les dégrada fans formalités comme fans juftice.

En Angleterre, la Reine Anne fuccéda à Guillaume & à tous fes projets. Son Confeil, paffionné contre la France, communiqua fon ardeur à tous fes alliés ; & la guerre fut déclarée de toutes parts à Louis & à Philippe.

Nos défavantages en Italie nous préfageoient de plus grandes difgraces. Le temps étoit paffé, où Louis en partant de Verfailles pouvoit dire : » J'irai là, je » prendrai telle ville, & je reviendrai » tel jour ". Il ne parut plus à la tête de fes armées ; il ne tint plus la campagne avec cette audace qui avoit étonné l'Europe, lorfqu'obligé de décamper manque de fourrage, il avoit écrit aux ennemis le jour & l'heure de fon départ, pour qu'ils le fuiviffent s'ils l'ofoient.

Son petit-fils montra d'abord les qualités d'un Prince guerrier. Il partit de Madrid, pour aller défendre ses Etats d'Italie. Le Cardinal Portocarrero & tout son Conseil lui ayant écrit qu'ils le conjuroient de ne pas faire ce voyage, il dit qu'il leur répondroit de son bord. Il apprit, avec le désespoir d'un Héros, qu'une heure avant son arrivée, le Général Visconti avoit été battu à Santa-Vittoria, par Vendôme, qui avoit remplacé Villeroi, prisonnier à la surprise de Crémone. A la journée de Luzara, il se mit à la tête d'une compagnie de Gendarmerie, & chercha les endroits les plus périlleux; Eugene fut vaincu autant qu'il pouvoit l'être; les relations envoyées à Versailles, dirent qu'il s'étoit retiré en désordre; & toutes les autres, que la victoire étoit incertaine. L'estime qu'on avoit pour lui, il l'avoit pour nous : » Tâchez, écrivoit-» il à un Général, de battre les Fran-» çois; car on ne les défait point. "

Louis n'animant plus ses armées par sa présence, voulut les diriger de son cabinet. De-là ces instructions précises, qui faisoient d'un Général une pure machine; à chaque instant, le génie étoit arrêté par l'ordre, & l'occasion sacrifiée à l'obéissance. Ce n'étoit point à ce système qu'il devoit

devoit ses succès, dans le temps qu'il disoit à un Officier partant pour l'armée :
» Insinuez à Mr. de Turenne, que je vou-
» drois bien savoir quelquefois ce qu'il
» projette de faire. "

Les plans de campagne ne furent plus
discutés que par le Roi, & par son Ministre, qui, incapable d'en former par lui-
même, en demandoit à ses amis, qui recouroient à d'autres plus habiles qu'eux.
Louis étoit impénétrable ; Chamillard disoit tout à tout le monde ; & les ordres,
expédiés aux Généraux, parvenoient souvent le même jour à Eugene & à Marlborough, d'abord par la voix publique,
ensuite par des correspondants secrets.

Ceux qui commandoient nos armées,
avoient sans doute besoin de ces instructions gênantes ; il falloit réprimer la pré-
somption des Vendômes, aider l'incapacité du Roi d'Espagne, exciter la prudence
du Duc de Bourgogne, prévenir les divisions nées de la jalousie des Généraux,
veiller sur l'inexpérience de la Feuillade,
dont tout le mérite étoit d'être gendre du
Ministre ; de Tessé, qui ne savoit battre
que les Huguenots du Vivarais ; de Marsin,
qui n'avoit que du courage ; de Villeroi,
qui n'avoit point la confiance des soldats.
Mais on demandoit, pourquoi Catinat,

Feuquieres, Vauban, Conti, qui pouvoient voler de leurs propres aîles,
étoient, ou retirés dans leurs terrres, ou
sans considération à Paris. Le Prince de
Conti, qui s'étoit signalé à Steinkerque
& à Nervinde, étoit adoré des troupes.
Quelqu'un ayant dit à Me. de Maintenon que tout le Royaume se plaignoit de
voir dans une espece de mépris un Général si brave, si sage, & si aimé, dont
le nom seul releveroit les esprits abattus : » On ne peut, répondit-elle, rien
» ajouter au mérite du Prince de Conti ;
» sous quelque aspect qu'on l'envisage,
» c'est tout ce que la France a de meil-
» leur. Mais le Roi ne peut se résoudre
» à donner le commandement de ses ar-
» mées à un Prince de son sang. Mais,
» Madame, lui répliqua-t-on, ne reste-t-il
» point dans l'esprit du Roi quelque sou-
» venir des lettres interceptées ? & ce
» qui passe pour un trait de politique,
» n'est-il pas un effet du ressentiment ?
» Ah! dit-elle, si le Prince pense ainsi,
» il fait une grande injustice au Roi; ce
» que le Roi fait ; il le fait bien : il a
» pardonné, & il ne pardonne pas à demi.
» Mais, à dire le vrai, il est persuadé
» qu'il est dangereux pour l'Etat & pour
» la personne, de confier des armées à des

» Princes du Sang ; il ne nous faut point
» de ces hommes, qui peuvent devenir
» presque aussi grands par leurs actions,
» que le Roi l'est par sa place. Ces dé-
» fiances politiques, reprit l'Evêque d'A-
» gen, qui rapporte cet entretien, pou-
» voient être jadis avouées par la pru-
» dence ; mais aujourd'hui, l'autorité est
» si solidement affermie, les peuples si
» soumis, & les Grands si humiliés, qu'il
» est, ce me semble, odieux de soup-
» çonner la fidélité d'un Prince. Tout cela
» est vrai, repartit Me. de Maintenon ;
» mais M. de Louvois a si bien inculqué
» cette maxime au Roi dans le temps qu'elle
» étoit utile, qu'elle est encore obser-
» vée depuis qu'elle ne l'est plus. "

La dévotion contribua, de concert avec
la défiance, au choix de mauvais Généraux. On préféra le plus religieux au plus
habile ; on crut qu'un Officier qui com-
munioit souvent, pouvoit attirer les bé-
nédictions de Dieu sur les combats ; on
opposa les meilleurs Papistes à l'hérétique Marlborough ; on s'informa de l'exactitude d'un Général à entendre la Messe,
autant que de sa vigilance à maintenir la
discipline dans le camp.

Ceux pour qui la valeur, le nombre,
la confiance des soldats, sont les seules

divinités qui président aux batailles, se moquèrent de ces pieuses idées. Ceux qui connoissoient les grands principes sur lesquels elles étoient fondées, plaignoient le Roi de les pousser trop loin ; il faut se confier en la Providence, & agir comme si l'on n'en attendoit rien.

L'intolérance fut une autre cause des malheurs de cette guerre. Dans le temps qu'on avoit besoin de l'affection de toutes les Provinces, on persécuta les Méridionales. Une jeune paysane que l'Abbé du Chaylar ravit à son amant, arma les Camisards contre leurs bourreaux. D'une querelle d'amour, naquit une guerre de Religion. Une poignée de bandits, (car les Huguenots détestèrent cette rébellion) produisit la diversion la plus funeste à nos armes, occupa deux Maréchaux de France, & auroit déchiré la patrie, si l'Angleterre & la Savoye eussent envoyé les secours promis. Un garçon boulanger traita d'égal à égal avec Louis XIV. (1) Si l'on pouvoit se repentir des crimes qu'on fait par piété, Cavalier lui auroit appris com-

---

(1) Voyez dans les Mémoires du Maréchal de Villars, les mauvaises raisons des flatteurs du Roi pour colorer cette humiliation.

bien il eſt dangereux de ſe jouer des conſciences par des édits.

Les Huguenots, reſtés en France, furent pourtant moins redoutables que ceux qui en étoient ſortis. Des milliers de réfugiés, diſtribués dans les armées des Hollandois & des Anglois, leur avoient appris à battre les François. Pluſieurs furent faits priſonniers ; & Chamillard les traita de criminels de leze-Majeſté : le Roi, quoique très - perſuadé qu'ils l'étoient, craignit les repréſailles, & ne les exclut, ni du droit des gens, ni du cartel.

L'abattement de tous les Ordres de l'Etat, & le mécontentement de quelques-uns, autre ſource de nos revers. Le peuple étoit livré aux Financiers ; l'Egliſe, aux Jéſuites ; les Grands, aux Miniſtres. Le Roi vit enfin qu'en acquérant de la gloire, on perd ſouvent le cœur de ſes ſujets ; il n'étoit ardemment aimé que de ſes penſionnaires ; & ceux qui défendoient la patrie, ne ſavoient preſque pas qu'il y en eût une. On demandoit quel intérêt la Nation avoit dans cette guerre ; & Fénelon écrivoit, qu'en conſcience, le Roi devoit la faire à ſes dépens, puiſqu'il ne la faiſoit que pour ſa famille.

Ce temps ſtérile en vertu, produiſit pourtant quelques citoyens ; Villars, qui n'aimoit, comme il le difoit lui-même, que l'argent de l'ennemi, & auffi capable de donner de bons confeils, que de gagner des batailles : Vauban, que fon mérite avoit élevé, mais que des brigues de Cour écarterent des armées, & que fa *Dixme Royale* (1) immortalife autant que fes places : d'Huxelles, dont le caractere droit & franc eft marqué dans la réponfe qu'il fit au Roi, qui le railloit fur fon célibat : *Je n'ai point encore trouvé de femme dont je vouluffe être le mari, ni d'homme dont je vouluffe être le pere :* Boufflers, qui ofa montrer dans une Monarchie les vertus d'un Républicain, & acquit autant de gloire à obéir, que les autres mettoient d'honneur à commander : Noailles, qui demanda à fervir dans un temps où les Généraux étoient fans ambition & fans efpérance, dans un pays où n'avoir pas de mauvais fuccès, étoit le plus glorieux qu'on pût attendre.

La domination févere de Philippe, ou, pour mieux dire, les injuftices de fes Miniftres & les hauteurs de fes Favoris,

---

(1) On en défendit l'impreffion. C'étoit encore un crime auprès de M. de Chamillard, d'être citoyen.

contribuèrent aux malheurs de la France ; en nous obligeant de porter nos forces en Espagne, où l'ennemi seroit mort de faim, & ne seroit peut-être pas entré, si l'Espagnol eût été content de son Roi. Orry traita le peuple avec dureté ; il alla en Espagne pour gouverner les finances, & il les vola. Taxes, exils, confiscations, tout fut employé ; & ce Ministre seul fit perdre à Philippe plus de sujets que toute la puissance de l'Archiduc.

CHAPITRE V.

Le Duc d'Orléans. Siege de Turin.

LES deux premieres années avoient été mêlées de succès & de revers. L'année 1704 vit changer la face de l'Europe : l'Allemagne fut en un moment délivrée des François ; l'Espagne, presque conquise par le Portugal, qui venoit d'entrer dans la grande Alliance, & dont les troupes étoient fortifiées de celles d'Angleterre & de Hollande. L'Archiduc Charles prit le titre de Roi ; & la bataille d'Hochstet, si imprudemment donnée, si lâchement soutenue, nous ôta cent lieues de pays, &, du Danube, nous jetta fur le Rhin.

L'Electeur de Baviere, Tallard, & Marfin s'accuferent mutuellement de cette défaite, fi funefte par fes fuites, fi honteufe par fes circonftances. Villars, feul homme qu'on pût oppofer à Marlborough, avoit été condamné à fe battre avec Cavalier, pour s'être brouillé avec l'Electeur. Le Roi en reçut la nouvelle avec autant de fermeté que d'étonnement. Mais quand tout le monde fut retiré, il avoua à Me. de Maintenon, qu'il ne s'étoit jamais fenti fi ému; & fur ce qu'elle lui dit, qu'il falloit s'humilier fous la main de Dieu: » Ah! Madame, répondit-il, trente ba- » taillons François prifonniers de guer- » re! » La veille, un de nos foldats avoit dit au Prince de Bade : » J'ai l'honneur » d'être François. »

Le Pere de la Chaife avoit préparé un difcours de confolation. Le Roi le voyant entrer, lui dit: » Mon Pere! on n'eft pas » toujours heureux: Dieu punit la France, » il faut fe foumettre à fa volonté. » Nul changement dans fa maniere de vivre, nulle émotion fur fon vifage, nulle foibleffe dans fes difcours; il confola les veuves; il remercia Marfin, de n'avoir pas défefpéré du rétabliffement de nos affaires; il ne parut jamais fi grand.

(1) L'année suivante fut plus glorieuse pour la France, mais plus funeste à l'Espagne. Nice & Ville-Franche, places importantes, furent prises : la victoire de Cassano disputée à Eugene par Vendôme avec avantage : la Champagne garantie d'invasion par Villars que Malborough n'osa attaquer : en Flandre, Hui pris & perdu ; Diest, pris & gardé, l'armée conservée. Mais en Espagne, Orry devenu Ministre de la guerre, ternit la gloire de Philipppe & amassa de l'argent : chaque Ville que le Roi prendroit en Portugal, devoit lui valoir cent pistoles de pension : le Roi prit dix villages ouverts : Orry eut une pension de mille pistoles. Mais Tessé leva le siege de Gibraltar : les Portugais prirent quelques Villes importantes : Barcelone se rendit à l'Archiduc, Gironne se déclara pour lui : le nombre des partisans d'Autriche augmenta, & les Espagnols virent avec plus d'indignation les hérétiques profaner les Eglises que détrôner leur Roi.

L'Electeur de Baviere résolut de passer l'hyver à Paris, pour concerter avec le Roi le plan des opérations du printemps.

(1) 1705.

Cette réfolution allarma tous les amis du Miniftre : il fe plaindra d'avoir été mal fervi, la derniere campagne ; il dira la vérité, & la vérité perdra Chamillard. Cependant le Roi defiroit de conférer avec l'Electeur, qui ne vouloit qu'être invité. On connoiffoit le foible de Louis : on lui dit que Mr. de Baviere prétendoit un fauteuil, auquel ce Prince n'avoit jamais penfé : fi on le lui refufe, il s'en plaindra comme d'un affront ; fi on le lui accorde, l'Europe accufera le Roi de foibleffe. De-là l'armée de Flandres abondonnée aux inftructions de Chamillard & aux fautes de Villeroi. L'Electeur ayant fu cette petite intrigue : dit, » Je n'ai qu'un pliant » devant le Roi d'Angleterre : je n'au- » rois point embarraffé celui de France » des puérilités du cérémonial : la gloire » & la vertu font commodément affifes » par-tout. "

La bataille de Ramillies fut prefque auffi vîte perdue que donnée, malgré tous les effors de la Maifon du Roi, qui, victorieufe, mal foutenue, enfoncée, ralliée, ébranlée, fe retira enfin en bon ordre. Tout le refte fuit, fe difperfa, gagna les Villes, & les défendit mal.

Il n'y eut qu'un cri contre le Maréchal de Villeroi. Me. de Maintenon, quoique fa meilleure amie, engagea le Roi, qui balançoit entre fon favori & le public, à le facrifier au bien de l'Etat, en le repréfentant comme le plus imprudent des Généraux. Villeroi rappellé attribua tout à Chamillard, qui ne lui avoit point donné avis de l'arrivée des troupes de Marfin. Le Roi, pour lui épargner les railleries des Courtifans, lui accorda un entretien particulier, mais ne voulut point entendre fes excufes. La Ducheffe de Bourgogne dit : » On ne donne point » fon argent à jouer aux gens malheu- » reux. » Le Maréchal, outré du reproche public d'incapacité, rejetta toutes les bontés de fon maître, & fe plaignit fi amérement, qu'il tomba dans une efpece de difgrace.

(1) Nos affaires alloient mieux en Italie. Le Duc de Vendôme écrivit au Roi : *Je battrai l'ennemi* ; & le lendemain, il furprit à Calcinato le Comte Reventlau, Général Danois, lui tua trois mille hommes, en fit huit mille prifonniers, & ne perdit que fept cents des fiens. Plein d'efpérances & de projets, il eut ordre de partir d'Italie pour remplacer Villeroi en

_____

(1) 1706, 19 Avril.

Flandres; il partit, & l'Italie fut perdue,
sans que la Flandre fût regagnée.

On délibéra long-temps sur le successeur qu'on lui donneroit. Le Duc d'Orléans parut propre à consoler l'armée,
qui regrettoit fort Mr. de Vendôme.
Mais ses débauches l'avoient déja écarté
du Commandement. Sa licencieuse Cour
de St. Cloud n'étoit composée que de
beaux esprits philosophes, célebres par
leurs amours; de La Fare, Capitaine
de ses Gardes, arbitre de ses plaisirs;
de l'Abbé de Grancey son Aumônier,
qui l'égayoit par des Vaudevilles, &
ne le fatiguoit pas de Messes; du Vicomte de Polignac, du Marquis de Nesle, dont les femmes s'étoient liguées contre la dévotion; de d'Effiat, de Simiane,
de Clermont, de Conflans, jeunes voluptueux qui copioient leur maître; de
Fontenelle, qui, trop flatté des familiarités du Prince, alloit quelquefois avec lui
consulter les Magiciens, & souvent indigné de tant d'impies propos de table,
dit un jour : » Voilà pour des Gentils-
» hommes, de bien basses plaisanteries! »
Les désordres de cette petite Cour ne furent point ignorés du Roi : il reprit plusieurs fois son neveu de cette espece de
fureur qui faisoit trembler toutes les me-

res du quartier St. Honoré, & qui le
portoit tantôt dans des lieux confacrés à
la piété, tantôt dans d'autres confacrés
au plus effréné libertinage. L'Abbé Dubois étoit foupçonné de s'être marié pour
donner une honnête femme au Prince,
moins fur de bonnes preuves, que fur
ce qu'on croyoit capable de tout un homme qui difoit : » Le jour où je ferai Prê-
» tre, fera le jour de ma premiere Com-
» munion. " Le Lieutenant de Police pla-
çoit autour des maifons publiques, où le
Duc d'Orléans s'amufoit, une Compagnie
du Guet, qui rendoit compte de fes actions
& veilloit à fa fûreté. Certainement le Roi
étoit pardonnable de confier fes armées à
un homme de bien, plutôt qu'à ce jeune
Prince.

Le Duc d'Orléans, piqué de fe voir
dans l'inaction, exhaloit fon chagrin par
des remarques judicieufes fur les fautes des
Généraux, & fe confoloit, avec les Princes de Condé & de Conti, du malheur
d'être Prince du Sang : car il feignoit de
croire que c'étoit-là la feule caufe d'ex-
clufion. D'abord ces difcours frondeurs
déplurent ; enfuite ils parurent fi juftes,
qu'on efpéra qu'un Prince qui projettoit
tant de grandes chofes, en pourroit exécuter quelqu'une. Le Roi le confulta fur

la pofition de l'armée de *Flandres* : le Duc d'Orléans répondit, qu'on feroit battu fi l'on étoit attaqué : la déroute de Ramillies prouva la juftefle de fes obfervations, & détermina fon oncle à l'employer. Mais on exigea de lui, finon plus de pureté de mœurs, du moins plus de décence. S'étant plaint à Me. de Maintenon de l'exceflive froideur du Roi : » Vos galante- » ries, lui dit-elle, en font l'unique cau- » fe : il eft là - deffus d'une extrême fé- » vérité, & V. A. R. d'une licence qui » fcandalife les plus indulgents. " Le Duc d'Orléans répondit, qu'il n'étoit point de paffion qu'il ne facrifiât au Roi, & que l'envie de lui plaire & de le fervir étoit celle qui régnoit le plus fortement dans fon cœur. Me. de Maintenon le prenant au mot, lui demanda s'il lui facrifieroit Mlle. Sery, qu'il aimoit alors avec autant de publicité que de conftance. Ces paroles réveillerent en lui les fentiments d'honnêteté : il rougit de vivre dans les plaifirs : il craignit de partager le déshonneur de fa maîtrefle, & la gloire fit taire l'amour. Me. de Maintenon prit fon filence pour un confentement, & ajouta : » Puifque vous renoncez à cette fille, » votre paix fera bientôt faite. " Me. de ngeau eft appellée. Le Prince eft applaudi. On lui préfente du papier & de l'encre. On en obtient un congé abfolu à Mlle. Sery. Sur le champ Me. de Dangeau part pour Paris, va chez la maîtreffe, & lui remet, en grande compagnie, la lettre du Prince. Mlle. Sery chaffée fe retire dans un Couvent, & publie qu'elle a quittée la premiere (1). Le Roi fe flatte que ce premier hommage que fon neveu rend aux mœurs, fera fuivi d'une conduite plus réguliere, & l'en récompenfe en lui donnant le Commandement des troupes d'Italie. Le Duc d'Orléans reçoit cette marque de confiance avec des tranfports de joie : la Cour & la Ville approuvent ce choix : l'armée fe croit déformais invincible.

Mais le Roi jugeant que le Prince, avec tous les talents d'un grand Capitaine, n'en avoit pas l'expérience, l'affujettit à des ordres précis, deftinés à modérer la fougue de fon courage, & qui ne fervirent qu'à faire échouer toutes fes entreprifes.

L'Hiftorien du Duc d'Orléans attribue ces ordres à Me. de Maintenon, trop complaifante pour Me. la Ducheffe de Bour-

_____

(1) Mémoire de Me. de Bonju.

gogne , qui , convaincue de l'habileté
du nouveau Général, crut la perte de
fon pere affurée, fi on ne lui lioit les
mains.

Il eft vrai que cette Princeffe fut vivement affligée des premiers foupçons
contre le Duc de Savoye : elle parut fort
émue, quand on lui annonça que le Roi
avoit ordonné qu'on arrêtât & qu'on dé-
farmât fes troupes. Que fon pere vainquît,
ou qu'il fût vaincu, elle avoit des larmes à répandre, ou fur fa famille, ou fur
celle qui l'avoit adoptée. Les Courtifans,
témoins de cette affliction, crurent que fes
pleurs étoient plus d'une Savoyarde que
d'une Françoife ; & de-là, ces bruits ca-
lomnieux, que le public reçut avidement
& que les Hiftoriens nous ont tranfmis.
Me. de Maintenon qui en favoit la premiere origine, lui difoit fouvent : » Ma-
» dame, fi vous ne vous contraignez,
» ce pays-ci fera pour vous un enfer. ”
L'attachement de la Ducheffe pour la France, s'accrut avec l'âge. Sortie à onze ans
de Turin, elle avoit oublié fa patrie &
fa Maifon : fes enfants devoient l'attacher
au pays où ils devoient régner ; & fes
lettres difent qu'elle fut la mere la plus
tendre : les bontés du Roi, qu'elle ne fe
laffoit pas de voir, & qui ne fe laffoit pas

d'elle, étoient un nouveau lien : son amitié pour la Reine d'Espagne, l'auroit mise
du parti de sa sœur contre un pere qui
vouloit la détrôner, quand même des
motifs plus puissants n'auroient pas agi
sur elle.

Quoi qu'il en soit, croire que Me. de
Maintenon ait balancé un moment entre
le Duc de Savoye & le Roi, dire qu'elle
sauva Turin par égard ou par pitié pour
la Duchesse de Bourgogne, c'est une ab-
surdité, que les plus fortes raisons n'ôte-
ront point de l'esprit des imbécilles qui
l'admettent. Louis gêna son neveu par le
Maréchal de Marsin, parce qu'il se dé-
fioit du courage d'un jeune homme trop
ardent, & de la prudence d'un *Général*
qui n'avoit fait que deux campagnes &
des réflexions. On peut le blâmer d'avoir
donné de mauvais ordres, mais non d'en
avoir donné de précis.

(1) Le Duc d'Orléans partit de Paris,
chargé de dettes qu'il avoit contractées
pour le bien de l'Etat. En passant à Turin, il vit les travaux du siege, & les vit
très-mal conduits. La Place étoit attaquée
par l'endroit le plus fort : on n'y jettoit

(1) 1 Juillet.

pas une bombe, tandis que les affiégés foudroyoient le camp Fraûçois, & que leurs mortiers inondoient les tranchées d'une grêle de pierres. C'étoit la Feuil-lade qui faifoit cette belle manœuvre : & on l'imputoit encore à la Ducheffe de Bourgogne. On difoit que la Feuillade avoit jetté fur elle un œil téméraire, n'ofoit lui montrer fes feux, & tâchoit de les lui faire entendre en fauvant la Capitale de fon pere.

Le Duc d'Orléans trouva une armée mal pourvue, défolée par les maladies, mal équipée & très-foible. Celle de la Feuillade qui faifoit le fiege, étoit dans l'abondance : Chamillard, dont il étoit gendre, s'étoit épuifé pour elle de foins & d'attentions. Le Prince demanda vingt ba-taillons à la Feuillade, & ce renfort le mit en état de réfifter au Prince Eugene, qui pénétroit dans le Piémont pour ra-vitailler Turin. Il arriva plutôt que lui aux environs de la Place affiégée. Il fut indigné de voir le fiege auffi peu avancé qu'il l'étoit deux mois avant : aucune at-taque n'avoit réuffi, toutes les batteries avoient été mal placées : les ouvrages les plus menacés étoient encore entiers. La bravoure ne manquoit pas aux trou-pes ; mais l'habileté manquoit au Com-

mandant. La Feuillade s'excufa fur l'af-
foibliffement de fon armée, caufé par le
fecours donné au Duc d'Orléans, & fur
l'ignorance de fes Ingénieurs. Mais on
ne douta point que les affiégés n'euffent des intelligences dans notre camp,
& ne fuffent avertis de tous nos def-
feins.

Le Roi confulta fur ce fiege le vieux
Vauban, qui le pria de lui permettre d'en
aller conduire les travaux : » Mais, M.
» le Maréchal, lui dit le Roi, fongez-
» vous que cet emploi eft au-deffous de
» votre dignité ? Sire, répondit Vauban,
» ma dignité eft de fervir l'Etat : je laif-
» ferai le bâton de Maréchal de France
» à la porte, & j'aiderai peut-être le Duc
» de La Feuillade à prendre la Ville. » Le
lendemain cet homme qui mettoit l'honneur à méprifer les honneurs, fit de nouvelles inftances, & fut refufé par eftime
(1). Me. la Ducheffe de Bourgogne,
qui n'apprit ce refus qu'avec toute la
Cour, fut encore accufée de l'avoir inf-
piré à Me. de Maintenon, & par elle
au Roi.

Le Prince Eugene, de concert avec le

_____

(1) Mémoires de Dangeau.

Duc de Savoye qui l'avoit joint, réfolut
d'attaquer le Duc d'Orléans ; les ordres
qu'ils donnerent pour le lendemain, fup-
pofoient qu'ils favoient, ou du camp, ou
de Verfailles, ceux qu'avoit Marfin de
les attendre dans fes retranchements. Le
Duc d'Orléans représenta que les retranchements étoient faits à la hâte, l'armée
affoiblie par les différents poftes qu'il falloit garder, la retraite impoffible fi les
lignes étoient forcées. Les vieux Officiers
répétoient les mêmes raifons. Alors Marfin montra l'ordre du Roi, qui défendoit
de chercher le combat ; il s'éleva dans le
Conseil un cri d'indignation unanime :
le Duc d'Orléans dit : *Hé bien ! laiffons-
nous égorger par obéiffance.* Devoit-il fe
charger de l'événement ? Une victoire
l'auroit juftifié auprès du Roi, & une
moindre défaite auprès du public. Mais
il crut que fes plus redoutables ennemis n'étoient pas ceux qu'il alloit combattre.

Le lendemain, il eft attaqué : tout ce
qu'il a prévu, arrive : le retranchement
eft forcé ; les troupes difperfées dans les
différents poftes, battues en détail ; la déroute générale : Marfin cherche la mort
en Héros, honteux d'avoir fait le per-
fonnage d'un pédant. Le Duc d'Orléans,

couvert du sang ennemi & du sien, désespéré de voir fuir son armée, réduit
à défendre sa vie, tuant de sa main tout
ce qui se présente à lui, est enfin emporté
hors de la mêlée; & fidele à l'amitié comme à la gloire, demande si l'Abbé de
Grancey, tombé à ses côtés, vit encore,
& si ses blessures ne seront pas pansées
avant la fin du combat.

La retraite fut une fuite : l'artillerie,
& les munitions de guerre & de bouche
furent abandonnées. On délibéra si pour
conserver l'Italie, on se retireroit sous Cazal, ou si, pour garantir le Dauphiné,
on iroit à Pignerol. Le Duc d'Orléans
suivit ce dernier parti, & fut trompé
deux fois : on lui dit que le Duc de Savoye alloit rallumer la guerre dans les
Cevennes, & que le passage de Cazal
étoit gardé par six mille hommes : le
premier de ces avis étoit aussi faux que
l'autre. Cette imprudence nous chassa du
Modenois, du Mantouan, du Milanez,
& rendit inutile la victoire que Médavy
remporta deux jours après à Castiglione
sur le Prince de Hesse.

Cependant le Roi, loin de lui reprocher d'avoir perdu l'Italie, ne pensa qu'à
le consoler d'avoir perdu une bataille.
Le Duc d'Orléans fut accueilli comme

s'il avoit vaincu : chacun s'empreſſa de le voir : chacun loua ſans peine un Héros malheureux. Mais au-lieu de diſſimuler ſes reſſentiments, il ſe plaignit ſans modération, & de La Feuillade, & de Chamillard, & de la Ducheſſe de Bourgogne. Me. de Maintenon, qu'il appelloit *la femme ſans faute*, fut ſeule exceptée de ſes plaintes & de ſes menaces. Auſſi ne ſe joignit-elle point aux ennemis, dont il fut depuis accablé.

Cependant le Maréchal de Villars ſoutenoit en Allemagne la gloire du nom François, faiſoit lever le blocus de Fort-Louis, prenoit Druſenheim & Haguenau par ſes Lieutenants, ravageoit le Palatinat, exécutoit le hardi projet de s'emparer de l'Iſle du Marquiſat, & en formoit de plus hardis encore pour la campagne ſuivante. Mais foible & peu craint malgré tous ſes avantages, il ne put empêcher que les Electeurs de Cologne & de Baviere ne fuſſent mis au ban de l'Empire par Joſeph, ſucceſſeur de Léopold ſon pere, & héritier de ſes prétentions, de ſon deſpotiſme, de ſon caractere, de ſes Miniſtres.

La France craignoit d'être envahie, & l'Eſpagne l'étoit. Teſſé avoit ruiné une armée devant Gibraltar. Les Anglois &

les Portugais prirent toutes les Villes qu'ils attaquerent. Deux Huguenots réfugiés eurent toute la gloire de cette campagne, si funeste pour Philippe V : Mylord Comte de Gallowai, fils du Marquis de Ruvigny, & le Général Carle, éleve de Guillaume. Le premier, commandant toujours en chef, est connu : le second, né dans un village des Cevennes, élevé par son courage & par ses talents aux premiers honneurs, servant dans le même-temps la Reine d'Angleterre, le Roi de Portugal, les Etats-Généraux, & aussi fidele qu'utile à tous les trois, est digne d'être tiré de l'oubli où tombe souvent le premier mérite dès qu'il n'appartient pas au premier rang. Il prit Alcantara : il conduisit les travaux de Salamanque : il défendit Barcelone contre le Roi d'Espagne, qui en leva le siege après trente-sept jours de tranchée ouverte : il fit cette belle retraite de l'Andalousie que le Maréchal de Berwick admiroit tant, & mille autres actions (1) glorieuses, dont le récit seroit suspect dans la bouche de son neveu, & auxquelles il ne manquoit que d'être faites pour sa patrie.

_____

(1) V. Tindal, continuation de Rapin Thoyras,

L'Archiduc, maître de la meilleure partie de l'Espagne, marche à Madrid. Le Roi & la Reine en sortent. Le Roi arrive en Roussillon sans argent : le Duc de Noailles lui en prête. Le peuple est dans la consternation : les Grands jurent de mourir fideles à Philippe : les Prêtres exhortent les habitants à l'obéissance. Tous fondent en pleurs, en voyant partir la Reine, sans équipage, sans suite ; tous les cœurs la suivent à Beslanga, Château à vingt-quatre lieues de la Capitale, où elle se retire. Cette Princesse étoit pleine de courage & de vertu. Elle affermit les sujets dans leur fidélité, & son époux dans ses résolutions magnanimes. Souffrir la faim, la soif, coucher sur la dure, bercer elle-même ses enfants, vendre ses pierreries, congédier ses domestiques faute d'argent, voilà les extrêmités où elle fut réduite, sans se décourager, sans se plaindre. Elle chercha des secours de tous côtés : elle enrôla une multitude de paysans, & les eût volontiers menés au combat. Un Ministre l'ayant allarmée sur les progrès de l'Archiduc : » Nous avons en-
» core des Villes, répondit-elle. Mais si
» on nous les enleve! chassée de la der-
» niere, reprit-elle, j'irai dans les mon-
» tagnes, & je gravirai de rocher en ro-
» cher

» cher avec mes enfants dans mes bras,
» jufqu'à ce qu'on nous tue. "

Une ame fi élevée devoit avoir de l'af-
cendant fur les autres ames. Elle gouvernoit Philippe ; mais elle étoit gouvernée
elle-même par la Princeffe des Urfins, qui
l'avoit enchaînée en adouciffant par toutes les complaifances Françoifes l'ennui
que l'étiquette du Palais caufoit à une jeune
Reine, environnée de Dames vieilles &
trifte, condamnée à ne rire qu'à propos,
& réduite au monotone plaifir de la converfation.

En ce temps-là, les trois plus puiffants
Etats d'Europe étoient foumis à trois
femmes : l'Angleterre, à Me. de Marlborough ; la France, à Madame de Maintenon ; l'Efpagne, à Me. des Urfins. Qu'on
me permette de dire un mot de celle-ci.

Me. des Urfins, auparavant Princeffe
de Chalais, eut une naiffance illuftre, les
agréments de l'efprit, les graces de la fi-
gure, des manieres pleines de nobleffe,
en un mot, tout, hormis un cœur honnête. Elle fut de toutes les intrigues de
la Cour, & ne parut jamais en être. Me.
de Maintenon cherchant une femme qui
pût élever la Reine d'Efpagne, jetta les
yeux fur elle. Me. des Urfins avoit éprouvé
l'infortune, & fembloit propre à former

une Princesse, dont la vie alloit être un enchaînement de malheurs. A force de répéter qu'elle pensoit en homme, on l'avoit cru. Dès qu'elle fut en Espagne, elle eut toute l'autorité. Le jeune Roi, amoureux de toutes les femmes par tempérament, les fuyoit toutes par piété, & étoit livré à la sienne par besoin. La Princesse des Ursins profita de cette maladie. Elle obsédoit sans cesse la Reine qui en avoit le remede, & qui le vendoit fort cher à son époux. Philippe refusoit-il une grace ? rejettoit-il un conseil ? tous les plaisirs disparoissoient pour lui ; on l'abandonnoit à ses desirs ; on le condamnoit à mourir d'amour. La Princesse des Ursins étoit appellée ; elle mettoit un prix aux complaisances conjugales ; & ce prix étoit une déférence aveugle pour la Reine & pour celle qui la déterminoit à ces faveurs.

Son premier soin fut de détruire Portocarrero, l'ami du Roi ; & le second, de perdre le Cardinal d'Estrées, qui étoit le sien. Cet Ambassadeur, durement traité, retourna en France, & laissa sa place à l'Abbé d'Estrées, son neveu, qui ne fut pas moins persécuté que son oncle. La Princesse des Ursins décacheta une de ses lettres au Roi de France, & y mit de sa main une apoſtille pour d'Aubigné, ſon favori. Louis XIV fut inſtruit de cette ſupercherie, & la rappella.

Tout languit dès qu'elle eut quitté l'Eſpagne. La Reine ſéthoit d'ennui; le Roi ne vouloit plus entendre parler d'affaires; leurs lettres à Louis XIV ne lui demandoient plus, ni argent, ni ſoldats; elles ne demandoient que la Princeſſe des Urſins. L'un & l'autre preſſoient à l'envi ſon retour. Il leur fut enfin accordé, malgré l'averſion de Louis pour les femmes ambitieuſes. A ſon arrivée à Madrid, tout changea de face, l'eſpérance revint, l'abattement ceſſa, le Roi ne reſpira que la guerre, la Reine ne craignit plus d'être détrônée; en un mot, la Camerera-Mayor fut reçue, écoutée, applaudie comme la Divinité tutelaire de l'Eſpagne.

Me. des Urſins, ſi elle réfléchiſſoit ſur elle-même, devoit être étonnée du rôle qu'on lui donnoit, & ſe demander par quel enchantement on la croyoit capable des plus grandes choſes, elle qui ne ſe ſentoit propre qu'aux petites intrigues. Son eſprit étoit agréable, mais ſans étendue & ſans lumiere, au-deſſus de ſon ſexe, mais au-deſſous des affaires: ſa dévotion, ſuperſtitieuſe, ſon humeur, ſujette aux caprices. » Elle ne ſait, diſoit Me. de

D ij

" Maintenon , porter la bonne ni la mau-
" vaife fortune. " Son air affable & ouvert lui gagnoit les cœurs ; fon ambition les lui ôtoit. Dans fa jeuneffe, elle
avoit eu des paffions, qu'on avoit ou-
bliées , mais dont on fe fouvint quand
on la vit agacer dans fa vieilleffe le Marquis d'Aubigné , Envoyé de France à Madrid , le difputer aux plus belles Efpagno-
les , & le ravir aux plus coquettes.

En rentrant en Efpagne , elle ne s'occupa que de fes vengeances. Me. d'A-
guerri fut exilée ; elle avoit été amie du
Cardinal d'Eftrées. Ce crime fit oublier
la part qu'elle avoit eue au teftament.
L'Oratorien qui l'avoit négocié , fut renvoyé en France pour la même raifon. Le
Jéfuite Daubenton , Confeffeur de Philippe , fut difgracié , pour lui avoir parlé
d'une affaire d'Etat fans la permiffion de
la Reine. Dès que Me. des Urfins n'eut
plus à combattre les Ambaffadeurs François , elle traverfa les Miniftres Efpagnols.
Son orgueil , autant que fa faveur , la rendit odieufe aux Grands ; les Grandes s'en
plaignirent fouvent à la Reine , qui ne
fachant pas que les Favorites ne font jamais pour le peuple ce qu'elles paroiffent
aux yeux des Princes , répondit toujours ,
qu'elle ne connoiffoit pas de meilleure

femme. Me. des Urfins paffoit la moitié
de fa vie à confeiller fes maîtres, & l'autre moitié, à leur cacher les défauts de
fes Confeils. Elle préfidoit à toutes les
délibérations, fans être admife au lieu où
elles fe prenoient. Les Ambaffadeurs trai-
toient avec elle; les Généraux lui rendoient compte des fieges, des marches,
des combats; les Miniftres n'ofoient la contredire; & Berwick même feignoit de ne
vaincre que d'après fes ordres. Les créatures de Portocarrero témoignerent leur
mécontentement contre la domination d'u-
ne femme. On l'accufa d'avarice; on fut
indigné de ce qu'elle avoit demandé
& obtenu la Souveraineté de la Roche
en Flandres; on dit qu'au moment où
fes maîtres fuyoient de leur Capitale, elle
n'étoit occupée que de fes meubles & de
fa toilette; on lui reprocha fa confiance
pour le Jéfuite de Cienfuegos, à qui elle
avoit affigné une penfion de vingt mille
piftoles, dont cet homme de bien fe fervoit pour acheter des fujets à l'Archiduc.

La Princeffe des Urfins craignit que ces
murmures n'allaffent jufqu'à Verfailles,
& qu'elle n'y fût encore rappellée. Pour
fe maintenir contre tous fes ennemis, elle
mit la Cour de France dans fes intérêts,
& infenfiblement y fit entrer le Roi qui

la craignoit, Me. de Bourgogne, qui la
haïssoit, & Me. de Maintenon, qui ne
l'estimoit pas. Dans toutes ses dépêches,
elle prit un ton de franchise, de modération, de droiture, qui persuada même
au Marquis de Torcy, que sa disgrace
avoit changé son caractere. On lui avoit
reproché sa hauteur & son inflexibilité ;
elle affecta une extrême douceur, & im-
plora toujours la clémence du Roi pour
ceux contre lesquels elle aigrit sa justice.
Louis s'étoit souvent plaint des contradic-
tions qu'il trouvoit entre ses relations &
celles de ses Ambassadeurs ; elle les con-
certa si bien avec eux, qu'il crut être
servi avec une égale droiture par ses Envoyés & par elle. Me. de Maintenon, implacable contre tout ce qui manquoit de
mœurs, mais trop favorable peut-être
à tout ce qui en avoit l'apparence, avoit
été offensée de sa passion pour le Marquis d'Aubigné, non qu'elle ajoutât foi
aux bruits qui s'étoient répandus, mais
par sévérité contre les imprudences qui
y avoient donné lieu. La Princesse des
Ursins, pour qui l'amour étoit un jouet
plutôt qu'une occupation, renvoya si
promptement d'Aubigné, que le sentiment
d'estime qu'on a pour l'innocente, se joi-
gnant à celui de pitié qu'on a pour une

calomniée, Me. de Maintenon devint son
plus ferme appui.

Les Alliés ne furent point profiter des
méfintelligences que le crédit d'une étrangere formoit entre les Espagnols & Philippe V. L'Archiduc, maître de Madrid,
y fut proclamé Roi par son armée, &
rejetté par le peuple. Ses manieres Alle-
mandes, ses mépris pour les mœurs d'Espagne, son penchant à traiter comme un
pays de conquête, un pays qu'il récla-
moit comme son patrimoine, & sur-tout
les cruautés des Anglois, lui aliénerent
les cœurs. Philippe étoit si sûr de les avoir
tous pour lui, qu'il n'oublioit rien pour
engager à une bataille l'Archiduc, qui
aimoit mieux épuiser insensiblement son
ennemi par des sieges, que hasarder un
combat dont la perte le renvoyoit lui-
même en Autriche. Sur la fin de l'année,
il rentra dans Madrid, aux acclamations
du peuple, qui avoit maudit son concurrent. On brûla le portrait, l'étendard, les
édits de l'Archiduc, qui fut toujours en-
têté de sa chimérique Royauté, quoique
convaincu qu'il n'avoit point à la Couronne le droit qui fait valoir tous les
autres, le consentement des peuples.

CHAPITRE VI.

L'année 1707.

LE Duc d'Orléans fut envoyé en Espagne. Les ennemis en furent allarmés.
Les Espagnols reprirent courage. Ils l'ai-
moient comme un de leurs Infants. Ils
croyoient voir en lui leur Reine Marie-
Louise d'Orléans, qu'ils avoient empoi-
sonnée, & dont ils adoroient la mémoire.
Cette Princesse l'avoit demandé à Monsieur, pour l'élever en Espagne, comme
Prince des Asturies; Charles II y avoit
consenti, en disant : » Si nous n'avons
» point d'enfants, les Espagnols auront
» un Roi élevé parmi eux ; & si nous
» en avons, la Nation se l'attachera par
» un brillant appanage." Monsieur, par
tendresse pour un fils unique, avoit rejetté ces offres; & ce refus fit perdre à
ce fils une Couronne; à l'Espagne, une
partie de ses Etats, & à l'Europe, la
tranquillité. La Princesse des Ursins étoit
indifférente au Duc d'Orléans. Plein de
respect pour son sexe, sans égard pour
son crédit, il la traita, dès les premiers
jours, avec beaucoup de politesse & de

hauteur. Me. des Urfins voulut entrer avec
lui dans les liaifons les plus étroites, &
dans tous les détails de la campagne. Le
Prince lui répondit en petit-fils de Roi.
Elle lui cita l'exemple de Philippe, &
les égards de Louis pour Me. de Maintenon; il répliqua qu'il prétendoit fervir
de modele, & n'en fuivre aucun. De-là
une haine fourde, & enfuite une rupture ouverte. Le Duc d'Orléans fronda
tous les avis de Me. des Urfins. Les Grands
protégés par lui murmurerent tout haut,
& fa préfence fit difparoître ce crime nouveau de leze-Majefté, qui confiftoit à la
contredire. Il lui dit des chofes fi fortes,
& elle en avoit tant à fe reprocher, qu'elle
craignit une feconde difgrace, & tâcha
de le difgracier lui-même. Le Maréchal
de Berwick plus complaifant, trouva dans
la Favorite tout l'appui que pouvoit fouhaiter la jaloufie contre un Prince qui venoit lui ravir le commandement de l'armée. Il n'avoit pu engager l'Archiduc à
une action; il efpéra d'y forcer Mylord
Galloway, plus préfomptueux & plus habile. Il écrivit le 21 Avril à Madrid,
que, fans attendre de renfort, il feroit lever à l'ennemi le fiege de Villena. La
Princeffe des Urfins pria le Roi de cacher cette lettre au Duc d'Orléans : » Il

» s'expofera trop , il expofera trop l'ar-
» mée : c'eft notre derniere reffource ;
» fi nos deux Généraux font battus, les
» troupes n'auront plus aucune confian-
» ce ; " & toutes les puérilités auxquelles le férieux de celui qui les dit , & la
foibleffe de celui qui les écoute, don-
nent du poids.

(1) Berwick s'approche d'Almanza. Au
premier bruit de cette marche , Mylord
Galloway quitte le fiege de Villena. Le
Maréchal de Berwick l'attendit , & le craignoit fi peu, qu'il lui permit un libre paffage. La victoire fut long-temps difpu-
tée. Le Duc d'Orléans, qui avoit plutôt fenti que fu qu'on alloit fe battre ,
étoit parti de Madrid fort précipitamment:
il arrive fur la fin du combat ; il voit les
ennemis en défordre. Berwick a la gloire
de les vaincre, & lui laiffe celle de les
pourfuivre. Le Maréchal lui jure qu'il a
été attaqué. Le Duc d'Orléans feint de
le croire, mais fait éclater fon reffentiment contre la Princeffe des Urfins ; il fe
plaint des myfteres de la Cour de Madrid ; on lui répond qu'on l'a trompé &
retenu par amitié; il s'emporte contre

_____

(1) 25 Avril.

une amitié qui le déshonore. Philippe lui écrit : *M. de Berwick a beaucoup fait ; il reste encore plus de choses à faire, & je ne doute pas que vous ne les fassiez.* Me. des Ursins, instruite de la haine de Me. la Duchesse de Bourgogne contre le Duc d'Orléans, s'attribue, auprès d'elle, tout le mérite de l'affront fait à leur ennemi commun.

Cependant le Prince songe à s'en venger par la conquête du Royaume de Valence. Requena, Valence, Sarragosse, se rendent à discrétion. Dédaignant ces petits succès, il projette le siege de Lérida, une des plus fortes places d'Espagne, & l'écueil du grand Condé. Les deux Rois approuvent ce projet. Il tire de France la grosse artillerie ; il s'empare des environs de la ville ; tous les jours nouvelles entreprises, & pas un échec. L'ennemi n'ose paroître devant lui, & se refugie enfin sous le canon de Barcelonne.

La place est investie. Avant d'en commencer l'attaque, on veut être pourvu de tout ce qui peut en assurer le succès. Me. des Ursins retarde l'arrivée de l'artillerie & des munitions. Le Duc d'Orléans demande les provisions de guerre & de bouche, qui sont dans le Royaume de Valence ; on les lui refuse : il de-

mande des affûts de canon ; on lui en refufe encore : il demande de l'argent, on
n'en a point pour lui, mais on n'en manque pas pour des fêtes & des mafcarades.
Les Officiers Généraux fe déchaînent contre le Prince imprudent, qui, dénué de
tout, obfervé par Gallowai, entreprend
le fiege le plus difficile. Berwick le conjure de l'abandonner, & enfuite écrit en
France, que la place eft imprenable. Le
Duc d'Orléans, outré de ces propos dé-
courageants : » Le fiege, dit-il, ne fera
» pas fini à la St. Martin ; hé bien ! nous
» ferons encore ici à Noël. " Il ouvre
la tranchée, & neuf jours après donne
l'affaut. La garnifon fe retire dans le Château. Il abandonne la Ville au pillage ;
mais il prend de fi bonnes mefures contre la cruelle avidité du foldat, que ce
défordre fe fait avec un ordre admirable.
La citadelle réfifte plus long-temps. La
vigueur avec laquelle la ville a été attaquée, a épuifé les munitions ; cependant
le foldat, animé par le butin, eft plein
d'impatience & d'ardeur : le Duc d'Orléans, certain que la place ne peut être
fecourue, aime mieux perdre du temps
que des hommes. Enfin, il fe prépare à
faire jouer les mines. Le Prince de Darmftadt promet de capituler le lendemain. Le

Duc d'Orléans ne lui donne qu'une heure
pour fe déterminer, & acheve par fa fermeté une entreprife commencée malgré
l'avis du Maréchal de Berwick, & tra-
verfée par ceux qui devoient la favorifer. Le jour même que la place fe rend,
il reçoit ordre d'en lever le fiege. Pendant ce temps-là, le Marquis de Bay prend
Ciudad - Rodrigo, & le Duc de Noailles
s'empare de Puy - Cerda, & de toute la
Cerdagne, & bâtit à Puy-Cerda une Citadelle aux dépens de la Cerdagne Efpa-
gnole.

Le Duc d'Orléans fut reçut à Madrid,
comme le libérateur de la nation. Le Roi
ne le haïffoit pas ; quatre ans auparavant,
il avoit donné une déclaration en fa faveur, comme une interprétation du teftament de Charles II ; mais la Reine ne fe
laffoit point de le voir & de l'admirer.
La Princeffe des Urfins le vantoit avec
toutes les exagérations d'une perfonne qui
craint de n'être pas crue. Le Duc d'Orléans jouit modeftement de fa gloire &
de la confufion de fon ennemie. Il projette de conquérir le Portugal la campagne prochaine. Après avoir tenu fur les
fonds du baptême le Prince des Afturies
au nom de Louis XIV, il partit pour
Verfailles, où il reçut des applaudiffe-

ments d'autant plus flatteurs, que d'autres
Généraux en avoient mérité.

Le Maréchal de Villars furprit en Allemagne les lignes de Stolhoffen, fe fit
rendre les prifonniers de la feconde bataille d'Hochftet, mit à contribution cent
lieues de pays, *& fit bien fes affaires &
encore mieux celles de la France*, pour me
fervir des termes du Roi. Le Maréchal de
Teffé délivra Toulon attaqué par le Duc
de Savoye & par le Prince Eugene. La
Flandre fut tranquille. Malborough, au-
lieu de gagner une bataille, fe rendit en
Saxe pour engager Charles XII dans la
Grande-Alliance : le Suédois répondit : *Si
Toulon eft pris, je l'irai reprendre :* (1) &
ces paroles, dit-on, déterminerent les
Alliés à repaffer le Var.

Rem. de Mr. de V. Tom. VI, p. 9.

(1) » Le refpect pour la vérité dans les plus
» petites chofes, oblige à relever le difcours que
» notre Auteur fait tenir par Charles XII, au
» Duc de Marlborough. *Si Toulon eft pris, je l'i-
» rai reprendre.* Ce Général Anglois n'étoit point
» auprès du Roi de Suede, dans le temps du
» fiege. Il le vit dans Altranftad en Avril 1707,
» & le fiege fut levé au mois d'Août. Charles
» XII d'ailleurs ne fe mêla jamais de cette guer-
» re, il refufa conftamment de voir tous les
» François qu'on lui députa, &c. »

Quoique cette année eût été très-glo-
rieuse, la France n'étoit pas moins épuisée, & déja elle avoit fait demander la
paix par l'Electeur de Baviere. On intro-
duisit les billets de la caisse des emprunts ;
on décria le papier qu'on jetta dans le
public ; on toléra les plus criantes vexa-
tions des Financiers ; on chargea les Ecclésiastiques d'exhorter le peuple à payer
exactement les impôts ; & sur les plaintes
des Fermiers, on écrivit (1) à tous les
Evêques du Royaume une Lettre, où on
leur ordonna d'ériger en péchés les fraudes dans l'acquit des droits du Roi, &

---

(1) Voici cette Lettre singuliere : elle est du
Marquis de Torcy. *Monsieur, le Roi ayant égard
aux justes remontrances des intéressés dans ses Fermes, qui se plaignent depuis plusieurs années, que
les fraudes & les contrebandes qui se font par-tout
impunément, leur apportent un notable préjudice, a
pris des mesures convenables pour arrêter désormais
de pareilles entreprises. Et Sa Majesté trouve bon de
vous en donner avis, afin que vous concouriez avec
elle aux moyens de faire cesser des fraudes si contraires à ses intérêts. Elle vous enjoint expressément,
mais sous le secret, de tenir la main à ce que les
Curés & autres employés à la confession dans votre
Diocese fassent leur devoir dans une affaire de cette
conséquence, où il s'agit si fort du bien de l'Etat.
Je ne doute pas que vous n'entriez dans ces vues,
qu'il est inutile de vous exposer plus au long.*

les rufes pour l'introduction des marchan-
difes prohibées. Un pareil ordre , que
les cruelles circonſtances où l'on ſe trouvoit pouvoient ſeules juſtifier , eſt un mo-
nument de l'abus de l'autorité ſuprême,
& de la complaiſance du Clergé, tant qu'on
reſpecte ſes immunités. Dans un pays où
le peuple n'eſt ſoumis qu'aux loix qu'il
fait ou qu'il approuve , frauder les droits
du Prince eſt un vol fait à la ſociété ,
condamné par la Religion comme par la
Juriſprudence ; mais dans un Etat où les
impôts ſont arbitraires, faire de la fraude
ou de la contrebande un péché mortel ,
c'eſt le plus inique des attentats du deſpotiſme contre la liberté naturelle & contre la conſcience. Que le contrebandier
ſoit envoyé aux galeres par le Souverain ,
mais du moins qu'il ne ſoit pas damné
par le Prêtre.

CHAPITRE VII.

Siege de Lille.
1708.

ON tenta de faire une diverſion en
envoyant en Ecoſſe Jacques III. Le

Roi dit au Duc de Berwick : » Vous
» entreprenez une affaire bien périlleuse.
» Sire, répondit le Duc, ma harangue
» est prête, & voilà mes gants. Ce projet avorta : une puissante flotte intimida
les Seigneurs Ecossois, qui ne répondirent point aux signaux de Fourbin, heureu-
sément arrivé au Golfe d'Edimbourg.

Le Duc d'Orléans, de retour en Espagne, ne trouva rien de prêt, & fut forcé d'abandonner son projet sur le Portugal. Il passa deux mois à Madrid, où il
eut une Cour plus nombreuse que celle du
Roi. Me. des Ursins l'environna d'espions ;
mais n'apprenant d'eux que des bagatelles, elle pria le Prince Pio, de lui rendre
compte de toutes les démarches du Duc.
Pio eut horreur de cette proposition, &
s'enfuit en Sicile pour éviter le châtiment
dont Me. des Ursins menaçoit sa vertu.
Le Duc d'Orléans recevoit les plaintes
de tous les mécontents, & réconcilioit
le Roi avec son peuple. La Princesse des
Ursins voulut qu'on rappellât Orry. Le
Duc d'Orléans s'y opposa. Les Grands se
partagerent, & la Cour fut déchirée de
divisions dont l'Autrichien profita.

Après avoir tout disposé pour la campagne, il partit, assiégea Tortose, & fut
encore traversé par Me. des Ursins. Il

la menaça de s'en prendre perſonnellement à elle, ſi l'entrepriſe échouoit. On
ne fut point effrayé de ſes menaces ; on
ne lui envoya point les ſecours qu'il demandoit ; on écrivit même à Louis XIV,
qu'il étoit aſſez fort pour tenir tête au
Comte de Staremberg, Général de l'Archiduc. Là-deſſus, Louis écrivit au Duc
d'Orléans d'envoyer quinze Eſcadrons au
Maréchal de Villars qui défendoit l'entrée
du Dauphiné au Duc de Savoye. Le Prince n'obéit pas, répondit qu'il ſeroit battu
s'il étoit affoibli, & obtint la révocation
de l'ordre. Il tira des Provinces voiſines
de France ce qui lui manquoit du côté
de l'Eſpagne ; il fit de gros emprunts : il
vendit les bijoux de ſa femme ; il emprunta cent mille écus ſur ſes équipages ;
il ne négligea ni les petits détails ni les
petits ſuccès ; & ne pouvant attirer au
combat Staremberg, il le mit hors d'état
de rien entreprendre.

La Princeſſe des Urſins, aigrie contre
lui, envoya un mémoire à Me. de Maintenon, où elle le combloit de louanges,
& le noirciſſoit d'accuſations. Pour décré-
diter ce qu'il avoit à dire contre elle, elle
citoit vingt exemples de ſa crédulité, &
de ſa foibleſſe pour ſes Favoris. Pour allarmer le Roi, elle inſinuoit que le Comte

de Bezons, l'Agent du Duc d'Orléans à
Madrid, étoit plus dévoué au neveu qu'à
l'oncle. Et pour tourner à son avantage
la piété de Me. de Maintenon, elle racontoit divers traits du libertinage & de
l'indévotion du Prince. Elle lui faisoit un
crime d'avoir maintenu, à force d'instances
& de hauteurs, la Noblesse d'Arragon dans
ses privileges dont on vouloit la dépouil-
ler ; d'avoir accordé une capitulation honorable à la garnison de Tortose, qui auroit dû être prisonniere de guerre ; d'a-
voir accepté le dais qu'on lui avoit offert, à son entrée en cette ville ; & sur-
tout d'avoir employé l'autorité où la douceur eût réussi ; d'avoir parlé de Louis
XIV avec indifférence, & de Philippe V
avec mépris (1).

_____

(1) Lettre de Me. de Maintenon à Me. des Ursins, du 25 Novembre 1708. *Je n'avois pas besoin, Madame, du mémoire que vous m'envoyez
sur ce qui regarde le Duc d'Orléans. Je connois si
fort votre droiture, & celle de tous ceux à qui il a
eu à faire, que je n'ai pas douté un moment qu'il
n'eût tort s'il s'en plaignoit. Je garderai ce mémoire
pour le montrer au Roi, si on donne quelque chose là-
dessus au public. Il ne me conviendroit point de le
faire voir à d'autres, & le Roi même ne le verra pas
sans votre consentement. Je sais, Madame, combien
vous estimez & louez ce Prince. Mais ils ont tous
une facilité à croire leurs domestiques, qui est insup-*

Me. de Maintenon vit du premier coup d'œil que ce mémoire avoit été dicté plutôt pour se justifier que pour perdre le Duc d'Orléans. Elle résolut de le supprimer. Mais le Prince ayant fait retentir le sallon de Marly de plaintes ameres contre Me. des Ursins, celle-ci pria son amie de présenter son mémoire. Le Roi donna en public des louanges au Duc d'Orléans ; &, dans le particulier, lui fit des reproches qui furent vivement repoussés. Le Duc & la Duchesse de Bourgogne, soit par amitié pour la Princesse des Ursins, soit par prévention contre son ennemi, peut-être par égard pour le Roi & la Reine d'Espagne personnellement offensés par celui qui les avoit rétablis, se déchaînerent sans mesure contre le Duc d'Orléans. Ce Prince

---

portable à ceux qui vont droit. Ils m'en impatientent souvent. Ils sont tous d'une vérité qu'on ne peut trop louer & estimer, mais qu'ils tournent contre eux-mêmes en ne pouvant comprendre que les autres ne leur ressemblent pas. Le Roi est bien partagé sur cette sincérité & crédulité comme l'aîné de la famille. Ainsi, Madame, il est bien sûr, qu'il ne veut pas tromper son petit-fils. Il est vrai qu'il ne croit pas la paix si proche que tous nos guerriers la desirent. Mais il est bien vrai qu'il en connoît l'absolue nécessité : & vous en conviendriez, Madame, si vous étiez ici.

ne se laissa pas fouler aux pieds : il se
moqua de la piété sauvage du Duc de
Bourgogne, des Ministres, des Généraux,
des Favoris. Il avoit promis de se venger un jour de ses ennemis ; & sa haine
s'exhala en bons mots. S'il y a quelque
chose d'honnête dans le ressentiment, c'est
la franchise, fût-elle trop violente.

En Flandre, la campagne ne fut qu'un
tissu de fautes & de revers. Les intelligences qu'on avoit à Gand, en assuroient
la conquête. Le Roi donna l'honneur de
cette expédition à M. le Duc de Bourgogne, qui avoit déja commandé en Allemagne, en Flandre, en Alsace, & n'a-
voit rien fait de considérable, soit que
l'occasion lui eût manqué, soit que plus
propre au cabinet qu'à la guerre, il eût
manqué à l'occasion.

(1) En arrivant, il s'empara de Gand ;
& ses Lieutenants, de Bruges & de Plas-
sendal. Le Maréchal de Villeroi, à qui
nulle faute n'échappoit, hormis les siennes, prévit les suites de celle-ci, & dit
nettement à Me. de Maintenon : » La prise
» de Gand & de Bruges sera sûrement
» notre perte, parce que nous ne pou-

_____

(1) 5 Juillet.

» vons foutenir à la fois nos Places & les
» couvrir. ″ (1)

Le Roi avoit donné pour confeil à fon
petit-fils, le Duc de Vendôme ; & il y joignit le Maréchal de Berwick, que le renfort venu d'Allemagne amenoit naturelle-
lement à l'armée. Il donna pouvoir au
Prince de décider quand les opinions des
deux Généraux feroient partagées. Le
Duc de Bourgogne étoit perfuadé que
Vendôme étoit un Héros. Mais fa préfomption, fon peu de vigilance, fon relâchement pour la difcipline, le mettoient
en garde contre fes avis (2).

Le combat d'Oudenarde ne changea
point ces idées. Vendôme occupa le pofte
de Leffines. Il y trouva Eugene & Marlborough, qui avoient déja paffé l'Efcaut.
Il les attaqua, avant que toutes fes troupes fuffent arrivées. Il propofa de coucher fur le champ de bataille, dans l'efpoir de réparer cet échec le lendemain :
l'armée étoit divifée par celle des ennemis, & une défaite entiere, infaillible. On

_____

(1) Lettre de Me. de Maintenon à Me. des Urfins, du 25 Novembre. L'original eft à Rome
dans le cabinet de M. le Cardinal Lanti.

(2) Je ne fais que copier Me. de Maintenon.

se moqua de sa bravoure & de son opinion. On se retira vers Gand ; & quoi qu'en dise le P. Daniel, on fut encore plus battu la nuit, qu'on ne l'avoit été le jour.

On eût pu s'emparer de Leffingue, poste important, en ce qu'il ôtoit la communication d'Ostende au camp des ennemis. On y pensa deux mois après.

Les Alliés menaçoient Lille. » Allez, » dit le Roi à Boufflers, allez vous y enfermer, & comptez que vous serez secouru. " Boufflers partit sur le champ, sans régler ses affaires, sans rien demander, sans dire adieu à sa famille. Le Roi le laissa maître de ses Lieutenants. Boufflers choisit deux hommes, dont l'un étoit disgracié, l'autre à la Bastille ; & il n'en fut que plus estimé & mieux servi.

Dès que la place fut investie, le Duc de Bourgogne voulut aller à l'ennemi ; tous les jeunes Officiers dirent, que si en arrivant il avoit été attaqué, il auroit été battu : le Maréchal de Berwick soutint qu'on y perdroit l'armée : le Duc de Vendôme dit qu'il n'étoit pas encore temps.

Tandis que les esprits s'aigrissoient dans le camp François, Marlborough commençoit à se retrancher. Vendôme fut d'avis de l'attaquer : Berwick combattit ce fentiment, parce qu'il étoit de Vendôme. Le Duc de Bourgogne flottant entre le confeil de deux hommes également braves & habiles, fe détermina pour le plus timide. Mais, dit Me. de Maintenon (qu'il vouloit, difoit-on, empêcher par-là d'être déclarée Reine) que peut faire un jeune Prince, qui, fans avoir une grande expérience, fe trouve dans l'affaire la plus difficile ? comment peut-il démêler par lui-même, que le vainqueur d'Almanza donne des avis méprifables, qu'il faut s'abandonner à M. de Vendôme, contre lequel les trois quarts de l'armée font déchaînés, & de deux opinions fpécieufes préférer celle du Général qui n'a point la confiance du Roi fon grand-pere ?

Marlborough fe retrancha fi avantageufement, que Vendôme même, & Chamillard qui aimoit beaucoup les batailles, s'accorderent à dire au Roi, qu'il étoit impoffible d'en donner une fans tout hafarder.

Depuis, Vendôme écrivit toujours qu'il falloit foutenir Gand & Bruges, fermer le paffage aux ennemis, empêcher leurs convois pour Lille & pour les autres Places qu'ils avoient dégarnies, & enfin les affamer. Le Maréchal de Berwick foutint

que

que nous embraſſions un trop vaſte
plan, que la garde de l'Eſcaut étoit trop
étendue, que les ennemis y ſurpren-
droient un paſſage quand ils voudroient,
qu'il falloit abandonner Gand, après y
avoir mis une forte garniſon, & ſon-
ger plutôt à nous défendre qu'à attaquer.

Cependant le ſoldat ne demandoit qu'à
combattre, & la Cour eſpéroit tout
d'une armée, qui avoit trois Maréchaux de France, deux petits-fils du Roi,
& un Roi ſervant en qualité de volontaire.

L'eſſentiel étoit d'envoyer des ſecours
aux aſſiégés, & d'empêcher que les aſſiégeants n'en reçuſſent de l'armée d'obſerva-
tion. Le Chevalier de Luxembourg fit
le premier; le Comte de la Mothe tenta
le ſecond, & fut battu à Vinendale. Cependant Boufflers, toujours flatté d'être
ſecouru, faiſoit des ſorties vigoureuſes
ſur les aſſiégeants; mais déſeſpéré de ne
voir aucune harmonie entre ſa défenſe &
les mouvements du Duc de Bourgogne,
il n'attendit plus ſon ſalut que de ſon
courage. Il étoit ſur pied nuit & jour; il
viſitoit les travaux, il conſoloit les bleſſés,
il étoit préſent à tout. » Meſſieurs, diſoit-
» il aux Officiers, je me fie à vous;

» mais je réponds de moi. " Une fascine & de la paille étoit son lit ; il avoit pour toute vaisselle des assiettes de fer , & mangeoit du cheval , avant que la Place fût affamée.

(1) Le Prince Eugene qui manquoit de vivres, poussoit le siege avec vigueur, afin d'être du moins maître de la Ville, avant que la famine désolât son camp. Il alloit donner l'assaut ; le Maréchal de Boufflers ne l'attendit pas, & fit battre la chamade. Tout ce qu'il demanda , lui fut accordé. Il entra dans la Citadelle avec quatre mille six cents hommes.

A cette nouvelle , le Roi fut consterné, il avoit toujours cru que la place seroit secourue ; il en avoit donné l'ordre ; il en connoissoit l'importance ; il ne pouvoit souffrir cette honte de la nation, cette honte de son petit-fils ; il avoit donné sa parole à Boufflers. » Il ne s'accoutume » point, ajoute Me. de Maintenon , à » voir Lille au pouvoir de ses ennemis. » Pour moi, qui suis très-vive & très-» sensible , je serois méconnoissable de » tous les chagrins dont je suis témoin,

_____

(1) 23 Octobre.

» fi je ne tâchois de rapporter tout à
» Dieu, & fi je ne favois qu'il faut en ac-
» cepter les maux avec la même recon-
» noiffance que nous en avons reçu les
» biens; au milieu de notre confterna-
» tion, je me trouve une des plus cou-
» rageufes de notre Cour. "

(1) Les hoftilités recommencerent, &
la tranchée fut ouverte devant la Citadelle. Les ennemis cherchoient toujours
à s'ouvrir un paffage du côté de la Mer.
Le Prince Eugene, étonné de l'inaction
des François, & fûr d'achever fa conquête,
difoit : » Je ferai la garnifon prifonniere
» de guerre, afin que de fi braves gens
» n'aillent point avec ceux qui ne le font
» pas. " Il ne dut fon fuccès qu'au dé-
couragement de nos troupes, & aux divifions de nos Généraux. Auffi, dans un
âge plus avancé, il rejettoit les louanges
qu'on lui donnoit fur cette entreprife,
trop téméraire dans le projet pour être
glorieufe dans l'exécution.

L'Electeur de Baviere voulut qu'on fît
une tentative fur Bruxelles. Il comptoit
fur l'amitié que cette Ville avoit pour
lui. Ce projet eût réuffi au milieu de la

_____

(1) 29 Octobre.

campagne, où les Alliés étoient occupés à l'attaque de Lille ; mais on n'eut des idées heureuses qu'au moment où elles furent inutiles. Quoique l'Electeur eût si vivement poussé le siege, que le lendemain de l'ouverture de la tranchée, il donna le premier assaut, il fut obligé de se retirer à l'approche d'Eugene & de Marlborough, qui venoient de passer l'Escaut avec toute leur armée, & de mettre en fuite le Marquis de Nangis. Boufflers se rendit. La capitulation fut honorable. » Je suis fort glorieux, lui dit » Eugene, d'avoir pris Lille : mais j'ai- » merois encore mieux l'avoir défendue » comme vous. " (1)

Cet événement souleva tout le Royaume contre M. le Duc de Bourgogne. Son austere vertu offensoit les libertins. Son aversion déclarée pour les Jansénistes, l'exposoit à tous les traits envenimés de ce parti, qui déja savoit médire des Princes pour la plus grande gloire de Dieu. Tous les ennemis des Jésuites étoient les siens. Ceux qui croyoient que Fénelon avoit encore une cabale à la Cour, déchiroient le Prince qu'ils en supposoient

_____

(1) Mém. de Dangeau.

le chef. On ne parloit plus que de Té-
lemaque. Voilà, difoient les uns, comment cet homme de Dieu élevoit l'héritier du trône ! Voilà le Roi pacifique qu'il
nous a formé ! Autrefois, nos Princes
n'apprenoient pas leurs devoirs dans des
romans & par des dévots : des Héros
étoient leurs maîtres ; & des combats,
des dangers, leurs premieres leçons. Le
Duc de Bourgogne, difoient les autres,
a voulu qu'on prît Lille, afin de forcer
le Roi à faire la paix qu'il aime uniquue-
ment. Peut-être a-t-il defiré de faire cette
reftitution, dans l'idée que la France l'a-
voit injuftement acquife : peut-être ne
veut-il point de combat, dans la crainte
de damner des ames. » Eh non ! répondoit
» le Duc d'Orléans, le Dieu des armées
» lui apparu dans fon Oratoire, & pro-
» mis de fecourir Lille par des légions
» d'Anges. Je ne finirois pas, ajoute Me.
» de Maintenon, fi je mettois ici tout ce
» qui s'eft dit. »

Me. la Ducheffe de Bourgogne entendoit ces propos outrageux, & mouroit
de douleur & d'amour. Elle alla chez Me.
de Maintenon, & fe jettant à fon cou :
» Ah ! ma chere tante, s'écria-t-elle, que
» je fens vivement les malheurs de la
» France ! & que je fuis affligée de la

» honte de Mr. le Duc de Bourgogne!
» Ces larmes, lui dit Me. de Maintenon,
» font trop précieufes pour n'être pas
» recueillies ; & les effuyant avec le ruban
» de fa quenouille, elle les envoya au
» Prince. C'eft ainfi qu'elle fe fervoit de
» tout pour unir les deux époux."

Le Duc de Bourgogne ne fongea point
à fe juftifier : il n'écrivit point fes raifons ;
il ne chargea perfonne de le défendre ;
fa femme ne lui laiffoit rien ignorer, &
voyoit par fes réponfes, que ces bruits
venoient de l'armée à la Cour, & qu'il
étoit auffi infenfible à ce qu'on difoit à
fes côtés, qu'à ce qu'on difoit à Verfailles. *Je croirois,* écrivoit-il, *pêcher envers
ma patrie & mon grand-pere, fi je penfois
un inftant comme on veut me faire penfer.*
» La Princeffe, ajoute Me. de Mainte-
» non, ne montre point fes lettres ; j'ai
» vu feulement ces articles-là, qui font
» touchés affez légérement ; ce que j'y ai
» vu de plus fort, eft l'intérêt qu'il prend
» au Roi d'Efpagne. Du refte, il eft vrai
» qu'il defire la paix, & il n'a pas tort.
» On aimeroit trop notre Princeffe, fi
» on la connoiffoit à fond."

Quand le Duc de Bourgogne & le Maréchal de Boufflers revinrent à la Cour,
le Prince parut un particulier, & le par-

ticulier un Prince ; on étoit dans cette
espece d'anarchie, où les hommes ne sont
jugés que sur leurs actions. Boufflers fut
fait Pair de France ; à sa réception, il fut
accompagné au Parlement par une multitude d'Officiers qui avoient défendu Lille
avec lui. » Messieurs, dit-il en se tour-
» nant vers eux, toutes les graces que je
» reçois, tous les honneurs qu'on me fait,
» c'est à vous que je les dois, c'est à vous
» que je les renvoye : c'est vous qu'on
» récompense ; & je ne dois me louer
» que d'avoir été à la tête de tant de
» braves gens. (1)"

CHAPITRE VIIL

L'année 1709.

LA France, épuisée par la guerre, fut
désolée par la famine. On se souvien-
dra long-temps de cet hyver, qui fit périr les hommes, les bestiaux, les arbres.
Les gens d'affaires nourrirent Paris après
l'avoir affamé ; le peuple se mutina dans

_____

(1) Mémoires du Marquis de Dangeau.

plusieurs villes ; les campagnes furent dé-
vastées. On remit au peuple neuf millions de tailles. Le Roi envoya sa vaisselle à la monnoie ; ses petits-fils lui en
avoient déja donné l'exemple. Le Duc de
Bourgogne employa en aumônes les sommes destinées à ses plaisirs ; & le Roi d'Espagne se réduisoit au pur nécessaire. (1)

Chamillard, qui avoit épuisé tous les
expédients, soupiroit après la paix. Des-
marêts, à qui il avoit cédé les finances,
disoit qu'il ne pouvoit fournir qu'à une
campagne. Les Officiers Généraux avoient
perdu l'espérance & le courage. Le Roi
seul croyoit qu'Eugene & Marlborough
n'étoient pas invincibles ; il attribuoit ses
malheurs à la malhabileté ou à la désu-
nion de ceux qui avoient commandé ses
armées ; il savoit qu'une victoire suffisoit
pour dissiper une ligue.

_____

(1) Letre de Me. de Maintenon à Me. des Ursins. *Il me paroit que tout le monde approuve que
vous ne rappelliez pas les Menines. Elles sont moins
nécessaires au Roi que les troupes : & il falloit une
conjoncture comme celle-ci, pour s'en défaire. Je ne
doute pas que les Grands ne s'en plaignent. Les retranchements sont approuvés en général ; mais nul
ne veut que le retranchement tombe sur lui. Je suis
ravie que vous n'ayiez plus trois cents femmes à gouverner.*

Cependant, touché de la misere publique, il se détermina à demander la paix, & à préférer le bien de son Royaume à la gloire de sa famille. La Princesse des Ursins avoit déja envoyé un de ses Gentilshommes à Turin, pour détacher de la confédération le Duc de Savoye, brouillé avec le Prince Eugene, mécontent de l'Empereur, & tombé dans une dévotion qui ne rappella point en lui les sentiments de la nature. Le Roi avoit proposé au Pape, de former avec ce Prince une ligue en Italie. Mais Victor-Amédée, las de trahir ses Alliés, rejetta ces propositions ; & Clément XI répondit, qu'il ne pouvoit concourir à la pacification de l'Europe que par ses prieres. Ce pere commun des Chrétiens, toujours l'ami du plus fort, reconnut pour Roi d'Espagne l'Archiduc, maître du Royaume de Naples. Mais il écrivit à Philippe V, que cette reconnoissance ne donnoit point un droit nouveau à son concurrent. L'excuse étoit plus haute que l'offense.

Le Roi, réduit à s'humilier, envoya le Président Rouillé & le Marquis de Torcy à la Haye, pour entendre les conditions que les ennemis voudroient mettre à la paix. Eugene & Marlborough gagnerent Heinsius, Pensionnaire de la Hol-

E v

lande ; & les Miniſtres de Louis ne re-
çurent des États-Généraux, que des po-
liteſſes & des duretés. Le Roi offrit d'a-
bandonner ſon petit-fils ; les Alliés exige-
rent préliminairement qu'il le détrônât.
» Ah! dit-il à Me. de Maintenon, ſi j'a-
» vois nommé mon neveu Roi d'Eſpagne,
» je n'en ſerois pas où j'en ſuis. "
   Au retour de Mr. de Torcy, il y eut
de grands débats dans le Conſeil. Tous
vouloient que, ſoit guerre, ſoit paix,
on rappellât les troupes qu'on avoit en
Eſpagne, & qu'on réunît toutes les forces de la Monarchie Françoiſe pour en
défendre les frontieres. Quelques-uns même inſinuoient que la paix ne pouvoit être
trop chérement achetée. Beauvilliers re-
préſenta le Roi aux genoux des Alliés,
ſi l'on perdoit encore une bataille. Pontchartrain renchérit ſur cette affreuſe pein-
ture, & regardant fixement le Miniſtre
de la guerre & celui des finances : » Par-
» lez, leur dit-il, & dites en Miniſtres
» fideles, s'il eſt poſſible de ſoutenir en-
» core une campagne? " Torcy venoit de
parler en ſuppliant à l'ennemi, il parla
en Héros à ſon Roi. Chamillard, abattu
par ces propoſitions des Alliés, que Torcy
nous a conſervées, & qu'on ne peut lire
dans ſes Mémoires ſans émotion, dit que le

Royaume feroit au pillage dans fix mois:
Eh bien! répondit le Roi, qui avoit tout
écouté en filence, *alors comme alors*.

On répandit dans les Provinces & dans
les armées les étranges préliminaires (1)
de l'infolent ennemi. Tout ce qui a une
goutte de fang François dans les veines,
en eft indigné ; dès ce moment, la gloire
du Monarque devient la gloire de la Nation ; les efprits abattus par les difgraces,

---

(1) L'Auteur du *Siecle de Louis XIV*, pour
amener une belle phrafe, affure qu'on les fit afficher à toutes les rues de Paris. Il feroit bien
étonnant qu'une pareille affiche n'eût été vue que
de lui.

Rem. de M. de V., Tom. VI, p. 24.

» L'Auteur dit que le Duc de Marlborough &
» le Prince Eugene gagnerent Heinfius, comme
» fi Heinfius avoit eu befoin d'être gagné. Il met
» dans la bouche de Louis XIV, au-lieu des bel-
» les paroles qu'il prononça en plein Confeil,
» ces mots mots bas & plats : *Alors comme alors*.
» Il cite l'Auteur du *Siecle de Louis XIV*, & le
» reprend d'avoir dit que Louis XIV *fit afficher*
» *fa lettre circulaire dans les rues de Paris*. Nous
» avons confronté toutes les éditions du *Siecle*
» *de Louis XIV*. Il n'y a pas un feul mot de ce
» qu'il cite, pas même dans l'édition fubreptice
» qu'il fit à Francfort en 1752."

E vj

font relevés par le défefpoir ; tout, jufqu'au Miniftre, devient Citoyen. Les Provinces manquent de vivres ; les jeunes
gens s'enrôlent en foule , dans l'efpoir
d'en trouver à l'armée. La France, qui
jufqu'alors a combattu pour la gloire ,
combat déformais pour fon falut.

Le choix du Général de l'Armée de
Flandres embarraffoit le Roi. Le Duc de
Vendôme étoit exclus par le Duc de Bourgogne, & le Maréchal de Villars, par la
Ducheffe , offenfée de ce que Villars avoit
dit : » Mr. le Duc de Savoye n'a voulu
» fe battre, ni en bataille rangée, ni en
» duel. ” Me. de Maintenon ayant appris que Me. de Bourgogne étoit prévenue,
envoya chercher le Duc de Villars, qui,
s'étant juftifié , rentra dans les bonnes
graces de la Princeffe. Cependant Mr. le
Duc de Bourgogne propofoit le Maréchal
de Berwick. Le Roi penchoit pour le Maréchal de Villars. Il l'avoit jufqu'alors foutenu contre l'envie , qui vingt fois avoit
tenté de le chaffer du fervice ; mais il
n'avoit ofé lui confier la guerre de Flandres, parce qu'il le croyoit plus heureux
que prudent. Villars, né avec une cer-
taine franchife , fembloit toujours promettre plus qu'il ne pouvoit exécuter ;
forti de la Gafcogne, il étoit foupçonné

d'en avoir la vanité & la préfomption ;
ſes amis même l'avertirent inutilement de
ſe corriger d'un défaut , qui n'étoit qu'un
vif & prompt ſentiment de ſa haute deſtinée. Le Roi , las de ces Généraux , qui
craignant de tout perdre , avoient tout perdu , envoya en Flandres celui qui promettoit de tout recouvrer.

Dès que l'Eſpagne apprit les propoſitions que Louis avoit faites , & celles qu'il
avoit rejettées , l'Eſpagne dit , que ce n'é-
toit point le Roi de France qui lui avoit
donné un Roi ; que ce ne ſeroit point
lui qui le lui ôteroit. Cependant la Princeſſe des Urſins eut ordre de préparer
Philippe à cette abdication. Dès-lors tous
les Grands du Royaume ſe tournerent vers
le Duc d'Orléans , qui ne penſa qu'à faire
valoir ſes droits. Me. des Urſins craignant
que la préſence du Prince n'augmentât le
nombre de ſes partiſans , engagea Philippe à prier Louis de ne plus envoyer
le Duc d'Orléans en Eſpagne. Le Duc ,
piqué de cet affront , donna ordre à Deſlandes , ſon Agent à Madrid , de cultiver les
ſentiments favorables où quelques Grands
étoient pour lui. Deſlandes , homme d'un
eſprit artificieux & ferme , parla d'abord
ouvertement des droits de ſon maître , &
enſuite cabala pour ſes intérêts. En ſon-

dant les esprits, il crut entrevoir que les
Espagnols le préféreroient non-seulement à
l'Archiduc, mais encore à Philippe V.
Son projet s'étendit. Le Duc d'Orléans ne
lui ordonna ni ne lui défendit d'agir suivant ces nouvelles idées ; mais il ne cessa
de représenter en France par lui-même &
par ses créatures, qu'il étoit impossible de
conserver l'Espagne.

Philippe apprit sans indignation que
le Marquis de Torcy avoit dit aux Hollandois, que le Roi d'Espagne seroit à
Versailles devant lui. Mais la Reine ne
pouvoit se résoudre à descendre du Trône. Une vie privée en France, sous les
yeux de Me. de Bourgogne sa sœur, lui
paroissoit plus affreuse que la mort : elle
déclara qu'elle comptoit sur l'amour des
Espagnols, que les fatigues & les périls
de la guerre ne l'intimideroient point, &
qu'elle disputeroit pas à pas le terrein
aux ennemis. La Princesse des Ursins alla
chez le Roi, lui dit qu'il étoit glorieux de
tout risquer pour conserver une Couronne, & que s'il falloit la perdre, il falloit
la perdre l'épée à la main. L'ayant ébran-
lé, elle fit assembler quelques Grands, qui
le prièrent de ne les point abandonner,
mais qui ne lui dissimulerent pas combien ils étoient las de la tyrannie d'A-

melot. Cet Ambaſſadeur fut ſacrifié à la Nation.

La Princeſſe des Urſins, ſoit qu'elle craignît la même chûte, ſoit qu'elle crût s'affermir en feignant de tomber d'elle-même, déclara que ſes affaires domeſtiques l'appelloient en Italie, & reçut les compliments ſur ſon départ. Depuis quelque temps, elle appréhendoit d'être aſſaſſinée, peut-être pour ôter aux Eſpagnols le deſſein de ſe délivrer d'elle par une mort violente, peut-être parce que ſa conduite en lui inſpirant des remords lui donnoit ces vaines frayeurs. La Reine ne voulut pas lui permettre de s'éloigner, & lui promit de la défendre contre tous ſes ennemis.

Cependant Paris murmuroit de l'extrême cherté du pain. On en envoyoit du plus noir à Me. de Maintenon ; on l'inſultoit ; on la menaçoit de la lapider : » Il vaut encore mieux, diſoit-elle, qu'ils » murmurent contre moi que contre leur » maître (1). " Jamais elle ne fut plus haïe, & ne mérita plus d'être aimée. Elle répandit de l'argent à pleines mains : elle nourrit les Urſulines de Mantes & de

_____

(1) Mémoire de Me. de Bouju.

Niort, les Bénédictines de Bizy & de Moret, les Bernardines de Gomerfontaine. Ceux que le récit des bonnes œuvres peut porter à en faire ou à respecter ceux qui en font, liront sans ennui le détail suivant, où une de ses éleves rend un compte naïf des charités dont elle fut témoin.

Madame pleuroit toutes les fois qu'elle penſoit à la miſere du peuple ; elle y penſoit tous les jours. Si j'ai eu le bonheur de lui plaire, je le dois à la pitié qu'elle me vit pour un Gentilhomme dont la fille étoit à St. Cyr. Elle me diſoit : Le peuple devroit bien m'aimer, car je l'aime bien : & je m'offre de bon cœur à Dieu pour appaiſer ſa juſtice qui punit la France.

Elle fit diſtribuer du pain, du potage, des couvertures, des habits aux pauvres de Verſailles. Souvent elle alloit elle-même faire ces diſtributions. Elle ſe cachoit le plus qu'elle pouvoit : Je ſuis bien malheureuſe, *me diſoit-elle ;* le peu de bien que je fais, eſt ſu de tout le monde. *Souvent elle rentroit chez elle ſans gants, ſans écharpe : elle les avoit donnés à quelques mendiantes qu'elle avoit trouvées ſur ſes pas.*

Elle ſe reprochoit toutes les dépenſes qu'elle

faifoit pour elle-même, difant : J'ôte cela à nos pauvres.

Quand elle ne pouvoit aller voir les familles dont elle prenoit un foin particulier, elle m'y envoyoit, & étoit plus attentive aux nouvelles que je lui en apportois, qu'aux entretiens des Miniftres fur les affaires d'Etat. Quand elle avoit quelque chagrin, elle alloit voir fes pauvres ; fon vifage devenoit parmi eux d'une gayeté furprenante, qui changeoit en rentrant à la Cour.

J'allai un jour avec elle chez la veuve d'un Major de Place. Cette femme ne fachant pas que c'étoit Me. de Maintenon, fe leva un inftant, & fe raffit, lui contant fes malheurs. Je lui dis : N'avez-vous pas été chercher quelque fecours auprès de Me, de Maintenon ? Oui, *répondit-elle*, un valet de chambre m'a promis de lui donner un placet : on dit que c'eft une Dame très-charitable, & qui reçoit fort bien les pauvres : mais je n'ai pu l'aller voir : j'ai l'eftomac rétréci, pour n'avoir pas mangé depuis deux jours. *Me. de Maintenon ne put retenir fes larmes, lui donna une bonne fomme d'argent, & depuis l'affifta jufqu'à fa mort fans fe faire connoître.*

Elle cherchoit elle-même des nourrices pour de pauvres enfants, & les récompenfoit lorfqu'elles les lui rapportoient en bonne fanté.

Quand elle rencontroit sur le grand chemin des femmes qui avoient l'air de se trouver mal, elle les prenoit dans son carrosse. Je m'éloignois d'elles : mais Madame les voyoit sans dégoût. En arrivant, elle leur donnoit à manger, & les renvoyoit avec de l'argent. » Il faut, me disoit-elle, » que Dieu soit bien bon, de nous récompenser de nos charités! elles sont elles-mêmes une assez grande récompense.

Au voyage de Fontainebleau, elle alla presque tous les jours au village d'Avon. S'étant arrêtée à une maison du Comte de Toulouse, elle ne voulut pas s'y promener à pied, disant : Il faut que je garde mes forces pour voir mes pauvres. Elle y faisoit le Catéchisme, des libéralités, & des mariages.

Madame me disoit : Le Roi prétend que je me tue à Avon. Cependant, si je suis capable de quelque plaisir, ce n'est que de voir mes paysans : j'aime tout-à-fait leurs maisons; leur conversation est délicieuse; un rien les soulage & les ravit : cela ne vaut-il pas mieux que de perdre son temps à écouter les médisances de ces Dames, ou les plaintes des Généraux contre les Ministres?

J'ai dormi aujourd'hui sept heures : cela est très-rare : car dès le matin, Madame court à l'Eglife, ou chez fes Philofophes d'Avon. Ils font fi familiers avec elle, qu'ils l'entourent, la pouffent, fe jettent dans fes juppes, & regardent fans ceffe fes mains royales, toujours pleines d'argent. Elle joue à préfent dans fon cabinet, & joue pour eux ; elle eft fainte dans fes plaifirs comme dans fes peines, continuellement occupée de bonnes œuvres, & remplie d'un amour de Dieu qui me fait quelquefois pleurer. Tout cela eft incompréhenfible pour les gens de ce pays-ci, qui, pour la plupart, ont un cœur de fer.

Pendant que Me. de Maintenon foulageoit quelques miférables, & infpiroit au Roi le defir de les foulager tous par une prompte paix, le Maréchal de Villars réduifoit les Alliés à faire le fiege de Tournay, & garantiffoit Arras & Douay, dont la prife eût ouvert la France à l'ennemi.

Il écrivit au Roi qu'il ne cherchoit qu'à attirer l'ennemi à une bataille. Le Roi parut fort inquiet de l'événement. Boufflers attentif à tout, fait l'action d'un Romain. Plus ancien Maréchal de France que Villars, il demandoit d'aller fervir fous lui. A fon arrivée, Villars lui dit qu'il accepte fon affociation, mais non fa générofité. On voit entre ces deux Géné-

raux un combat de modeſtie & de grandeur d'ame , dont les Monarchies offrent
peu d'exemples. Villars veut être commandé par Boufflers, qui s'obſtine à lui
laiſſer toute la gloire, & à ne partager
avec lui que les dangers.

(1)² Tournay pris, Eugene & Marlboroug paſſerent l'Eſcaut, & menace-
rent Mons. Villars balança s'il livreroit
bataille. Son armée étoit ſupérieure à
celle de l'ennemi, qui avoit encore une
partie de ſes troupes ſous Tournay. Mais
cette armée étoit la derniere reſſource
de la France. Marlborough fut, ou parut
être plus hardi. Il attaqua les François
retranchés à Marlplaquet. Nulle bataille ne fut plus meurtriere, Le François
fut vainqueur depuis huit heures juſqu'à midi : mais l'ennemi, repouſſé dans
les trois premieres attaques, entra dans les
retranchements, à la quatrieme. Le Maréchal de Villars accourt, le chaſſe, eſt
bleſſé à la cuiſſe au-deſſus du genou, &
quitte le combat. (2) Les Alliés péne-

___

(1) 11 Septembre.
(2) » Ce ſont deux impoſtures, dit M. de V.
» Tom. VI, p. 29. Ce Général avoit reçu un
» coup de carabine au-deſſous du genou, qui lui
» fracaſſa l'os, & qui le fit boiter toute ſa vie.

trent dans le centre : ils font fix fois
chargés par la Maifon du Roi, & fix fois
ils fe rallient à la faveur de leur Infanterie. Etablis enfin dans le retranchement,
Boufflers ordonne la retraite, qui fe fait
avec autant d'ordre que l'action s'étoit
paffée avec gloire. Si Villars n'eût été
bleffé, la bataille étoit gagnée. Mais fi
Boufflers n'eût confenti à être fon Aide de
camp, la France étoit perdue: le courage foutient la patrie, mais c'eft la vertu
qui la fauve.

· Les Alliés accuferent Villars de s'être
bleffé lui - même, & les François dirent
qu'il ne l'étoit que légérement , & qu'il
s'étoit trop tôt retiré. Cependant on l'a-
voit emporté fans connoiffance. Revenu
de fon évanouiffement, étonné de fe trouver dans fon lit, croyant encore combattre,
il demande des nouvelles de l'armée , &
n'en demande pas de fa bleffure. On lui
dit que Boufflers fe retire. A ce mot, fes
forces fe raniment : il veut remonter à
cheval , pour rapporter au camp la victoire
qu'il y a laiffée. Il fut fi mal, qu'on jugea qu'il falloit lui adminiftrer les Sacrements. On lui propofa de faire cette cérémonie en fecret : » Non , dit-il, puif-
» que l'armée n'a pu voir Villars mourir
» en brave, il eft bon qu'elle le voye
» mourir en Chrétien. "

L'ennemi en vouloit à Mons, & le prit. Malgré ce défavantage, la journée de Malplaquet fut glorieuse & utile : elle rétablit la réputation des armes Françoises, déja tombées dans le mépris : elle ôta la crainte à nos troupes, & l'infpira à l'ennemi : elle fit valoir les petites victoires que le Comte du Bourg, le Marquis de Bai, le Duc de Noailles remporterent à Ramersheim, à la Gudina, à Figuieres. On étoit dans ces triftes extrêmités, où l'efpérance vit de parcelles de gloire & de bonheur.

CHAPITRE IX.

Propofitions de paix. Affaires d'Efpagne.
1710.

Louis, après avoir demandé la paix, fut réduit à la mendier, &, après l'avoir mendiée, à l'acheter. Il envoya le Maréchal d'Huxelles & l'Abbé de Polignac à Gertruidenberg, petite ville dont on étoit coñvenu pour en traiter. Ces deux Plénipotentiaires en auroient fait une avantageufe, fi elle avoit été poffible. La franchife du premier étoit tempérée par la douceur & la dextérité du fecond, le premier homme de fon fiecle dans l'art

de négocier & de bien dire. D'Huxelles,
préfomtueux & haut, repréfentoit bien un
Roi, qui, au milieu des revers, conſervoit
ſon ancienne fierté : & Polignac, la France
demandant grace, mais n'en voulant point
à des conditions honteuſes, & eſpérant
d'en obtenir encore d'honorablesde ſon
épée ou de ſon eſprit.

Leur premiere propoſition fut, que
Louis abandonneroit & ſon petit-fils &
toutes les acquiſitions qu'il avoit faites pendant ſon regne. Les Alliés ſe moquerent
de ces offres, & demanderent qu'il ar-
rachât lui-même la Couronne à Philippe,
& qu'il la mît ſur la tête de l'Archiduc.
Les deux Plénipotentiaires offrirent enſuite
les bons offices de leur maître auprès de
Philippe, pour l'engager à une abdication
volontaire, & enfin de l'argent & des
troupes pour l'y forcer.

Ce fut alors qu'un bel eſprit Hollandois fit la ſatyre, intitulée : *Le Roi de
France aux genoux de la Hollande.* C'é-
toit une parodie d'un Poëme lyrique de
la Volpiliere, qui avoit pour titre : *La
Hollande aux genoux du Roi de France.*
On voit par ces deux pieces, à quelle inſo-
lence la proſpérité porte le peuple le plus
poli & le plus modéré : car elles rendent
au naturel les ſentiments des deux Na-

tions dans les mêmes circonstances. Mais les Anglois, aussi mauvais plaisants que bons soldats, furent les plus ardents à insulter à nos malheurs : leurs gazettes (1) étoient pleines de prétendues lettres de l'Abbé de Polignac, du Marquis de Torcy, & sur-tout de Me. de Maintenon, qu'on supposoit avoir été interceptées. On prêtoit les aveux les plus humiliants pour Louis XIV, à ceux qui voyoient de plus près sa fermeté.

Les Alliés furent inflexibles. Marlboroug qui ne craignoit que la paix, les excitoit à des demandes qui éternisoient une guerre où il acquéroit de la gloire, & de l'argent qu'il aimoit encore plus, & qu'il destinoit, disoit-on, à une entreprise, chimérique, si les hommes ne s'achetoient pas. On exigea de Louis XIV que, dans l'espace de deux mois, il détrônât seul son petit-fils, & qu'il rendît toutes les Provinces dont le Royaume s'étoit agrandi depuis François I. Qu'auroit-on exigé, si l'on eût pénétré dans le cœur de la France ? Les conférences furent rompues, & la Nation se résolut à répandre encore du sang, puisqu'il falloit en répandre

(1) Voyez le *Crastsman.*

pandre encore. Tous les politiques blâmerent les Alliés de leurs propofitions outrées : l'occafion d'humilier un peuple dominateur, ne fe préfente pas deux fois. Mais l'Evêque Burnet ofa foutenir, qu'en confcience, le Roi devoit les accepter : c'étoit à lui à réparer le mal, puifque c'étoit lui qui l'avoit fait. Cet homme-là trouvoit à toutes les pages de fon Evangile, des fentences contre Louis XIV.

En Flandre, les François perdirent des Places, & les Alliés, des hommes. Mais en Efpagne, la bataille de Sarragoffe, gagnée par Staremberg, força Philippe à quitter Madrid pour la feconde fois. Louis avoit retiré fes troupes d'Efpagne. Les Ducs de Vendôme & de Noailles y furent envoyés. Les Grands delibererent fur le rang qu'ils donneroient au premier : » Tout rang m'eft bon, leur dit » Vendôme ; je ne viens point vous dif- » puter le pas : je viens fauver votre » Roi. " A leur arrivée, tout changea de face : les Efpagnols aimerent mieux brûler leurs denrées que d'en fournir aux Impériaux ; l'Archiduc fut rechaffé de Madrid ; Balaguier, furpris & rafé par Louvigny ; Brihuega, emporté par Vendôme ; le Lampourdan, occupé par le Duc de

Noailles qui venoit de fauver le Langue-
doc, & confervé avec les feules troupes
qu'il raffembla fur fon propre crédit ; Staremberg, battu à Villaviciofa ; Philippe,
affermi fur le Trône, & en état de s'y foutenir par lui-même.

Pendant que ces chofes fe paffoient, la
Cour de France étoit pleine d'intrigues
qui pouvoient influer fur les affaires gé-
nérales. On parloit du mariage de M. le
Duc de Berry. Le Duc & la Ducheffe
d'Orléans offroient leur fille : Me. la Ducheffe de Bourgogne propofoit la Princeffe
d'Angleterre (1), & par amitié pour elle,
& par haine pour le Duc d'Orléans. Me.
de Maintenon étoit expofée aux importunités des deux partis, & tâchoit, mais
fans fuccès, de les concilier. La Reine
d'Angleterre la conjuroit de former des

---

(1) Louife-Marie Stuard, fille de Jacques II,
morte le 18 Avril 1712 dans fa vingtieme année. On voit dans un gros libelle intitulé : *La nouvelle Meffaline*, qu'elle étoit fille de la Reine
d'Angleterre qui eft cette nouvelle Meffaline, &
de Louis XIV. Les prétendus amours de ce Roi
& de cette Reine y font détaillés avec une vraifemblance qui tromperoit les plus défiants, fi
l'hiftoire de la fuppofition du Prince de Galles
n'avoit appris de quelles méchancetés l'imagina-
tion humaine eft capable.

liens qui assureroient à sa malheureuse famille la protection de la France. Me. de Maintenon y étoit portée par tendresse pour elle, par pitié pour la Princesse, par aversion pour Mlle d'Orléans, dont la beauté étoit sans défaut, dont la réputation n'étoit pas sans tache. Mais le bien de l'Etat s'opposoit à ces sentiments. Cette alliance déplaisoit à la Reine Anne, avec laquelle on négocioit secretement, & qu'il falloit ménager : quoique depuis la mort de son fils, elle se livrât au plaisir de se croire un frere (1), elle feignoit d'entrer dans les passions de son peuple, & témoignoit son indifférence pour le proscrit en rompant les négociations : la France avoit besoin de l'appui ou de la pitié de toutes les nations, & ce mariage auroit irrité la plus puissante & la plus implacable.

―――――――――――――――――

(1) La Reine Anne, qu'on avoit fait déposer contre la naissance du Prince de Galles, se plaignit de cette violence dès qu'elle fut sur le trône. Ce qu'il y a de singulier, c'est que cette naissance avoit été prédite par les Jésuites de Rome, qui donnerent une fête au Comte de Castelmaine, & un bouquet avec ces deux Vers :

Pro natis, Jacobe, genus flos candide regum,
Hos natura tibi si negat, astra dabunt

D'un autre côté, Me. la Duchesse de Bourgogne, plus fidelle aux mouvements de son cœur, que touchée des raisons d'Etat, vantoit son amie & décrioit sa rivale. Le Duc d'Orléans admettoit quelquefois sa fille à ses soupés. Là, malgré tout le respect qu'on doit à la jeunesse, il lui échappoit bien des traits qui s'imprimoient dans l'esprit d'une enfant portée à la coquetterie. Me. de Marey, Gouvernante de Mademoiselle, gagnoit son amitié par des complaisances, plutôt qu'elle ne la méritoit par sa sévérité. Ces légers écarts, Me. de Maintenon les avoit sus, & Me. de Marey en avoit été grondée. La Duchesse de Bourgogne eût bien voulu en instruire le Roi & le Duc de Berry. Mais le Roi se déclara si nettement contre la Princesse d'Angleterre, qu'elle craignit que son indiscrétion ne lui nuisît à elle-même sans nuire à son ennemi. Déjà une femme de qualité avoit été menacée d'une disgrace, pour avoir dit au Chevalier de St. George, sur les ennuis de sa sœur enfermée à Chaillot, un mot innocent qu'on avoit rapporté à ce mariage. Le Duc d'Orléans voua une haine éternelle à la Duchesse de Bourgogne ; & certain que Mademoiselle auroit le Duc de Berry, il attendit sans empressement les propositions du Roi. Dès que ce mariage fut déclaré, on fut assez surpris de voir un fils de France épouser une petite-fille de Me. de Montespan. Les noces furent sans joie. La Duchesse de Bourgogne fut chargée de conduire la maison de sa belle-sœur. Madame, qui depuis disputa le pas avec aigreur à la Duchesse de Berry, le lui céda dès-lors sans murmurer. Etant l'une & l'autre à une porte : » Poussez-moi donc, Madame, lui dit la » Duchesse : car de long-temps je ne saurai passer devant ma grand'mere. »

Le Duc d'Orléans avoit les plus beaux jours à la Cour de France, & son ambition formoit contre lui, à celle d'Espagne, une tempête qui le mit à deux doigts du naufrage. Miguel de Pons accusa Deslandes auprès de Me. des Ursins, de tramer une conspiration contre Philippe V. La Princesse des Ursins courut chez le Roi, & lui exagéra le péril, la grandeur du crime, les preuves, le nombre des complices. Deslandes fut arrêté à Colomedo : Flotte son ami, dans une ville d'Arragon. On trouve dans leurs papiers un long Mémoire sur les moyens d'assurer la Couronne au Duc d'Orléans. Confrontés avec Miguel de Pons, ils nient qu'ils ayent voulu détrôner Philippe : ils avouent qu'ils ont cabalé pour le Duc d'Orléans contre l'Archiduc. A cette nouvelle, quelques Grands projettent d'enlever de la prison Flotte & Deslandes, auxquels les promesses ou les menaces peuvent arracher le nom de leurs partisans. Grimaldo, Secretaire d'Etat, en est averti. La Princesse des Ursins, foible & cruelle, est effrayée, fait transférer les prisonniers à la tour de Ségovie, & les plonge dans des cachots séparés. Le Duc de Médina-Celi, convaincu de favoriser l'Archiduc, est soupçonné d'être vendu au Duc d'Orléans. Dom Manrique-Lara, ancien Officier-Général & Menin de la Reine-Mere, est conduit en prison avec un grand éclat. Il avoue qu'il est entré dans les vues de Deslandes, & soutient que ces vues supposoient l'abdication volontaire du Roi : en effet, le Mémoire qu'on avoit trouvé dans ses papiers, commençoit par ces mots : *Si Philippe V. nous abandonne.* Antonio de la Villa-Roël & quelques autres Seigneurs, près d'être arrêtés, se jettent entre les bras de l'Archiduc. L'on ne doute plus que l'objet de la conjuration ne soit plutôt le détrônement de Philippe que l'expulsion de l'Autrichien. On assure que Deslandes devoit aller en Portugal, ses amis mettre le feu aux quatre coins de

Madrid, Flotte s'emparer de Lérida, Villa-Roël faire soulever l'Arragon, & le Duc d'Orléans s'échapper de la Cour de France, se mettre à la tête de son parti, & traiter avec les Puissances maritimes dégoûtées de l'Archiduc. Ces bruits volent de bouche en bouche : tout est répété, exagéré, cru. En Espagne, on se défie des récits d'un complot que Me. des Ursins a découvert en France, où l'on n'est jamais coupable à demi ; le Duc d'Orléans est accusé de la plus noire trahison : les uns disent qu'il a voulu démembrer la Monarchie ; les autres, l'avoir toute entiere. On ne doute point que son agent & ses complices n'ayent été déja tirés à quatre chevaux. On croit qu'il va être lui-même envoyé à la Bastille. Au milieu des cris de la vérité, mêlés aux mensonges de l'envie, le Duc d'Orléans, pénétré de crainte, & plein d'assurance, paroît assiduement à la Cour, se voit déchiré, fui, détesté, & ne dit pas un mot pour sa défense.

Le Roi, persuadé que son neveu est coupable, va signer l'ordre de l'arrêter. Me. de Maintenon, qui s'est imposé silence sur une affaire si délicate & si obscure, fait agir M. Desmarets. On représente au Roi, qu'on n'a contre le Prince que des dépositions vagues; qu'il est dangereux d'user de précipitation; que la lenteur ne peut être nuisible. Me. de Maintenon ne se vanta point de ce service, qu'elle se rappelloit sans doute quand elle disoit depuis : *Ah! si le Duc d'Orléans savoit tout ce qu'il me doit!* Fidelle à la neutralité qu'elle s'est prescrite, elle répond à la Duchesse de Bourgogne, qui, en se déchaînant contre l'accusé, veut l'engager à se déclarer contre lui; » Le respect que je » dois au neveu du Roi, ne me permet » pas de parler; " & à Madame, qui la conjure de protéger son fils; » Mon res- » pect pour Philippe V, m'ordonne de me » taire. " Les amis du Duc d'Orléans l'abandonnent. L'Abbé Dubois est le seul qui lui reste; il soutient que le projet de détrôner Philippe, est une calomnie & une chimere; que Deslandes n'en vouloit qu'à l'Archiduc; qu'il a cabalé de son pur mouvement; que son seul crime étoit d'avoir déplu à Me. des Ursins. Quoi qu'il en soit, le Roi pria son petit-fils d'assoupir cette affaire, & l'on conserve encore dans la famille de M. Desmarets, la lettre de remerciments du Duc d'Orléans à ce Ministre.

Cette modération & la réconciliation extérieure entre le Roi d'Espagne & le

Duc d'Orléans, rendroient le fait problé-
matique, fi le filence de l'accufé n'étoit
l'aveu de fa faute. Jufqu'où alloit cette
faute? c'eft ce qui eft encore incertain.
Peut-être n'étoit-il coupable que d'avoir
foutenu fes prétentions à l'infu des deux
Rois : peut-être fon agent avoit-il paffé
fes ordres. Mais s'il eût été innocent, n'auroit-il pas défavoué fes amis, demandé
que fa conduite fût approfondie, folli-
cité ou l'élargiffement ou la punition de
Flotte & de Deflandes? auroit-il permis
à fon oncle de s'entêter de foupçons fi
déshonorants? ne fe feroit-il pas juftifié
auprès de lui? L'homme le moins jaloux
de fa réputation eût-il fouffert que toute
l'Europe le regardât comme un traître?
Quoiqu'il en foit, le public revint de fes
préventions; mais Louis conferva l'averfion que fes premiers foupçons, quoiqu'injuftes, lui avoient infpirée.

Cependant un fentiment d'équité l'engagea à prier, quelques mois avant fa
mort, Philippe V d'élargir les conjurés.
Il ne vouloit pas laiffer divifés les Maîtres de deux Empires unis par le fang &
par l'intérêt. Cette priere fembloit alors
un acte de politique, quoiqu'elle fût un
effet de conviction. Il eft pourtant certain qu'en 1713, il n'étoit pas encore

défabufé. Car ayant appris que le Duc
d'Orléans traverfoit un double mariage
qu'il avoit projetté entre le Duc de
Bourbon & Mlle. de Conti, & le Prince de Conti & Mlle. de Bourbon, il
l'appella dans fon cabinet, & lui dit :
» Monfieur, je fuis furpris qu'après vous
» avoir pardonné une chofe où il alloit
» de votre vie, vous ayiez l'infolence de
» cabaler chez moi, contre moi. "

(1) Le Roi d'Efpagne dut aux négociations du Duc de Noailles, les fecours
qu'il reçut de France, & à fa conftance
la prife de Gironne. Cette Ville, que des
événements fortuits avoient délivrée de
plufieurs fieges, crut être encore fauvée
cette fois par le fecours du Ciel. Des
pluies extraordinaires inonderent le camp
des affiégeants : quarante-fept efcadrons
& huit bataillons furent enfermés par les
eaux pendant quatre jours, fans pain ni
fourrage. Le Duc de Noailles lutta contre les éléments. On le conjuroit de lever le fiege : il le continua. Un boulet de
canon l'approcha de fort près, au moment qu'il vifitoit une batterie dreffée contre la Tour Gironelle qui fatiguoit la tran-

chée. Il dit à Rigolo, qui commandoit l'artillerie, & qui étoit sourd : » Enten- » dez-vous cette musique ? Je ne prends » jamais garde, répondit Rigolo, à ceux » qui viennent : je ne fais d'attention qu'à » ceux qui vont ". Dès que les pluies furent cessées, la ville basse fut attaquée & emportée d'assaut : trois jours après, la ville haute se rendit par capitulation ; & l'Arragon acheva de se soumettre.

Cette action étoit si belle & si impor- tante, la flatterie en pesa les circonstan- ces glorieuses avec tant de complaisance, le Duc de Noailles avoit alors si peu d'envieux, il étoit si aimé du Roi, qu'on crut qu'il alloit être Maréchal de France. Mais Madame de Maintenon eût ardem- ment sollicité cette récompense pour son ami, & ne dit mot pour son neveu.

CHAPITRE X.

Négociations. Campagne de Flandres. Con- grès d'Utrecht.

1711.

EN Flandre, Marlboroug, gêné par les ordres de la Reine Anne, tenta vainement d'attirer Villars au combat ,.& ne prit que Bouchain. Le ministere de Wigh, dont il étoit l'ame, avoit été chassé par les Torys, ses parents renvoyés , sa femme disgraciée. La Nation Angloise commençoit à voir qu'elle soutenoit seule une guerre où elle seule n'avoit rien à gagner. Cependant les Traités étoient précis ; il falloit un établissement à l'Archiduc ; Marlboroug avoit encore des amis ; les offres de Louis XIV étoient récentes, & la victoire ne l'avoit pas mis en droit de les rétracter. La Reine Anne fut donc forcée à suivre le système établi. Mais son Conseil ne fit plus que par bienséance, ce qu'il avoit fait jusqu'alors par passion. L'Angleterre avoit déployé toutes ses forces ; elle les ménagea. Elle avoit animé la ligue ; elle se contenta de la seconder. Elle avoit dicté tous les traités particuliers ; elle se moqua du projet d'envahir & de partager la France. La Reine, débarrassée de Milady Marlboroug (1), & livrée à Me. Masham, secretement Jacobite, attendit l'occasion de terminer une

(1) L'Auteur du *Siecle de Louis XIV* attribua cette disgrace à une pique de femmes sur une paire de gants. Voyez-en d'autres causes dans les Mémoires mêmes de Madame Marlboroug.

guerre fur laquelle on avoit allarmé fa confcience. Peut-être aimoit-elle le protecteur de fon frere infortuné. Peut-être efpéroit-elle que la paix lui fourniroit les moyens de rétablir fur le trône les Stuards, & d'en écarter l'étranger odieux que l'acte de la fucceffion y appelloit.

(1) La mort de l'Empereur Jofeph dénoua cette fanglante tragédie. Il ne laiffoit point de mâles ; & l'Archiduc Charles, fon frere, étoit fon unique héritier. A cette nouvelle, le Duc de Savoye s'enferma trois jours, pour méditer fur le parti qu'il devoit prendre ; la Reine Anne fut ravie d'un incident qui alloit lui donner la paix : les Princes de l'Empire, malgré l'averfion des Vaffaux pour un Seigneur trop puiffant, reconnurent l'Archiduc pour Roi d'Efpagne & pour Empereur ; tous les politiques jurerent que l'Europe ne souffriroit pas un Charles-Quint ; les Hollandois, foit par cette lenteur à changer de plan, qui eft un vice attaché aux Républiques, foit dans l'efpérance d'acquérir la Souveraineté des Pays-Bas, promirent à l'Autrichien d'obferver inviolablement la grande Alliance.

(1) 17 Avril.

Dès que la surprise eut fait face aux réflexions, les plus cruels ennemis de la France virent que la fortune prenoit soin de la relever, & que la politique ne souffriroit pas qu'elle fût abattue. L'Archiduc réunissoit en sa personne le pouvoir que Louis avoit partagé entre sa famille : l'Archiduc devenoit l'ennemi de l'équilibre Européen ; tous les peuples devoient donc s'unir contre ce Monarque universel, avec d'autant plus d'ardeur, qu'en armant contre Louis XIV, ils avoient combattu pour leur postérité, & qu'actuellement ils combattroient pour eux-mêmes. On avoit tué un million d'hommes pour prévenir un événement incertain, & la mort d'un seul amene cet événement.

L'Abbé Gautier, qui négocioit ardemment à Londres, fit valoir ces considérations. On prétend que les Ministres de la Reine Anne furent achetés. Mais dans un temps où la France avoit à peine de quoi nourrir son Roi, où trouver de l'argent pour payer des traîtres de cette importance ? (1) Le mépris que Louis XIV

(1) » La Reine Anne envoya au mois d'Août
» son Secretaire d'Etat, le Vicomte de Boling-
» broke, consommer la négociation. Le Marquis

témoigna pour Mylord Bolingbroke, ne
prouve point qu'il l'eût eu au nombre de
ses pensionnaires; un tel service auroit
excité dans ce Prince une reconnoissance,
que tous les mépris dus à la perfidie n'auroient pu empêcher d'éclater. Du reste,
à juger de Bolingbroke par ses Mémoires,
il paroît assez capable de tout.

Les Conférences reprises par Ménager
& par Prior, aboutirent à des préliminaires qui n'avoient rien d'avilissant pour
la France. Mylord Staffard les communiqua aux Alliés, qui se plaignirent de cette
paix particuliere, comme d'une infraction
ouverte à l'article de la Grande-Alliance
qui n'admettoit qu'une paix générale. Le
ministere Anglois étoit plus sûr de les forcer d'y souscrire, que de persuader à la Nation d'y consentir.

Marlboroug, à qui ses intérêts étoient

_____

» de Torcy fait un très-grand éloge de ce Mi-
» nistre, & dit que Louis XIV lui fit l'accueil
» qu'il lui devoit. En effet, il fut reçu à la Cour
» comme un homme qui venoit donner la paix;
» & lorsqu'il vint à l'Opéra, tout le monde se
» leva pour lui faire honneur : c'est donc une
» grande calomnie de dire : *Le mépris que Louis*
XIV témoigna pour Mylord Bolingbroke, ne prouve
point qu'il l'ait eu au nombre de ses pensionnaires.

fort chers, & ceux du genre humain fort
indifférents, ne refpiroit que la guerre,
& foutenoit que cette paix étoit l'oppro-
bre de la nation. Les clameurs impuiffantes
de fon parti, fe réduifirent enfin à n'en
critiquer que les conditions. Il perdit tous
fes emplois ; perte légère après tant de
campagnes lucratives & brillantes, & dans
ces heureux pays où l'homme eft encore
quelque chofe en dépit du Prince. Le
peuple ne regretta point un citoyen dont
l'épée lui devenoit inutile , & les confeils pernicieux. Les Sages , qui admirent
le Héros, mais qui ne plaignent que l'honnête homme, fe fouvinrent, que Marlboroug avoit été l'ami de Jacques II,
au point d'en favorifer les amours pour
Mlle. Churchil fa fœur, (1) & l'avoit
plutôt trahi que quitté ; (2) qu'il avoit
été difgracié par Guillaume, & avoit
mérité de l'être ; & qu'enfin, comblé de
biens & d'honneurs par la Reine Anne,

---

(1) De ce commerce naquit le Maréchal de
Berwick, Duc de Fitz-James.
(2) Le Roi Jacques l'appelloit, *Monfieur eft-il
poffible*, parce que dans le temps que ce Favori
fongeoit à l'abandonner, il exprimoit par ces paroles fon étonnement & fon indignation contre
ceux qui l'abandonnoient.

il avoit toujours cabalé contre elle. Il favoit apprécier la gloire des Héros. M. de Chavigny, aujourd'hui (1756) Ambaffadeur en Suiffe, lui faifant compliment fur fes campagnes en Flandres : » Vous favez, lui répondit Marlboroug, » ce que c'eft que le fuccès de la guerre ; » j'ai fait cent fautes, & vous en avez » fait cent & une."

(1) Le Congrès fut indiqué à Utrecht. Tous les Princes, hormis Philippe V, y envoyerent leurs Miniftres. On difputa de bagatelles. L'effentiel fe traita dans les cabinets de Londres & de Verfailles. Les hoftilités continuerent. Les Impériaux fe flatterent qu'une heureufe campagne les porteroit dans le cœur de la France, & que là ils dicteroient les conditions de la paix avec l'Angleterre ou fans elle.

L'invafion dont le Royaume étoit menacé, ne permit point aux François de fe livrer aux efpérances que leur donnoient des préliminaires qu'une bataille pouvoit anéantir. Déja Mylord Albemarle avoit fait une entreprife hardie fur Arras, & brûlé les magafins des fauxbourgs : déja le Prince Eugene s'étoit emparé du

_____

(1) 1712.

Quesnoy. Les Alliés avoient fait le partage de la France. Tout Paris étoit consterné. La Cour se disposoit à se retirer à Chambor. Le Roi manda le Maréchal de Villars, & lui dit : » Vous voyez où nous » en sommes : vaincre où périr ; il faut » finir par un coup d'éclat. Cherchez » l'ennemi, & livrez-lui bataille. " Villars lui dit avec émotion : » Mais, Sire, » c'est votre derniere armée ! N'importe, » reprend le Roi. Je n'exige pas que vous » battiez l'ennemi ; mais je veux que » vous l'attaquiez. Si la bataille est per- » due, vous me l'écrirez, & à moi seul » vous ordonnerez au Courier de ne voir » que Blouin. " Villars écoute, & ne fait où tend ce discours. » Je monterai » à cheval, ajoute le Roi ; je passerai par » Paris, votre lettre à la main ; je con- » nois le François ; je vous menerai qua- » tre cents mille hommes, & je m'ense- » velirai avec eux sous les débris de la » Monarchie. " Ces paroles, où se pei- gnoit toute l'ame de Louis, pénétrerent d'admiration le Maréchal de Villars, qui se plaisoit à les répéter, & qui les rap- pella dans son discours de réception à l'Académie. (1)

(1) Le Roi se promenant avec quelques Sei- gneurs, qui alloient partir pour l'armée : » Si

Le Prince Eugene afliégeoit Landrecie, & tiroit de Marchiennes fes convois protégés par fon camp de Denain. Le Duc d'Ormond, qui avoit fuccédé à Marlboroug, fépara fes troupes de celles des Alliés : on publia une fufpenfion d'armes de deux mois entre l'Angleterre & la France ; & Dunkerque fut configné aux Anglois. Cet incident ranima les François, & découragea les Impériaux.

Le Maréchal de Montefquiou propofa de marcher vers Châtillon-fur-Sambre, pour donner le change au Prince Eugene en menaçant le camp de Landrecie. Villars rejetta ce confeil avec dédain, & le fuivit avec exactitude. On prit toutes les mefures pour donner une fauffe allarme au Prince Eugene. Eugene trompé, fut battu, Denain forcé, Marchiennes pris, Landrecie délivré. St. Amand, Douay, le Quefnoy, Bouchain fe rendirent, & nous coûtérent moins qu'ils n'avoient couté à l'ennemi.

Les Courtifans, cette fois juftes par

___

» vous êtes battus, leur dit-il, j'irai vous fécou-
» rir : j'ai l'honneur d'être le plus ancien foldat
» de mon Royaume. Et le meilleur, ajouta le
» Marquis d'Antin."

envie, attribuerent avec tous les gens de
guerre à Montesquiou la gloire de cette
campagne. Villars, outré qu'on lui ravît
la plus belle action de sa vie, soutint que
son rival n'avoit été que le confident &
le ministre d'un projet dont on le disoit
l'auteur. Le Roi le voyant arriver dans
les jardins de Marly, alla au-devant de
lui avec empressement, l'embrassa, & lui
dit : » On ne peut être plus content de
» vous que je le suis : vous venez de sau-
» ver la France. " Au moins, Messieurs,
» vous l'entendez," dit Villars en se tournant vers les Courtisans. (1)

Rem. de M. de V. Tom. VI, p. 50.

(1) Ce conte rapporté dans cette occasion, fe-
» roit tort à un homme qui venoit de rendre de
» si grands services. Ce n'est pas dans ces mo-
» ments de gloire, qu'on fait ainsi remarquer
» aux courtisans que le Roi est content. Cette
» Anecdote défigurée, est de l'année 1711. Le
» Roi lui avoit ordonné de ne point attaquer le
» Duc de Marlboroug. Les Anglois prirent Bou-
» chain. On murmuroit contre le Maréchal de
» Villars. Ce fut après cette campagne de 1711,
» que le Roi lui dit qu'il étoit content, & c'est
» alors qu'il pouvoit convenir à un Général d'im-
» poser silence aux reproches des Courtisans, en
» leur disant que son Souverain étoit satisfait de
» sa conduite, quoique malheureuse."

Les Plénipotentiaires François ne parlerent plus en suppliants ; & quelques conférences concilierent les intérêts opposés de tant de Princes divers. La Princesse des Ursins retarda la signature des traités ; elle demandoit qu'on lui donnât en toute Souveraineté pour elle & pour ses héritiers, une terre de cent mille livres de rente dans le Duché de Luxembourg. Le Roi d'Espagne ne cédoit les Pays-Bas qu'à cette condition. L'Angleterre acceptoit cet article ; la Hollande alloit y consentir. Me. de Maintenon, qui ne soupiroit qu'après la paix, engagea la Princesse des Ursins à se désister d'une prétention qui l'éloignoit.

Tous ces différents traités furent discutés avec tant de négligence, & exprimés avec si peu de précision, que les actes de cette pacification sont aujourd'hui le flambeau de la guerre.

L'Empereur se plaignit de ses Alliés, qui les avoient signés sans lui. Il persista, encore une année, à demander avec modération toute la Monarchie Espagnole. Me. de Maintenon, voyant le Roi affligé de la continuation de la guerre, lui dit que ce n'étoit rien en comparaison de celle qu'on venoit d'avoir avec toute l'Europe. » Ce n'est pas la guerre qui m'afflige,

» répondit le Roi ; c'eſt la miſere des
» peuples. ”

(1) Le traité de Raſtadt mit fin aux
hoſtilités. Le Roi voulant témoigner à la
Maréchale de Villars combien il étoit content de ſon mari qui l'avoit ſigné, lui
dit : Madame , voilà le comble. Les étrangers étoient ravis de l'harmonie qu'ils
voyoient entre le Monarque & les ſujets.
Un Anglois diſoit : » J'aimerois ce Roi-là,
» ſi je pouvois en aimer un. ”

_____

(1) 6 Mars 1714.

LIVRE QUATORZIEME.

IL faut absolument que les François se batte toujours, soit pour la gloire, soit pour la Religion. Quand l'ambition laisse respirer le peuple, le zele se hâte de lui ravir ces moments de tranquillité. Ainsi les avides & aveugles humains, au-lieu de vivre heureux sur la terre, passent leurs jours à s'en disputer quelques morceaux, ou se servent, pour s'assommer, du bâton que Dieu leur a donné pour se conduire. Tandis que les Anglois donnoient la paix à la France, les Prêtres la déchiroient par une guerre qui dure encore. Je vais rendre compte de ces démêlés théologiques, que la politique a rendus intéressants, parce qu'au-lieu de les mépriser, elle a voulu les assoupir. Si quelqu'un peut en parler avec impartialité, c'est sans doute celui

Qui sorti d'Israël,
N'invoque ni Baal, ni le Dieu d'Ismaël.

CHAPITRE PREMIER.

Mort du P. de la Chaise. Le P. Tellier.

LES Janséniftes, fouvent condamnés par l'Eglife, avoient échappé à tous les foudres lancés contre eux. N'ofant fe féparer du St. Siege, mais ne voulant pas s'y foumettre, ils avoient reçu toutes les Bulles, & les avoient toutes éludées. Leurs diftinctions, entre le fens héréti-que & le fens orthodoxe, entre l'erreur de fait & l'erreur de droit, avoient pro-duit ce filence refpectueux, qu'un Pape moins ami de la vérité que de la paix, avoit ordonné. Ce filence fut rompu par les deux partis, & condamné par Clément XI.

Un Prêtre, nommé Quefnel, réfugié en Hollande, & déferteur de la Congré-gation de l'Oratoire, difciple de St. Cy-ran & d'Arnauld, fit imprimer le Nou-veau Teftament avec des réfléxions mo-rales. Plufieurs Evêques l'approuverent. Innocent XII même, à qui il fut dénoncé, n'y vit point de Janfénifme. Le Cardi-nal de Noailles invita par un Mandement tout fon Diocefe à le lire. Il le propofe aux fideles comme le pain des forts & le lait des foibles. Les Jéfuites voyant qu'on en multiplioit les éditions, foupçonnerent le livre de contenir un poifon caché. Ç'en étoit déja un vifible aux yeux de quelques Ultramontains, que l'Ecriture-Sainte mife ainfi à la portée de tout le monde. Ces bonnes gens croyoient fort dangereux les livres que Dieu a faits.

L'Evêque de Chartres, quoiqu'il eût permis à Me. de Maintenon de les lire, vit tout Janfenius dans Quefnel, & décria les *Réflexions morales*. Il conjura le Cardinal de Noailles de corriger fon Mandement. L'Archevêque de Paris le remercia de fon conleil, & n'en profita point. Le grand Boffuet avoit fouvent recommandé la lecture du Teftament de Quefnel. Mais foit qu'il en prévît la condamnation, foit qu'il reconnût fa méprife, il follicita le Cardinal de rétracter fon Mandement, ou de corriger le livre.

Me. de Maintenon allarmée l'en preffa vivement. Du refte, elle ne s'étoit encore déclarée ni pour ni contre les Janféniftes, & elle répondoit aux deux partis qui s'efforçoient de la gagner : *Je ne fuis que Papifte.* C'étoit bien affez.

Boffuet, craignant qu'une rétractation formelle ne coutât trop à l'amour-propre du Cardinal, lui propofa de mettre à la tête du livre une préface explicative fur certaines propofitions. L'Archevêque approuva cet expédient ; & Boffuet fit la préface, qui fut envoyée à Quefnel. Ce Religieux, flatté de la déférence de Noailles, & outré de la critique de Mr. de Meaux, répondit fièrement que fon livre n'àvoit pas befoin de correction. Cependant le Cardinal en corrigea quelques fyllabes. L'Evêque de Chartres, qui voyoit de loin les héréfies, lui prédit que Rome le condamneroit en entier.

A dire vrai, ce livre ne fut que le prétexte des divifions : fi Noailles eût flétri le P. Quefnel, fes ennemis lui en auroient bientôt trouvé un autre. Le Janfénifme eft bien un être réel : mais pour ce Prélat, ce n'étoit qu'une héréfie de Cour. S'il fût refté à Châlons, ou s'il eût permis aux Jéfuites de le gouverner à Paris, il eût été très-orthodoxe.

(1) Quelques Théologiens demandent au Pape la condamnation des *Réflexions morales*. Sa Sainteté la leur accorde avec beaucoup de complaifance. Ces cenfures vagues font méprifées en France. Les Janféniftes jugent celle-ci ridicule, & les Mo-

_____

(1) 1708.

liniftes infuffifante. De-là, de vives al-
tercations : & les Prêtres, au-lieu d'exécuter le Teftament de Jefus-Chrift, difpu-
tent fans charité fur celui de Quefnel.

Le P. de la Chaife, accablé d'années,
& trop voifin du tombeau pour haïr quelqu'un fortement, laiffa le Cardinal en
paix ; mais les deux partis firent de grandes brigues pour donner un Confeffeur
au Roi. Parmi le Clergé, ceux qui devoient tout aux Jéfuites, fouhaitoient fort
d'être délivrés du joug que leur impo-
foit la reconnoiffance : ceux qui ne leur
devoient rien, crioient contre la tyrannie d'un corps qui exigeoit un entier dévouement. » Tout ce qui s'oppofe, di-
» foient-ils, à l'ambition de la Compa-
» gnie, eft fufpeƈ, écarté, opprimé : fi
» le Prince a pour Confeffeur un Prêtre
» féculier, il n'a que les defirs d'un feul
» homme à fatisfaire : s'il prend un Re-
» ligieux, il eft affailli des prétentions
» d'un Ordre entier, de tous les parti-
» culiers qui le compofent, de tous les
» étrangers qui le favorifent : & de tous
» les Ordres, il n'en eft pas de plus at-
» tentif à fon aggrandiffement que celui
» des Jéfuites : ils ont envahi tous les Col-
» leges & la plupart des Séminaires ; ils
» font dévoués au Pape ; maîtres des Bé-

» néfices, ils le font néceſſairement de l'E-
» gliſe & des dogmes. ”

Leurs partiſans répondoient, qu'un Religieux qui avoit renoncé au monde,
étoit préférable à un Prêtre qui auroit autant d'amis que l'Ordre régulier le plus
étendu avoit de membres : que depuis
le P. Coton, l'Egliſe Gallicane avoit été
bien gouvernée & garantie d'erreurs; que
parmi les Religieux, les Jéſuites ſeuls ſe
diſtinguoient par un ſavoir utile; que laiſ-
ſant aux Dominicains leur barbare ſcho-
laſtique, aux Bénédictins leurs doctes &
peſantes compilations, aux Franciſcains
leur ſuperſtitieuſe ignorance, à tous les
autres leur ſainte oiſiveté, ils s'étoient em-
parés de tous les avantages qui pouvoient
ſervir à la conduite des hommes; qu'eux
ſeuls excelloient dans les lettres, dans la
ſcience des mœurs, dans l'art de la chaire,
dans la direction des conſciences; que leur
ambition n'étoit point un vice de l'ordre,
mais de l'humanité; qu'un Capucin, maître
de la feuille, ſeroit auſſi ambitieux; &
qu'en un mot, les hérétiques ſeuls les
avoient haïs.

(1) Me. de Maintenon penchoit pour

_____

(1) Janv. 1709.

un Prêtre féculier. Mais l'affection pour
les Jéfuites étoit fi bien établie dans le
cœur du Roi, qu'elle écoutoit comme
d'édifiantes inutilités tout ce que le Cardinal de Noailles lui difoit contre eux. Cependant le P. de la Chaife fe préparoit
à la mort. Le Roi lui demanda fon avis
fur le choix d'un fucceffeur. L'agonifant
écrivit fur un papier le nom de trois ou
quatre Peres de fa Compagnie. Me. de
Maintenon envoya ce billet à l'Evêqûe
de Chartres, avec ordre d'en conférer
avec la Chétardie, Curé de St. Sulpice.
Le Roi, leur difoit-elle, veut un homme de peu de naiffance, d'un efprit ferme, qui ne foit ni occupé de fa famille, ni afſervi aux circonſpections humaines.

Or, en ce temps-là, il y avoit à Paris un homme né à Vire en Baffe - Normandie, fils d'un Procureur, Auteur d'un
livre dangereux en faveur des Chrétiens
Chinois, plus propre à l'intrigue qu'à l'é-
tude, ardent ennemi des Janféniftes, leur
dénonciateur auprès du P. de la Chaife,
inventeur de la fourberie de Douay fi
reffemblante à une perfidie, inftruit de
tout par fes émiffaires répandus dans les
Colleges & dans les Univerfités, auffi attentif à cacher fes menées qu'à les faire

réuſſir, à peine connu, quoique depuis vingt ans il inquiétât tout le Royaume, & par malheur, Jéſuite.

Ce fut à cet homme dangereux & turbulent qu'on donna le poſte qui demandoit l'homme le plus vertueux & le plus pacifique. Il étoit ſur la liſte du P. de la Chaiſe, qui avoit voulu le mettre le dernier de tous, & qui l'avoit mis le premier par l'adreſſe de celui qui conduiſoit ſa main. Le Roi, Me. de Maintenon, l'Evêque de Chartres, le Curé de St. Sulpice lui donnerent leurs voix; le Roi, parce que ce nom fut le premier qui frappa ſes yeux; Me. de Maintenon, parce qu'on lui dit qu'il avoit acquis du crédit dans ſa Société par ſon ſavoir, & de la conſidération dans le monde par ſa politeſſe; l'Evêque de Chartres, dans la pieuſe eſpérance que Noailles, à ſon gré trop ménagé, ſeroit enfin pouſſé vivement; le Curé, par complaiſance pour les trois autres. Comment quatre perſonnes ſi ſages, croyant choiſir un Saint, choiſirent-elles un boute-feu?

Le P. Tellier, c'étoit ſon nom, étoit alors Provincial de Paris. Il traitoit les ſujets de ſon petit Empire, comme il traita depuis les Janſéniſtes. Ce n'étoient qu'accuſations, informations, ſignatures, menaces, coups d'autorité, perfécutions. Auffi tous les Jéfuites furent-ils charmés de fon élévation, qui les délivroit d'un Tyran, dont l'ingénieufe cruauté s'exerceroit utilement contre les ennemis de l'Eglife.

Le nouveau Secretaire d'Etat choifit un confeil qui lui reffembloit. Les Peres Doucin, Lallemand, & Daniel, tous trois Normands comme lui, en furent les chefs; & tout ce qu'il y avoit d'intrigant, de rufé, de remuant dans la Société, y fut admis à proportion de fes talents. Leurs confreres répandus dans le Royaume, les inftruifoient de tout. Ce confeil monachal étoit le dépofitaire de toutes les informations faites feqretement, & le Juge de tous les Eccléfiaftiques de France. Le P. de la Chaife n'avoit rien imaginé de pareil: fes confidents étoient d'un caractere modéré: il avoit écarté les Janféniftes, & les avoit rarement perfécutés: mais le P. Tellier établit une Inquifition, fuivit un plan d'intrigues & de violence, &, avec moins de crédit que lui, eut mille fois plus de pouvoir.

CHAPITRE II.

Commencements des affaires de l'Eglise.

LE Cardinal de Noailles étoit son ennemi personnel : il l'avoit empêché
de mettre son nom à une traduction du
Nouveau Testament. Le P. Tellier lui porta quelques coups, qui furent parés par
Me. de Maintenon. Le Cardinal, soit par
piété, soit par ressentiment, l'accusa de
vendre les Bénéfices. Le Confesseur répondit au Roi : » Je consens d'être brûlé
» vif, si l'accusation est prouvée ; mais
» le Cardinal le sera, si elle ne l'est
» point. "

Bissy, Evêque de Meaux, & le Théologien de la Cour, tenta de les réconcilier. Le Jésuite répondit, qu'il falloit
absolument que l'un des deux perdît sa
place. Le Cardinal n'ignora point cet
emportement : il dit à quelqu'un qui
prétendoit que les Jésuites étoient ca-
pables de tout : » Hé non, car je vis
» encore. "

Pour le perdre, il falloit le faire hérétique. On connoissoit la délicatesse de
sa conscience, sa soumission pour l'Egli-

se, & son attachement à la vérité. On tria donc, parmi les réflexions de Quesnel, les plus pieuses, les plus apostoliques, en un mot, celles qu'il ne pouvoit proscrire sans se déshonorer. Mais pour les dénoncer au Pape, il falloit faire agir le Roi ; & pour faire agir le Roi, il falloit engager les Prélats à le supplier d'être le délateur de Quesnel. Les complaisants Evêques de la Rochelle, de Luçon & de Gap firent des Mandements contre les *Réflexions morales* ; leurs neveux, Séminaristes à St. Sulpice, furent accusés de les avoir affichés par tout Paris , & même à la porte de l'Archevêché.

Le Cardinal chassa du Séminaire ces Abbés séditieux. Les trois Evêques porterent leurs plaintes au Roi, & lui déférerent le Livre, & celui qui le soutenoit. Cette lettre étoit un libelle. Elle fut rendue publique. Presque toutes les Communautés de Paris se joignirent au Chapitre de Notre-Dame, pour témoigner leur indignation à leur Archevêque. Le Roi, qui haïssoit l'erreur, mais qui n'aimoit pas les mauvais procédés, fut choqué de l'animosité des trois Evêques. Le Cardinal lui demanda justice. Le Roi la lui promit. Les Jansénistes, qui obsédoient l'Archevêque, l'engagerent à supprimer par un

G v

Mandement ceux qu'on avoit faits contre lui. Le Roi en fut si mécontent, qu'il lui fit écrire de ne point attendre de justice, puisqu'il se l'étoit faite lui-même.

Le Cardinal répondit, qu'il falloit distinguer l'injure faite à sa personne, de l'injure faite à la vérité par les Mandements des Evêques ; qu'il avoit vengé celle-ci qui ne pouvoit l'être par le Prince, & que c'étoit au Prince à venger l'autre. Me. de Maintenon, à qui le P. Tellier avoit donné cette distinction comme captieuse & illusoire, comprit enfin qu'un Evêque a droit de faire dans son Diócese toutes sortes de Mandements, sans perdre celui d'être défendu par les Loix contre les outrages personnels. Les Libraires de Paris présenterent requête au Chancelier contre l'attentat de certains Prélats de Province, qui venoient décrier un Testament, le meilleur effet de leur commerce.

Le Roi, craignant que cette querelle n'eût des suites, chargea Mr. le Dauphin de réconcilier les deux parties. Ce Prince pieux voulut bien être leur arbitre, & reçut tous leurs mémoires. Il emprunta les lumieres de l'Archevêque de Bordeaux & de la Chetardie, qui passoient pour neutres, & qui ne l'étoient guere. Ce dernier

avoit la confiance de Me. de Maintenon,
depuis la mort de Mr. de Chartres. Mais
fon indifcrétion la lui fit perdre. Me. de
Maintenon n'eut plus de Directeur. Si
le Roi l'avoit imitée, la France eût joui
de la paix.

Tandis que Mr. le Dauphin écoutoit M.
de Meaux, qui prétendoit que l'Archevêque de Paris devoit fupprimer fon Mandement; Mr. de Bordeaux, qui foutenoit
que ce Mandement n'attentoit point à l'autorité épifcopale ; la Chetardie , qui vouloit que les offenfeurs fuffent punis, pourvu que l'offenfé condamnât folemnelle-
ment Janfénius ; Mr. de Cambray, qui fou-
droyoit dans toutes fes lettres les fauteurs
de Quefnel ; on répandoit dans tout le
Royaume une défenfe des *Réflexions mo-*
rales par feu Mr. Boffuet. Cette apologie
étoit folide & vigoureufe. Les Jéfuites en
furent confternés. Boffuet étoit devenu l'E-
glife même , & Quefnel ne pouvoit plus
être un hérétique. Heureufement l'édi-
teur , neveu du Pere de l'Eglife , étoit bon
Janféniste : il fut accufé d'être l'auteur du
Livre attribué à fon oncle. Ceux qui favoient le mépris du grand Boffuet pour l'O-
ratorien, n'en douterent pas. La fraude pieu-
fe devint publique, & indigna les honnêtes
gens : il falloit que les Quefnelliftes fe

défiaffent de la raifon & de la vérité, puifqu'ils recouroient à l'autorité & au menfonge.

Enfin, on dreffa un projet de concilia-tion. Il confiftoit à renvoyer l'examen des Mandements des trois Evêques à leurs Mé-tropolitains : & fi ceux-ci condamnoient ces Mandements, à écrire une lettre d'ex-cufes & de compliments au Cardinal, qui préliminairement révoqueroit le fien. Ces conditions étoient dures. Le Cardinal n'y fit aucune réponfe. Mr. le Dauphin, ayant recueilli les voix de fon Confeil, l'affu-ra d'une pleine fatisfaction de la part des Evêques, pourvu qu'il rétractât lui-mê-me l'approbation donnée au Teftament de Quefnel. Ce jugement étoit évidem-ment dicté par le P. Tellier. Il s'agiffoit de flétrir le libelle, & non de condam-ner une erreur. Il étoit injufte & peut-être honteux de fe prévaloir de la fen-fibilité d'un Prélat, pour lui arracher un défaveu, & pour tyrannifer fa confcien-ce. Mais auffi pourquoi Noailles s'étoit-il adreffé au Roi, au-lieu de fe plaindre au Parlement, qui auroit condamné au feu les libelles de fes ennemis ? Quiconque in-voque l'autorité fuprême par-tout où il y a des loix, renonce à la protection & à la pitié du public.

CHAPITRE III.

Intrigue dévoilée & impunie.

LE P. Tellier ne paroiſſoit point dans cette querelle, qu'il conduiſoit à ſon gré. Il tramoit un complot plus important. Il donnoit ordre aux Evêques de dénoncer au Roi le Cardinal de Noailles & Queſnel. Une lettre de l'Abbé Bochart de Saron, découvrit tout le myſtere. Cet Abbé, ci-devant Jéſuite, actuellement eſpion du Pere Confeſſeur, écrivit à ſon oncle Evêque de Clermont, que le Livre de Queſnel ſeroit proſcrit ; que le P. Tellier raſſembloit de tous côtés des lettres des Evêques au Roi contre le Cardinal ; qu'il en avoit déja trente ; qu'il lui avoit dit que dans huit jours il en auroit autant ; que le ſecret étoit promis à tous ceux qui ſe prêteroient à cette conjuration ; qu'il le prioit d'en ſigner une dont il lui envoyoit le modele. Ce modele étoit une invective contre le Cardinal de Noailles & contre la mauvaiſe doctrine. Ces pieces, miſes à la poſte, en furent tirées par un des émiſſaires du Cardinal, à qui l'Abbé Bochard étoit déja ſuſpect.

Ce Prélat déposa aux Greffes de l'Officialité les originaux, & en envoya des copies au Roi, à Mr. le Dauphin, à Me. de Maintenon. Les deux derniers ne purent contenir leur indignation. Le Roi ne laissa point pénétrer ses sentiments, soit qu'il méditât quelque coup éclatant, soit qu'il fût dans la confidence de ces lettres.

Dès qu'elles furent répandues, tout ce qui avoit de l'honneur & de la piété, se déchaîna contre les abominables artifices de cette cabale. Les Evêques se plaignirent d'être réduits à l'unique fonction de signer des Mandements tout faits, eux que Jesus-Christ avoit établis les seuls juges de sa doctrine. Les Huguenots se souvinrent *de ce St. Esprit, qui arrivoit toutes les semaines dans une malle aux Peres du Concile de Trente.* » Voilà, dirent les liber-
» tins, voilà la Religion : il faut des ali-
» ments à la crédulité humaine : jamais
» notre foi ne sera complete : tous les
» jours, quelque dogme nouveau ; & ces
» dogmes, comment les fait-on ? en dic-
» tant à nos Juges leur opinion : les *Ré-*
» *flexions morales* ne peuvent être ortho-
» doxes, puisque celui qui nomme aux
» Evêchés, ordonne aux Evêques de les
» déclarer hérétiques : autrefois l'infail-

» libilité étoit dans le Concile ; au-
» jourd'hui elle est dans le Pape : de-
» main elle sera dans les Jésuites, & cir-
» culera de parti en parti jusqu'à la fin
» des siecles ".

Les Jansénistes éclaterent encore plus
violemment. » Nous ne manquerons pas
» d'héresies, s'écrioient-ils, tant que les
» ennemis de St. Augustin auront des Tel-
» liers, des Bochards, des Evêques de
» Clermont ; & ils en auront toujours :
» les Jésuites ne peuvent plus nier leurs
» projets d'ambition & d'indépendance :
» ils sont trahis par eux-mêmes : ils di-
» visent l'Episcopat, pour s'en rendre les
» maîtres ; ils se jouent du Roi ; ils abu-
» sent de sa Religion, & peut-être le
» font-ils complice des iniquités qu'ils
» projettent, en allarmant sa conscience
» sur des erreurs qui n'existent pas. "

Personne ne douta que le P. Tellier ne
fût chassé. Parmi les Jésuites, quelques-
uns avoient honte de l'être : la plupart
convenoient que le Pere Confesseur, qui
avoit, un mois auparavant, pris Dieu à
témoin de sa neutralité dans les différends
des trois Evêques, devoit faire pénitence
d'avoir manqué aux premiers devoirs de
la Religion & de la probité. D'autres disoient froidement, que le crime de Tel-

lier étoit refpectable ; qu'il n'appartenoit
qu'aux ames, comme la fienne, dévorées
du zele de la maifon de Dieu, de facrifier à la vérité leur réputation & leur
confcience ; que le Janfénifme, qui tra-
vailloit fans ceffe fous terre, ne pouvoit
être détruit, s'il n'étoit fourdement con-
treminé ; qu'il étoit fort heureux pour
l'Eglife de France, qu'un feul Prêtre eût
du zele & de l'habileté pour tous ; enfin, que les Evêques étoient trop occupés de leurs plaifirs, pour pouvoir s'oc-
cuper à compofer des Mandements. Un
plaifant répandit une eftampe, où l'on
voyoit un carroffe rempli de Jéfuites, at-
telé à fix chevaux fougueux, mené par le
P. Tellier, & le P. de la Rue à la portiere, criant : » Hé ! mon Pere, vous nous
» verfez. "

Le P. Tellier fut trois ou quatre jours
en proie aux plus cruelles inquiétudes.
Il voyoit au Roi cet air fombre, le pré-
lude des difgraces. Pour détourner l'o-
rage qui le menaçoit, il obtint de l'Abbé Bochard de prendre fur lui toute la
noirceur de cette intrigue odieufe. L'Abbé complaifant lui écrivit une lettre, dans
laquelle défavouant les principaux traits
de l'interceptée, il fe déclaroit lui-même
fourbe & parjure. Le Pere Tellier, fans

doute aveuglé par son crime, porte au
Roi cette piece concertée, qui, confron-
tée avec l'autre, le charge au lieu de le
juſtifier (1). Le Roi, encore plus aveugle que ſon Confeſſeur, commence à dou-
ter ſi le Jéſuite eſt innocent ou coupable. L'Evêque de Meaux, à qui l'on a
promis de riches Abbayes, ſi l'on n'eſt
point exilé, ſurvient à propos, & dit
que l'Abbé Bochard eſt un pieux étourdi,
qui a mêlé dans ſa lettre à ſon oncle, le
Révérend Pere Tellier, pour donner plus
d'activité au zele du vieillard. Le viſage du
Roi devint calme & ſerein : il n'aimoit
pas à changer de confident : la haine contre le Janſéniſme, étoit, à ſes yeux, une
vertu qui rachetoit bien des péchés : il
croyoit Tellier un de ſes plus fideles ſer-
viteurs; enfin, il ſouhaitoit de ne le pas
trouver criminel : & à cet âge, on eſt
ſi crédule, quoique ſi défiant ! Mr. le Dauphin feignit de penſer comme ſon grand-
pere : ſon indignation contre le P. Tellier, s'évanouit avec les clameurs publiques. Les Courtiſans, qui ſeuls pouvoient

_____

(1) Un ſavant Médecin a actuellement entre
les mains la Lettre à l'Evêque de Clermont, mi-
nutée par le P. Tellier.

réveiller le Roi, étoient trop accoutumés à voir l'intrigue conduire tout, pour être long-temps furpris de celle du Jéfuite.

Et Me. de Maintenon ? Elle fe tut. Le Confeffeur lui parut fi bien enraciné dans l'efprit du Roi, qu'elle crut impoffible de l'en arracher. Peut-être craignit-elle cet homme féroce & puiffant ; peut-être imagina-t-elle que fi fa place étoit donnée à un autre, le fchifme étoit inévitable. Quoi qu'il en foit, elle abandonna fon ami ; & le Janfenifme ne lui pardonnera pas cette foibleffe. Elle eût dû laiffer à Dieu le foin de protéger fon Eglife, & donner au Roi un Confeffeur plus fage. Ce n'étoit point à elle à juger fi le Cardinal étoit ou n'étoit pas dans l'erreur, fi la Religion avoit ou n'avoit pas befoin que les Evêques fe liguaffent contre lui. Mais il lui étoit permis de parler ouvertement contre les mauvais procédés, de montrer au Roi une cabale formée pour perdre un Archevêque refpectable par la fainteté de fes mœurs, de lui repréfenter combien il étoit avili par cette exceffive confiance en un homme fi méprifé. Lorfqu'elle concourut depuis au projet de la dégradation de Noailles, elle fuivit les mouvements de fa confcience, qui l'exhortoit à

rompre avec un Prélat rebelle à l'autorité
de l'Eglise. Mais quand elle le laiſſa opprimer par un factieux, elle fut infidelle
aux ſacrés devoirs de l'amité, qui l'in-
vitoient à ſe déclarer contre l'oppreſſeur.
Elle gémit, elle pria Dieu ; mais qu'eſt-
ce que des larmes ſecretes & des prieres
ferventes, où il faut de la fermeté &
des ſervices ? Quant au fond du démêlé,
toutes les probabilités étoient encore pour
le Cardinal. Si Tellier eût eu une bonne
cauſe, auroit-il corrompu ſes Juges ?

CHAPITRE IV.

Les Jéſuites ſont privés des pouvoirs.

LE Cardinal de Noailles, encore plus
étonné de l'indifférence du Roi pour
les écrits interceptés, qu'il ne l'avoit été
de la méchanceté des écrits mêmes, crut
devoir à ſa dignité & à l'Eglise une vengeance éclatante des affronts qu'il avoit
reçus. Après avoir conſulté le Seigneur,
il écrivit au Roi que ſon ame n'étoit point
en ſûreté entre les mains du Pere Tellier,
& à Me. de Maintenon, qu'il la conjuroit par ſon zele pour le ſalut du Roi,

d'ôter une confcience fi précieufe à un homme auffi pervers. Ces deux lettres furent lues & méprifées; le Pere Tellier venoit de parler au Roi de Janfénifme.

. Le Cardinal voyant que fes ennemis triomphoient de l'aviliffement où ils l'avoient jetté, réfolut d'ôter aux plus féditieux les pouvoirs de prêcher & de confeffer. Le Pere Daniel, Supérieur de la Maifon profeffe, alla lui en porter des plaintes ameres. » Je vous remercie, lui » dit l'Archevêque, vous & vos Peres, » de vos travaux dans mon Diocefe : j'ai » beaucoup d'Eccléfiaftiques qui font fans » occupation, & n'ai nul befoin de vos » troupes auxiliaires. " La plupart des Jéfuites fe réjouirent de cette punition : les uns, parce qu'ils déteftoient le Pere Tellier, dont ils appelloient la cabale, *le parti des Normands* ; les autres, parce qu'ils efpéroient que cet événement produiroit des troubles qui augmenteroient leur crédit.

Le Pere Tellier ne fut point du nombre des réformés; il eut de nouveaux pouvoirs. Cependant le Roi étoit dans de grandes perplexités : il flottoit entre fon Archevêque & fon Confeffeur; il favorifoit celui-ci par goût; les préfomptions étoient toutes pour celui-là. Il fouffroit

impatiemment qu'un corps qu'il aimoit,
fût fi fenfiblement frappé : il n'ofoit demander grace pour lui au Cardinal.

Me. de Maintenon & le Duc d'Antin,
témoins de ces inquiétudes, le follicite-
rent d'en délivrer le Roi, en rendant les
pouvoirs aux Jéfuites. Il fut inflexible. Enfin, le Roi l'en pria. » Quand il s'eft agi,
» répondit le Cardinal, de chofes tem-
» porelles ; d'impofitions équivalentes
» au dixieme denier, j'ai fuivi les or-
» dres de Votre Majefté ; j'ai travaillé le
» premier à la ruine du Clergé pour fauver
» votre Etat, & pour foutenir votre Trô-
» ne. Mais aujourd'hui il s'agit des Sa-
» crements, de la puiffance des clefs qui
» m'ont été confiées, en un mot, de tout
» ce que la Religion a de plus augufte.
» Il n'eft vous eft permis, Sire, ni de tou-
» cher à l'encenfoir, ni de me deman-
» der compte de ma conduite. Et s'il faut
» abfolument vous déplaire, ou déplaire
» à Dieu, mon parti eft pris depuis long-
» temps. »

Le Roi, perfuadé que ni le droit de
juger, ni la police des chofes facrées, ne
pouvoient lui appartenir, n'infifta point
fur le rétabliffement des Jéfuites ; & quoiqu'il fe fût joué de la confcience de fes
fujets, il refpecta celle de fon Archevê-

, que. Mr. le Dauphin étoit si pénétré des droits de la puissance Ecclésiastique, qu'il dit souvent au Cardinal de Noailles : » Pour peu qu'une chose tienne à l'E- » glise, elle n'est plus de notre ressort. " Ces droits, si souvent violés, ne le se- roient plus, si ceux qui en sont déposi- taires cessoient enfin de recourir à l'au- torité civile pour les faire valoir.

Cependant la conduite du Cardinal fut blâmée. Les uns dirent qu'il en avoit trop fait en réformant tant de Jésuites, & trop peu, en tolérant le plus coupable de tous ; qu'un homme plus habile, plus hardi, & même plus saint, se seroit mieux servi de ses avantages, en portant brusquement l'allarme dans la conscience du Prince ; & que les ménagements pour le Pere Tellier, étoient d'un Courtisan timide. Les autres jugerent que la punition infligée à la société, étoit trop longue. Mais le Cardinal l'auroit abrégée, s'il n'eût ap- pris qu'on la regardoit comme une ven- géance particuliere qu'il devoit sacrifier au Roi. Un plaisant lui envoya une re- quête en faveur des Jésuites, au nom des vieux pécheurs désolés des épines dont les Confesseurs Jansénistes semoient le chemin du Ciel.

Quoique l'Archevêque fût dans une

efpece de difgrace, Me. de Maintenon
eut un entretien avec lui. Touchée des
maux de l'Eglife, inquiete de l'avenir,
elle ofa lui propofer de quitter fa place.
Pour le croire fi détaché du monde, il
falloit bien qu'elle y tînt peu elle-même.
Le Cardinal, qui, quelques années auparavant, lui avoit offert d'abdiquer, rejetta cette propofition, & dit que les
circonftances avoient changé; que toute
l'Eglife avoit les yeux ouverts fur lui;
qu'il n'abandonneroit point un pofte, que
fon ennemi fe hâteroit de donner à quelque Evêque mercenaire; qu'il étoit fûr
de fa vigilance, & qu'il ne le feroit point
de celle de fon fucceffeur. Me. de Maintenon lui exagéra le crédit du Pere Tellier.
Le Cardinal lui dit, fans s'émouvoir,
qu'il étoit préparé à tout; (*Paratus fum,
& non turbatus:*) qu'il n'efpéroit rien des
hommes; qu'il obéiroit à l'Eglife; & qu'il
auroit déjà défendu la lecture du livre de
Quefnel, fi les Jéfuites n'avoient entre-
pris de l'y forcer, en s'érigeant en maîtres des Evêques, dont ils n'étoient que
les difciples. Me. de Maintenon, craignant que la converfation ne prît un tour
d'éclairciffement défagréable, la rompit
par quelques propos indifférents. L'Archevêque fortit, convaincu que fa perte

étoit réfolue, mais qu'elle ne dépendoit pas des hommes.

On eft fans doute furpris de voir un Roi auffi jufte que Louis XIV, facrifier à un Jéfuite un Prélat que l'ancienne Eglife eût envié à ces derniers temps. Bien des gens crurent qu'en protégeant le Pere Tellier, il ne protégeoit qu'un confrere. Quelques Hiftoriens Proteftants & quelques Janfé-niftes (1) dirent qu'il étoit lui-même Jé-fuite. Ils alleguent le témoignage de deux garçons bleus, qui affifterent à l'émiffion des trois premiers vœux, & d'un Officier de la Chambre, qui entendit le Roi pro-noncer le quatrieme entre les mains de fon Confeffeur. Ils difent auffi que Me. de Maintenon devint fille de la Société. Dès l'année 1696, elle étoit foupçonnée de l'être.

Ces faits paroiffent moins fondés fur de bonnes preuves, que fur le befoin qu'on avoit d'eux pour expliquer d'autres faits;

&

---

(1) Voyez les Anecdotes fur la Conftitution *Unigenitus*, ou *le Journal de l'Abbé Dorfanne*. C'eft le même Ouvrage, mais publié fous deux titres différents, par la fraude des Libraires & des Janféniftes de Hollande, fous celui d'*Anec-dotes* il y a trente ans, & fous celui de *Jour-nal* depuis fix mois.

& voilà comment l'Histoire devient un Roman entre les mains de ceux qui cherchent la cause de tout. Parmi les Ordres Religieux, plusieurs ont des aggrégations; les Laïques y sont admis. Les associés participent à tous les biens spirituels de la Communauté; Dieu applique à ces étrangers les mérites des œuvres des Saints, qui en ont plus qu'il ne leur en faut pour se sauver.

En ce sens, Louis pouvoit bien être Jésuite; mais il ne fut jamais assez superstitieux ni assez foible, pour l'être réellement. Quelque ascendant que le Pere Tellier eût sur son esprit, comment lui eût-il persuadé que des vœux qu'il ne pouvoit remplir pouvoient être utiles à son salut, & que ces vœux d'obéissance & de pauvreté n'étoient pas incompatibles avec sa charge de Roi? On peut aimer les Jésuites, sans l'être; ils ont tant de choses pour eux! On peut les haïr, sans être Janséniste; ils en ont tant contre eux!

CHAPITRE V.

M. le Dauphin & Me. la Dauphine.
Leur mort.

MR. le Dauphin, toujours ami de la paix, ne pouvant l'établir en France, dit au Roi qu'il falloit porter à Rome cette guerre théologique. Les Evêques de Luçon & de la Rochelle prierent le Pape de les juger, & lui déférerent en même-temps le Livre de Quesnel. M. de Cambray lui avoit déja envoyé ses observations : & l'accueil que Clément XI leur avoit fait, lui promettoit que la foi & la soumission de celui qui avoit combattu le Livre des *Maximes*, seroit mise à la même épreuve que la sienne. En fait de doctrine, être accusé, c'est presque être condamné. Le Cardinal de Noailles, qui prévit l'arrêt, en prévit aussi le danger. Mais il ne s'opposa que foiblement à la demande qu'on fit d'une bulle qui terminât tous les différends. Il craignit que le P. Tellier ne l'accusât de ne pas croire au Pape, quoique le P. Tellier y crût encore moins que lui. Car ce Jésuite ayant fait un mauvais Livre condamné deux

fois, en soutint toujours la doctrine ; &
pour le réduire, il fallut explication sur
explication, décret sur décret : cependant
ses hérésies n'étoient pas de pures bagatelles, comme celles de Quesnel ; il croyoit
qu'on pouvoit être à la fois idolâtre &
Chrétien.

M. le Dauphin s'occupoit d'affaires plus
importantes & plus faciles. En réfléchis-
sant sur les fautes de son grand-pere, il
en trouva la source dans la forme de ré-
gie qu'il avoit adoptée. Il sentit que tous
les malheurs de la guerre venoient de
l'affoiblissement de l'État , & l'affoiblissement, de tant d'édits ruineux auxquels le
Parlement n'avoit pu s'opposer. Il résolut donc de rendre un jour à ce Corps
auguste sa premiere liberté, & de multiplier les conseils pour multiplier ses propres lumieres. Il étoit difficile d'accorder
ces deux projets.

Ce Prince étoit l'espoir de la Nation ,
& Me. la Dauphine, les délices de la
Cour. La Religion avoit changé le carac-
tere de l'un (1), & corrigé les défauts

_____

(1) *Voici le témoignage de Me. de Maintenon
dans une piece qui ne se trouve point dans le recueil
de ses lettres :* Je ne puis mieux, ce me semble ;

H ij

de l'autre. Les deux époux avoient la plus
aveugle confiance en Me. de Maintenon.

---

vous porter à embraſſer généreuſement pour le
reſte de vos jours la pratique d'une vie vraiment
Chrétienne, qu'en vous propoſant l'exemple de
M. le Dauphin. C'eſt un Prince à peu près de votre âge. Depuis ſa premiere Communion, nous
avons vu peu-à-peu diſparoître tous les défauts qui,
dans ſon enfance, nous donnoient de grandes inquiétudes pour l'avenir. Ses progrès dans la vertu
étoient ſenſibles d'une année à l'autre. D'abord
raillé de toute la Cour, il eſt enfin devenu l'admiration des plus libertins. Après-dîné, il s'en-
ferme ſeul dans ſon cabinet, & y paſſe une ou
deux heures. Il continue à ſe faire violence pour
détruire entiérement ſes défauts. Sa piété l'a tellement métamorphoſé, que d'emporté qu'il étoit,
il eſt devenu modéré, doux, complaiſant. On
diroit que c'eſt-là ſon caractere, & que la vertu
lui eſt naturelle. Quand il ſe détermina à s'occu-
per uniquement de ſes devoirs, il commença par
renoncer au jeu qu'il aimoit paſſionnément. Je lui
demandai confidemment pourquoi il s'étoit inter-
dit ce plaiſir, le plus innocent des plaiſirs de la
Cour? Il me répondit, qu'il avoit reconnu que
le deſir du gain lui faiſoit aimer le jeu : qu'à la
vérité il ne ſe ſoucioit pas beaucoup de perdre,
mais qu'il ſentoit une grande joie de gagner ; que ſa
paſſion naiſſoit donc d'un fond d'avarice, & qu'il
étoit impoſſible que ce qui étoit vicieux dans ſon
principe, fût innocent dans ſes effets. Madame ſa
femme, qui connoît combien ſa piété eſt ſimple,
malgré l'étendue de ſon eſprit, abuſe quelquefois

Elle étoit la dépositaire de leurs peines &
de leur joie, l'arbître de leurs démêlés, le

---

de cette délicatesse de conscience. Car il suffit
qu'elle lui dise, même en riant : *Si vous faites telle*
chose, vous serez cause d'un mal : car je me mettrai
en colere. Il est vrai que l'ombre de tromperie lui
fait horreur. M'ayant un jour fait une réponse
peu sincere, le lendemain il vint me dire : *Ma-*
dame, j'eus hier la foiblesse de vous en imposer ; je
n'ai pu dormir de toute la nuit, ayant ce détour à
me reprocher ; je viens vous dire ma faute & la vé-
rité. Quelques-uns le croyent avare ; mais les aumônes secretes & abondantes qu'il fait, le justifient assez. Quelques autres croyent que son gouvernement sera austere. Cependant il aime la
joie & le plaisir : il s'y livre même quelquefois
pour condescendre au goût de Me. la Dauphine.
Bien-loin que sa vertu le rende insensible aux
amusements de la vie, elle les lui rend plus agréables, au-lieu que ceux qui en font leur unique
occupation n'en trouvent aucun qui les satisfasse.
Ils vont de la promenade à la chasse, de la chasse
à la Comédie, de la Comédie au jeu. Je voudrois
que vous les en vissiez revenir. Leur ennui est
le meilleur sermon. Vous les verriez avec un vi-
sage triste & un ton chagrin se plaindre que rien
n'a réussi. La Comédie a été mal jouée, l'Opéra
détestable, on mouroit de chaud à la promenade, les chiens ont mal chassé. Parmi tous ces
voluptueux ennuyés, le jeune Prince est le seul
gai & content, parce qu'il a employé sa journée
à remplir les devoirs qu'il connoit, & à s'instruire
de ceux qu'il ne connoit pas.

nœud qui les réuniffoit dans les petites contrariétés qui furvenoient entre eux. Me. la Dauphine aimoit le monde & le jeu. Les coquettes de la Cour s'efforçoient de la ravir à Me. de Maintenon. Elles garniffoient les tablettes de la Princeffe de Livres dangereux, pour lui enfeigner du moins la théorie du vice. Me. de Maintenon les rempliffoit de Livres utiles, qui difparoiffoient le lendemain. M. le Dauphin, éperdu d'amour, ne pouvoit fe réfoudre à s'éloigner d'elle un moment. Me. la Dauphine fe faifant un amufement de fa jaloufie, fe plaifoit à lui échapper. Des avis donnés à propos & avec tendreffe par Me. de Maintenon, la rappelloient mieux, que la paffion importune de fon époux.

Me. de Maintenon, en blâmant avec douceur fes légéretés, contribuoit beaucoup au payement des dettes qu'elle faifoit au lanfquenet. Elle prévenoit les mécontentements du grand-pere; & tandis qu'elle apprenoit à la jeune Dauphine à gagner tous les cœurs, elle étoit attentive à lui conferver celui du Roi. Un jour que la Princeffe étoit fort inquiete & fort trifte, elle avoua à Me. de Maintenon qu'elle devoit une groffe fomme, qu'on lui demandoit avec inftance. On ne pouvoit en parler au Roi ; car outre que Me. la Dauphine lui avoit donné un état infidele de ſes dettes, l'argent étoit ſi rare, le Roi en étoit ſi économe, qu'il n'entreroit point dans ce nouveau beſoin ſans accompagner ſon bienfait de quelque reprimande. Me. de Maintenon, touchée de la ſituation de la Princeſſe, emprunte quinze cents piſtoles ſur ſa terre, & prend le reſte ſur ſes épargnes, regrettant peu ce qu'elle ôte à ſes héritiers, & beaucoup ce qu'elle ravit à ſes pauvres. Le lendemain, Me. la Dauphine trouve dans ſon cabinet vingt-cinq mille francs & ce billet : Voilà, Madame, de quoi ac-» quitter vos dettes, & ſoulager votre » ame : l'unique reconnoiſſance que je » vous demande, c'eſt de ne m'en pas » remercier ".

La Princeſſe renonça enfin au lanſque-net, & Me. de Maintenon jouiſſoit du ſuc-cès de ſes ſoins. Son éleve étoit ſa meil-leure amie ; & ſoit qu'elle eſſayât le per-ſonnage de Reine qu'elle devoit bientôt jouer, ſoit qu'elle ſe livrât aux charmes d'une ſociété libre, elle annonçoit à la France les plus beaux jours : » Je ſens, » diſoit-elle, que mon cœur grandit, à » meſure que la fortune m'éleve ". Non qu'elle fût impatiente de monter ſur le

Trône ; elle n'exprimoit par ces fentiments, que le nouveau goût qu'elle avoit
pour fes devoirs mieux connus. Auffi le
Roi, loin de craindre fon ambition, ado-
roit fon caractere ; charmé de fa préfence,
oublioit toutes fes difgraces, & voyoit
en elle le bonheur de fon fils, & dans
fon fils celui de fes peuples.

Echappée des pieges du monde, elle
dit un jour à Me. de Maintenon : » Ma
» tante, je vois aujourd'hui que je vous
» ai des obligations infinies ; vous avez
» eu la patience d'attendre ma raifon. "

(1) Le Roi n'étoit pas encore confolé
de la mort de Monfeigneur, lorfque Me.
la Dauphine tomba dangereufement malade. (2) Quoique fon mal fût affez léger, elle dit à une de fes Dames : » J'ai
» dans l'efprit que la paix fe fera, & que
» je ne la verrai point. " Le lendemain,
une violente douleur de tête, une fievre
impétueufe, une foif ardente allarmerent
les Médecins. On la faigna deux fois.
Me. de Maintenon ne quitta prefque plus
le chevet de fon lit. Elle faifit le pre-

_____

(1) Février 1712.
(1) Tout ce récit eft tiré des papiers de Me.
de Maintenon.

mier moment favorable, pour la difpofer
à ces actes de Religion toujours trop dif-
férés. Le P. de la Rue fon Confeffeur lui
propofa d'en prendre un autre. » Ne l'af-
» fligerai-je point, dit la Princeffe, en
» lui ôtant ma confiance ? La confcience
» ne peut être trop libre, " lui répondit
Me. de Maintenon. Elle demanda un Ré-
collet célebre par fon favoir & par fa
févérité, & pria Me. de Maintenon de
l'aider à l'examen de fon ame.

Le mal augmentoit d'heure en heure.
Les Médecins n'en connoiffoient pas l'efpece; les uns difoient, c'eft la petite-vérole, les autres, une fievre maligne. Le
Roi défendit à M. le Dauphin d'entrer
dans fon appartement. Il étoit trop tard :
déja la même maladie couloit dans les
veines de ce Prince, qui, pénétré de douleur & d'amour, en proie aux foupçons
les plus affreux, difoit à Me. de Maintenon : *Ah! fi cette mort étoit avancée!...*
Mon Dieu! mon Dieu, je leur pardonne.

On alla prendre le Viatique à la Cha-
pelle de Verfailles. Le Roi l'accompagna,
fondant en larmes. Me. la Dauphine après
avoir communié avec la plus vive foi :
» Ma tante, dit-elle, je me fens toute au-
» tre." Me. de Maintenon étouffant fes fanglots, lui répondit : " Vous vous êtes

H v

» approchée de Dieu : il eſt votre con-
» ſolation, & va être votre récompenſe.
» Je n'ai de douleur & de regret, ajouta
» la Princeſſe, que de l'avoir offenſé. Ce
» ſentiment, reprit Me. de Maintenon, ſuf-
» fit pour obtenir grace ; mais ſi la ſanté
» vous eſt rendue ! Ah ! répondit-elle,
» je la conſacre à Dieu & à lui ſeul.
» Mais, ma tante, j'ai une grande inquié-
» tude ſur mes dettes : M. le Dauphin les
» ſait ; je voudrois les voir. Cela n'eſt
» pas poſſible, lui dit Me. de Maintenon :
» vous avez la rougeole ". Me. la Dauphine fait apporter ſa caſſette, & y cherche l'état de ſes dettes : ſes forces l'abandonnant, elle la referme, la met au pied
de ſon lit, demande encore ſon époux,
& dit à Me. de Maintenon qui verſe un
torrent de larmes : » Ah ! ma tante, vous
» m'attendriſſez. "

Elle fait appeller ſes Dames, & dit à
la Ducheſſe de Guiche, » Adieu, ma belle
» Ducheſſe ! aujourd'hui Dauphine, & de-
» main rien ". Me. de Guiche lui répond,
que Dieu la rendra aux prieres de M. le
Dauphin. » Il lui enverra cette affliction,
» replique-t-elle ; car il afflige ceux qu'il
» aime." Le Roi étoit préſent, & montroit
librement ſa douleur. Quelqu'un l'ayant
fait remarquer à la malade, elle dit : » Si

» je l'aimois moins, & si j'en étois moins
» aimée, je mourrois sans regret. " Elle
le pria de payer ses dettes, de récompenser ses domestiques, & de se souvenir
d'elle quelquefois.

Me. de Maintenon, écoutant moins les
sentiments de son cœur déchiré, que ceux
de la foi qui l'animoit, ne cessa jusqu'au
dernier moment d'exhorter la Princesse à
se soumettre à la volonté de Dieu. Quand
elle la vit à l'agonie, ses larmes coulerent en abondance : » Laissez-moi pleu-
» rer mon enfant, dit-elle à ceux qui la
» consoloient : " & l'embrassant pour la
derniere fois, elle se retira pour prier &
pleurer en liberté.

Un Courtisan apporta une poudre dont
il raconta des effets merveilleux. Comme
tout étoit désespéré, on n'hésita pas à la
donner à la mourante. Ce remede lui rendit la connoissance. Elle dit : » Ah! que
cela est amer ! Me. de Maintenon fut avertie, & accourut. La Princesse lui dit
quelques mots, & expira.

M. le Dauphin avoit passé les jours &
les nuits en priere, tantôt offrant sa femme à Dieu, tantôt le conjurant de la lui
rendre, tantôt s'offrant lui-même pour
elle. Quand on lui apprit que le coup
étoit frappé : » Mon Dieu ! s'écria-t-il,

H vj

» conservez du moins le Roi ". En montant en carrosse pour aller à Marly, il se trouva mal. Le lendemain il communia, & alla rejoindre le Roi à Marly. Il avoit eu une petite fievre qu'on avoit attribuée à l'inquiétude. Il alla voir Me. de Maintenon, & lui dit : » Que les Médecins » l'ayent tuée, ou que Dieu l'ait prise, » j'adore également ce qu'il ordonne & » ce qu'il permet. " Ses soupçons étoient d'un mari tendre & infortuné, qui s'en feroit pris volontiers à tous les maris plus heureux que lui.

Le même soir, il eut une fievre brûlante. On craignit la rougeole. Mais la fievre ayant diminué, les Médecins ne lui ordonnerent que le repos. Le lendemain ils ne virent aucun signe de malignité : le jour suivant, ils dirent qu'ils s'étoient alarmés mal-à-propos : & le Roi se coucha tranquillement. Mais à onze heures du soir, le Prince se sent & transir & brûler. Il demande le Viatique. On lui dit que sa maladie n'est pas dangereuse. » Je » serai mort, répondit-il, avant qu'il soit » arrivé. " Les assistants se regardent, & ne savent à quoi attribuer ce discours. A minuit, le Prêtre arrive & dit la Messe. Le malade communie avec sa ferveur ordinaire. Le pain céleste semble appaiser

ſes douleurs. Un moment après, de plus
vives déchirent ſes entrailles. Il demande
l'Extrême-Onction. On la lui refuſe. Il
inſiſte ; diſant que ſi l'on differe, il la re-
cevra ſans connoiſſance. Son ame s'éleve
vers Dieu ; il répete le nom de la Dauphine ; & par ce qu'il ſouffre jugeant de
ce qu'elle a ſouffert, il offre ſes douleurs
au Souverain Maître des hommes, & s'at-
teñdrit ſur celle d'une épouſe qui n'eſt
plus. *Je brûle*, s'écrie-il : & mêlant à ſa
confiance dans les mérites infinis du ſang
de Jeſus-Chriſt les frayeurs où ſa Religion jette les mourants, il ajoute : » Je
» brûle, mais ce ſera bien pis dans ce lieu
» où nos ames ſont purifiées. " On ré-
veille le Roi. Il avoit laiſſé ſon petit-
fils plein de force & de vie : il le retrou-
ve, agité de convulſions, dans l'égare-
ment du délire, dans le râlement de la
mort.

A cette nouvelle, Paris eſt dans la conſ-
ternation. On expoſe le Saint Sacrement :
on découvre la châſſe de Ste. Genevie-
ve : les Egliſes ſe rempliſſent d'un peuple
innombrable : chacun fait des vœux pour
la conſervation d'un Prince ſi aimé. Mais
dès qu'on ſut que le Ciel en avoit déja
diſpoſé, on tomba dans le plus triſte abattement. Jamais homme ne ſut ſi tendre-

ment pleuré : il fembloit que la Patrie
étoit perdue. Il auroit, fe difoit-on,
confolé la France : le peuple perd fon
pere, & la vertu fon protecteur : il eût
mis fa gloire à établir par-tout la juftice
& la paix : il ne nous eût point accablés
d'impôts, ni abandonnés aux caprices de
Miniftres cruels : Dieu n'a fait que nous
le montrer ; nous aurions été trop heureux! Ces regrets fe firent entendre dans
le refte du Royaume, où l'on apprit à la
fois la maladie, le danger, & la mort.
Tous les citoyens s'étoient flattés qu'au
regne d'un Conquérant fuccéderoit celui
d'un Sage. Ce regne ne fut que différé ;
& le Duc de Bourgogne vit encore dans
fon fils.

Ce fils touchoit à fon dernier moment.
Son frere aîné, le Duc de Bretagne, âgé
de cinq ans, fut nommé Dauphin, & ne
le fut que quinze jours. » Maman, dit-
» il, à fa gouvernante, le voyage de
» St. Denys n'eft pas un trop joli voya-
» ge. ". Ainfi dans l'efpace de dix mois,
on vit mourir une Dauphine, trois Dau-
phins, le quatrieme près de paffer du ber-
ceau au cercueil, & le Duc du Maine à
l'agonie (1), difant le dernier adieu à fon

_____

(1) C'eft une fauffeté de conféquence, de

pere qui s'écrioit : *Et celui-ci, me fera-t-il encore ravi ?*

Ces tragiques événements n'abattirent point le Roi. Malheureux à la guerre, malheureux par les divisions de l'Eglise, malheureux dans fa famille, il fentit tout avec la vivacité d'un homme habitué à rapporter tout à lui-même. Mais il fouf-

---

dire que le Duc du Maine fut alors à l'agenie ; c'eft une calomnie puérile, de dire que l'Auteur du *Siecle de Louis XIV* accrédite ces bruits plus qu'il ne les détruit.

Mr. la B. feint d'écrire fes Mémoires en 1753. Il s'avife d'imaginer que le Duc & la Duchesse de Bourgogne, & leur fils ainé, moururent de la petite-vérole ; il avance cette fauffeté, pour fe donner un prétexte de parler de l'inoculation qu'on a faite au mois de Mai 1756. Ainfi dans la même page, il fe trouve qu'il parle en 1753 de ce qui eft arrivé en 1756, & il s'exprime ainfi : *Ce 24 Avril 1753, à huit heures du matin, on m'interrompt ; un ordre du Roi vient me ravir à ma famille & à moi-même.* Il conte enfuite comme il a été mis en prifon, & il accufe des perfonnes qui ne l'ont jamais vu, de l'avoir dénoncé au Gouvernement. Il avoit auffi attaqué la mémoire du Duc d'Orléans dans fes notes fur le *Siecle de Louis XIV,* *Tom. II, p. 346 & 347* de l'édition qu'il fit à Francfort en 1752.

frit tout en Chrétien. Il crut que Dieu
puniſſoit le Royaume des fautes de ſon
Roi : il adora ſon Juge. Il parut toujours
en public : nulle plainte ne lui échappa :
on eût dit que tant qu'il y auroit des
François, il lui reſteroit des enfants. Mais
ces revers domeſtiques corrompirent ſon
ſang, & le jetterent dans une eſpece de
mélancolie accompagnée de vapeurs. Me.
de Maintenon, vivement touchée de ces
pertes cruelles, tâchoit de lui en adoucir le ſentiment en lui en ôtant le ſouvenir. Mais déſolée elle-même, toutes les
fois qu'elle penſoit à cette Dauphine ſi
aimable & ſi aimée : » Je la pleure, di-
» ſoit-elle, & je la pleurerai toujours. "
Et un moment après ſe ſoumettant à la
Providence, ou croyant y être ſoumiſe,
elle s'écrioit : » Si Dieu vouloit me la
» rendre, il me ſemble que je ne le vou-
» drois pas : elle eſt heureuſe ; elle eſt
» avec lui. Depuis, elle fut ſujette à des
accès de fievre continuels. Mais ni ſes
maux, ni l'affoibliſſement de ſes forces,
ne diminuerent point ſon aſſiduité auprès
du Roi & à St. Cyr. L'activité de ſon
eſprit n'étoit point rallentie par la ſenſi-
bilité de ſon cœur.

Ces morts précipitées donnerent lieu

aux foupçons les plus étranges, qu'il eſt
inutile de diſſimuler, puiſqu'ils ſont imprimés par-tout. Elles furent attribuées au
poiſon. On en nomma publiquement l'auteur. » Le Duc d'Orléans avoit évidem-
» ment commis des crimes dont il devoit
» ſeul recueillir le fruit : ſon libertina-
» ge, ſon irréligion, ſon ambition,
» étoient des preuves déciſives : il avoit
» compoſé lui-même ces poiſons dans ſon
» laboratoire. "L'exécration étoit univer-
ſelle : l'on demandoit ſourdement, qu'on
lui fît ſon procès, & qu'on immolât au
moins cette victime aux mânes des Princes, & à l'affliction publique.

Ces bruits, enfants de la calomnie &
de la crédulité, ſembloient n'être dignes
que de mépris, puiſqu'ils n'étoient fondés que ſur la malignité du cœur humain.
Commettre tant de forfaits, les commettre en même-temps, les commettre avec
ſûreté, avec ſuccès, paroiſſoit aux mé-
chants la choſe la plus facile. On recou-
roit à des cauſes morales, pour expliquer
les ravages de la petite-vérole. Et le Duc
d'Orléans, malgré tout ce qui parloit pour
lui, étoit accuſé des crimes de cette même
maladie, dont ſon petit-fils & l'inoculation viennent de délivrer la France.

On ajoutoit que le Roi avoit commis le Lieutenant de Police pour faire des informations secretes ; qu'une lettre de cachet avoit été expédiée contre l'empoisonneur, & que Madame avoit empêché qu'elle ne fût signée. Ces faits étoient sans vérité comme sans vraisemblance : mais la Nation la plus douce dans ses mœurs, est la plus cruelle dans ses soupçons.

L'Auteur du siecle de Louis XIV, qui, en rejettant ces calomnies, les accrédite mieux qu'il ne les détruit, adopte ce conte, & le met dans la bouche du Marquis de Canillac, qui lui a dit que le Chymiste Homberg se rendit à la Bastille pour se constituer prisonnier ; que le Duc d'Orléans demanda d'y être enfermé ; que Madame pria le Roi de livrer son fils à la Justice. Je viens de lire ces anecdotes de Voltaire à un homme de la Cour, contemporain, profondément instruit des secrets de l'intérieur du Palais. Il m'a dit que ce n'étoit qu'un tissu de faussetés ; que le Marquis de Canillac étoit un homme fort vrai, & qu'il ne pouvoit avoir débité de pareils mensonges.

Quoi qu'il en soit, le Roi n'accusa ni ne soupçonna son neveu : & cela seul suffit pour le juftifier. Le Duc d'Orléans étoit peut-être capable des crimes des Héros : mais il ne l'étoit pas des forfaits des lâches. Il n'avoit pas de Religion ; mais fi le déïfme exclut la vertu, exclut-il toujours la probité ? Il étoit ambitieux : mais cette exceffive bonté qui formoit fon caractere, eût frémi de la feule idée de mettre en deuil toute la France.

Quelques crimes toujours précedent les grands crimes.

Pour arriver au Trône, il avoit à en écarter fept têtes qui l'en éloignoient. Réfolu à tant d'atrocités, comment eût-il épargné le Roi qui pouvoit l'en punir, & le Duc de Berry, qui en eût feul profité ?

Outragé par ces bruits infenfés qui frappoient fans ceffe fes oreilles, il ne donna nulle marque de foibleffe ou de crainte ; il conferva toujours la tranquillité de l'innocence, dédaignant de fe juftifier : il parut affiduement à la Cour, & mena le convoi funebre à St. Denis.......

Ce 24 Avril 1753, à huit heures du matin, on m'interompt. Un ordre du Roi vient me ravir à ma famille, à mes amis, à

moi-même. *Un Exempt & un Commif-*
faire fouillent dans mes papiers, & y cher-
chent tout ce ce qui peut avoir rapport au
fiecle de Louis XIV..... Je viens de dic-
ter au Commiffaire un procès-verbal, auquel
j'ai joint des pieces authentiques qui prou-
vent évidemment mon innocence. Le Minif-
tre verra qu'il a été furpris. . . . . .

   Ce 12 Octobre 1753, je fors de la Baf-
tille. Je ne fais point encore le fujet de cette
longue détention. Mais en rentrant dans
le monde, j'y trouve un libelle atroce con-
tre moi, fous le titre de Supplément au Siecle de Louis XIV. *Voltaire m'y accufe hau-*
tement devant le public de ce dont il m'a-
voit accufé fourdement par fa niece auprès
du Miniftre, je veux dire, d'avoir renou-
vellé contre le Duc d'Orléans les mêmes bruits
que je réfutois au moment où je fus arrêté.
Je dois répondre à cet homme injufte (1).
Je dois à mon honneur cette efpece de ven-

---

(1) Cette réponfe a paru, il y a deux ans, fous
le titre de *Réponfe au Supplément du Siecle de*
Louis XIV. Voltaire, au-lieu d'y repliquer ou
d'avouer fes torts, a renouvellé dans fes derniers écrits les mêmes calomnies, comme fi on
ne les avoit pas réfutées. Ces nouvelles infultes

geance. *Je reprendrai enſuite Me. de Main-tenon.*

CHAPITRE VI.

Renonciations du Roi d'Eſpagne & du Duc d'Orléans.

DÈs qu'on apprit à Madrid ces triſtes nouvelles, qui rapprochoient plus du Trône Philippe d'Anjou que Philippe d'Or-léans, le Roi d'Eſpagne déclara, que ſi le Dauphin mouroit, il quitteroit l'Eſpagne pour la France. Le Duc d'Orléans repré-ſenta ſes droits & ceux du Duc de Berry, ſon gendre : il demanda que Philippe V leur cédât tous les ſiens ſur le Trône d'Eſ-pagne. Toute l'Europe penſa comme lui. La paix générale dépendoit des renoncia-tions qui devoient empêcher à jamais la réunion des deux Monarchies.

Louis, qui voyoit le Dauphin tous les jours mourant, écrivoit lettres ſur lettres

me dégagent de la promeſſe que je ne m'étois faite de ne plus parler de lui : *Quis tam ferreus, ut teneat ſe ?*

à Philippe, pour l'engager à préférer au Trône d'Espagne l'espérance de parvenir à celui de France. Il lui offroit une Souveraineté, qui le tireroit de la sujétion. Il lui montroit la Régence, qui ne pouvoit tomber sur un autre que lui. Philippe étoit indécis. Ces propositions étoient avantageuses pour lui-même ; mais l'intérêt de ses enfants lui défendoit de les accepter. La Princesse des Ursins flottoit entre la crainte de servir une Reine détrônée, & l'espoir d'être Favorite d'une Reine de France. Les Espagnols, qui avoient regardé comme un attentat au testament de Charles II les lettres patentes de 1700, qui en conservant à Philippe ses droits de Bourbon, ne leur donnoient qu'un Roi précaire, attendoient impatiemment que ce Roi cessât d'être étranger, & acquit des droits légitimes sur leur Monarchie. Quelques-uns, indignés de ces irrésolutions, & fâchés d'avoir éternellement Louis XIV pour Roi sous le nom de Philippe V, faisoient des vœux secrets pour le Duc d'Orléans, que le Ciel leur avoit souvent montré, & dont ils espéroient enfin se saisir.

Cependant Me. des Ursins, soit pour rétablir sa santé, soit pour affermir sa faveur par l'absence, alla prendre les eaux de Barege. Elle fit ce voyage en Souveraine. Elle en avoit la fierté, elle en eut les honneurs. Des Gentilshommes du Roi la servirent ; des Gardes-du-Corps l'accompagnerent ; douze furent toujours en sentinelle dans son anti-chambre. Ce faste acheva d'irriter les Espagnols, & d'enorgueillir la Princesse des Ursins. Personne ne la blâma plus en secret que Me. de Maintenon ; & Me. de Maintenon seule l'excusa. Orry vint trouver la Princesse aux eaux, & de Barege partit pour Madrid, où il fut plus puissant & plus odieux que jamais. Mylord Lexington y arriva, pour presser la conclusion des Traités entre l'Espagne & l'Angleterre.

La Princesse des Ursins n'avoit renoncé à sa Souveraineté de Flandres, que par égard pour Me. de Maintenon. Elle reprit son projet, soit pour s'assurer un asyle contre l'inconstance de la fortune, soit qu'elle voulût s'approcher de la haute destinée que la mort prochaine de la Reine tombée en langueur permettoit à son ambition. Mylord Lexington fut séduit par ses caresses. Elle fit glisser dans le traité ces mots : *La Reine de la Grande-Bretagne s'oblige à faire avoir une Souveraineté à la Princesse des Ursins.* Clémente Generoso, Gentilhomme Valencien, confident du

Miniftre Anglois, fentit la force de cet article, & lui reprocha d'avoir paffé fes ordres. Lexington fe ravife, court au Palais, fe plaint aigrement d'avoir été trompé, & déchire le traité. La Reine le conjure de ne point s'oppofer à l'élévation de Me. des Urfins. L'Anglois s'adoucit. L'article eft rétabli en ce terme : *La Reine de la Grande-Bretagne employera fes bons offices pour faire avoir une Souveraineté à la Princeffe des Urfins.*

La renonciation du Roi d'Efpagne à la Couronne de France, fut dreffée. Clémente Generofo en pefa toutes les fyllabes. Les Etats furent convoqués. On n'oublia rien de ce qui pouvoit donner de l'authenticité à cet acte, que l'intérêt de l'Europe garantiffoit bien mieux que toutes ces précautions. Mais Philippe n'avoit pas ceffé d'être François. Au moment qu'il fallut renoncer à fa patrie, on le vit fort ému. Pendant les quinze jours qui précéderent la cérémonie, il fut mélancolique & rêveur. Enfin, lorfque portant la main droite fur l'Evangile, il prononça le ferment folemnel, il ne put retenir fes larmes. Celui qui fe lia par cet acte, fut le feul qui le crut valide. On renonce bien, difoient les politiques, à un Royaume de France! Le jour que le Parlement de Paris

ris enregiſtra les renonciations des Ducs
de Berry & d'Orléans à la Couronne d'Eſpagne, tout le Palais retentit de cette
maxime : *On ne ſauroit renoncer au droit
non-acquis d'une ſucceſſion non-ouverte.*

La Princeſſe des Urſins avoit ſi bien
applani toutes les difficultés de cette affaire, qu'elle ſe crut aſſurée de ſa Souveraineté. Mais d'Aubigné, ſon Plénipo-
tentiaire, gâta tout en Hollande. Il offrit
à cette République des avantages dans le
commerce des Indes, fort ſupérieurs à
ceux qu'on venoit d'accorder aux Anglois.
Le Penſionnaire d'Hollande en avertit la
Reine d'Angleterre, qui, outrée contre la
Princeſſe des Urſins, dit : » Puiſqu'elle a re-
» cours à d'autres, je l'abandonne. " D'Aubigné, amuſé par des eſpérances, preſſa
les Hollandois de finir, & n'en reçut que
des réponſes vagues. Me. des Urſins im-
puta ce mauvais ſuccès à Clémente Gene-
roſo, & le fit arrêter, ſous prétexte qu'il
étoit né ſujet du Roi d'Eſpagne. Orry,
Miniſtre de ſes vengeances, mit de ſa main
au bas de l'ordre : *S'il veut ſe jetter dans
une Egliſe, qu'on le tue.*

La mort du Duc de Berry rouvrit les
plaies que les douceurs de la paix avoient
déja fermées. Le Duc d'Orléans touchoit
preſque au Trône. Le peuple faiſoit des

vœux pour la confervation du petit Dauphin, que la France regardoit déja comme
fon pere, & l'Europe comme fon enfant.
Les Courtifans craignoient que ces vœux
ne fuffent exaucés ; (1) ils difoient que
fa mort les délivreroit des troubles d'une
régence : tant ils étoient fûrs de la nullité
des ferments des Rois, & de l'averfion
de Louis pour fon neveu! On voit dans
les lettres de Me. de Maintenon, les inquiétudes, les allarmes que lui donnoit
la complexion délicate de cet unique re-
jetton de la Duchefle de Bourgogne. Toute
la Cour fe tourna vers le Duc d'Orléans.
Elle feule ne le craignit, ni le fouhaita
pour maître ; foumife à la Providence,
efpérant que Dieu conferveroit cette derniere efpérance de la Patrie, & prévoyant
peut-être que cet enfant, alors fi indifférent à la Cour, feroit un jour l'idole
de la France, & nous feroit vivre fous
cet Empire heureux & jufte que le Duc
de Bourgogne nous avoit promis.

_____

(1) Lettres de Me. de Maintenon à Mr. le Duc
de Noailles.

CHAPITRE VII.

La *Bulle* Unigenitus.

LE Pere Tellier ne ceſſoit de déplo-
rer les maux de l'Egliſe, & d'augmenter ceux de l'Etat. Tandis qu'on examin-
noit à Rome le Livre des *Réflexions*, il
en promettoit au Roi la condamnation
ſolemnelle, que les Jacobins hâtoient par
leurs ſuffrages, & les Jéſuites, par leurs
intrigues. On n'avoit d'abord dénoncé que
trente-trois propoſitions. Le Pere Tellier
dit au Roi, qu'il y en avoit plus de cent
qui étoient évidemment hérétiques. *Ah!
mon Pere*, lui dit le Roi, d'un ton à lui
reprocher cette hyperbole. Là-deſſus, le
Confeſſeur envoye au St. Office l'extrait
de cent trois héréſies. A cette nouvelle,
le Pape ſe plaint qu'on le ſurcharge de
travail ; & ſon Miniſtre, qu'on abuſe de la
complaiſance des conſulteurs pour la Société. Le Cardinal de la Trimouille, chargé des ordres du Roi, preſſe l'examen.
Mais perſuadé que dans une Egliſe infaillible, la vérité n'a pas beſoin d'être
protégée, il ne ſollicite les Juges, ni pour
ni contre le Pere Queſnel. Quelques Evê-

ques gémiſſent de l'aviliſſement où tombe le Clergé de France, à qui l'on ôte
la connoiſſance des cauſes qu'il a droit
de juger. Les Janſéniſtes tâchent de re-
culer ou d'empêcher la condamnation de
Queſnel, en déférant au Parlement la doctrine du Pere Jouvency ſur l'indépendance
des Rois.

Enfin, après bien des chicanes, des
pourſuites & des délais, la Bulle eſt ſignée
& publiée. Le Roi la reçoit à Fontainebleau. Toute la Cour eſt dans la joie. On
ne doute point que la paix ne ſoit rendue à l'Egliſe. Le Cardinal de Noailles
la lit, & pleure ſur les ruines de Jéru-
ſalem. Le lendemain, M. Voiſin lui porte
un modele d'acceptation. L'Archevêque
le félicite de ſon habileté à compoſer des
Mandements uniformes. Quelques jours
après, il en publie un pour défendre à
ſes Diocéſains la lecture du Livre. Le Roi
lui en témoigne publiquement ſa joie, &
Me. de Maintenon, ſa reconnoiſſance.
Elle ſavoit combien cette démarche avoit
coûté à ſon ami, & ne voyoit point que
le mandement proſcrivoit le Livre, mais
ne le condamnoit pas.

Dès que la Bulle fut traduite, tout-Pa-
ris parut Janſéniſte. Les uns dirent qu'on
y attaquoit les ſentiments & les expreſ-

fions des Peres ; les autres, qu'on arrachoit l'Ecriture-fainte des mains des fideles ; les nouveaux convertis , que M. de Condom les avoit trompés; les Philofophes, que fi les abus d'une vérité affujettiffoient cette vérité aux anathêmes du Vatican , on trouveroit des erreurs dans le Symbole des Apôtres & dans l'Oraifon Dominicale ; les Magiftrats, que fi les excommunications injuftes devenoient la terreur des confciences, le Roi feroit bientôt le fujet du Pape; & les libertins, que fi l'on prenoit le contrepied des propofitions condamnées, on auroit une plaifante Religion. De toutes parts, on entendoit les cris des ames effrayées. On les entend encore ; mais s'ils étoient permis avant que la Bulle fût acceptée, ils font hérétiques depuis qu'elle l'eft.

CHAPITRE VII.

Affemblée du Clergé.

IL s'agiffoit de donner à cette bulle force de Loi. Le Nonce dit au Roi, que Sa Sainteté ne doutoit pas que le Clergé ne la reçût avec vénération. Le Cardinal de Noailles & le Premier Préfident propoferent les affemblées provinciales. Le Miniftre demanda au Cardinal quel feroit l'avis de la fienne. L'Archevêque répondit qu'il ne prévoyoit pas de fi loin les décifions du St. Efprit. Le Roi craignit que la Bulle, reçue dans un Diocefe, rejettée dans un autre, ne produifît un fchifme ; il crut qu'une affemblée des Prélats, réfidents alors à Paris, ou à la Cour, établiroit l'unanimité, & que les Provinces fe conformeroient à ce qui feroit décidé dans la Capitale. Il convoqua l'Affemblée ; & le Cardinal de Noailles en fut nommé Préfident.

Vingt-neuf Evêques fe rendirent à l'Archevêché. Le Cardinal leur dit, qu'il avoit autrefois approuvé le Livre de Quefnel, comme une inftruction de piété dont les expreffions ne fe prenoient pas à la rigueur de l'école; & que fi c'étoit un crime, c'étoit le crime d'un Evêque de Châlons, mort en odeur de fainteté ; d'un Archevêque de Paris, dont le zele contre le Janfénifme étoit connu ; d'un Evêque de Meaux, le plus ferme appui de la foi ; de cinq Docteurs, la lumiere de l'école de Sorbonne; de vingt Prélats, qui en avoient recommandé la lecture & multiplié les éditions. « Ce Livre, ajouta-t-il, » n'étoit pas encore devenu un Livre de

» parti. Aujourd'hui le Pape le condamne :
» je me soumets à sa décision. Il est na-
» turel à l'homme de se tromper, & je
» me sens sur cela plus homme que les
» autres. J'aurois ordonné plutôt la sup-
» pression de cet Ouvrage ; mais je fus
» retenu par l'éclat des trois Evêques
» contre moi. On a voulu m'arracher,
» à force de duretés, d'injures & de
» calomnies, la condamnation de ce Li-
» vre. Quel poids auroit-elle eu en pa-
» reilles circonstances ? Aucun, sans doute.
» Elle n'auroit été ni honorable pour moi,
» ni utile à la saine doctrine. Je sais me
» rendre à l'autorité légitime, mais ja-
» mais à la vexation ni aux injures. Je
» ne veux de triomphe que celui de la
» vérité. Accusé, condamné, absous, je
» triompherai toujours avec elle. ”

Après ce discours, on nomme des Commissaires pour l'examen de la Bulle. Quelques Evêques auroient fort souhaité qu'on
la reçût sans examen. Mais la plupart
dirent que le Pape n'étoit pas incorrigi-
ble.

Les Commissaires, quoique choisis par
le Cardinal de Noailles, affectoient de ne
lui rien communiquer des résolutions prises dans leur bureau. Le Cardinal de Rohan, leur Chef, usoit des mêmes réser-

ves. Noailles diſſimula ; cependant il ne
put s'empêcher de s'écrier, en examinant
plus attentivement quelques propoſitions
de Queſnel : » Le miſérable ! il veut être
» hérétique à toute force. " Biſſy, Evêque de Meaux, domina dans les conférences. La Bulle lui avoit d'abord déplu;
mais en l'examinant de plus près , il
en avoit vu toutes les beautés. Le Cardinal de Rohan qui y préſidoit, laiſſoit
diſputer les Commiſſaires, & ſembloit
croire qu'il étoit au-deſſous de ſa qualité
de ſe paſſionner pour des décrets de Foi.
Son grand objet étoit de plaire à la Cour,
ſans indigner le public.

Enfin, il remit au Cardinal de Noailles un projet d'acceptation. C'étoit un
écrit à trois colonnes. Dans la premiere,
on mettoit la forme d'acceptation ; dans
la ſeconde, la formule pour la conſervation des droits du Royaume & de l'E-
piſcopat ; dans la troiſieme, les raiſons
d'accepter ainſi la Bulle du Pape. Ce projet étoit ſi plein de duplicités, d'équivo-
ques, que le Cardinal de Noailles vit
qu'il ſortoit de l'école d'Eſcobar.

Le Roi, craignant que l'acceptation ne
trainât en longueur, écrivit à l'Aſſemblée que la Conſtitution devoit être reçue purement & ſimplement, ſans expli-

cation ni précis. » Dès que le Roi parle
» ainsi, dit l'Archevêque de Bordeaux, nous
» n'avons plus à délibérer; le Prince de-
» vient le Chef de l'Eglise Gallicane. Mais
» si cette Eglise est encore libre, je le ré-
» pete, on ne peut accepter la Bulle qu'a-
» vec des explications. " Bissy, & d'Aubigné, Archevêque de Rouen, avoient demandé cet ordre à Me. de Maintenon,
qui ne vit pas combien il déshonoroit le
Clergé. Elle ne voulut pourtant pas être
citée dans le préambule d'un rapport, où
le Cardinal de Rohan disoit que feu Bos-
suet avoit assuré Me. de Maintenon qu'il
pensoit de Quesnel comme Clément XI.

Les séances continuerent; mais les Evêques ne s'assemblerent plus que par pelo-
ton, & dînerent successivement à l'Hôtel
de Soubise. Là, le verre à la main, au
milieu de la délicatesse & de la profu-
sion des mêts les plus rares, nos Seigneurs
les Prélats differterent sur Quesnel & sur
la Grace. Quelques-uns se rappellerent
ces Evêques du vieux temps, qui se pré-
paroient à l'examen des hérésies par le
jeûne & par la priere.

Le Cardinal de Rohan étaloit dans ces
fêtes épiscopales tout ce que la politique a de plus séduisant pour intimider les
convives les plus fermes, pour exciter

I v

les timides, pour ébranler les opiniâtres, pour déterminer les foibles. Cependant huit d'entre eux s'éloignerent de ces conventicules, & résolurent de se séparer de l'Assemblée générale, où ils prévoyoient que la Bulle seroit acceptée purement & simplement. Leurs raisons étoient, que la Bulle évidemment obscure, demandoit des explications ; que les Evêques étoient juges de la Doctrine, & non simples exécuteurs des décrets de Rome ; & que leur présence étoit inutile dans une délibération, où l'on commenceroit par avilir l'Episcopat, & où l'on finiroit par consacrer par voie d'acclamation toutes les rêveries du P. Tellier.

A cette nouvelle, le Roi effrayé de la seule idée de schisme, fait écrire au Cardinal, qu'il ne veut pas que ni lui ni ses adhérents se séparent de l'assemblée ; que les séances sont entiérement libres, & que cette scission persuadera au public qu'elles ne le sont pas. Les huit Evêques se soumettent aux ordres du Roi.

Enfin, on s'assemble à l'Archevêché, pour entendre le rapport du Cardinal de Rohan, qui doit mettre les assistants en état de rejetter ou d'accepter la Bulle. Un amas d'injures contre Quesnel, une invective oblique contre Noailles, un pom-

peux éloge de la Conftitution, des propofitions indirectes d'un nouveau formu-
laire, un profond filence fur la Grace efficace par elle-même, de longues tirades
en faveur du Molinifme, pas un mot de
l'amour de Dieu ; voilà quel eft ce rapport. On en admire l'éloquence ; on en
blâme l'emportement. On plaint le Cardinal de Rohan d'être forcé à faire l'office d'Avocat paffionné, au-lieu de celui
de Rapporteur impartial. On voit combien il lui en coûte d'obéir aux ordres de
la Cour : il prononce, du ton le plus
doux, de l'air le plus gracieux, ce que le
Pere Tellier lui a dicté d'aigre & de féroce.

Le Roi, qui ne vouloit point être accufé d'avoir gêné l'Affemblée, pria le Cardinal de Noailles de dreffer un projet d'acceptation. Le Cardinal obéit. Mais fa piece
fut rejettée, parce qu'il y difoit que les
Evêques jugeoient avec le Pape, & qu'ils
n'acceptoient la Bulle que dans le fens
des explications portées dans l'inftruction
Paftorale. Rohan propofa un autre projet :
il étoit trop favorable au Pape ; & celui
de Noailles ne l'étoit pas affez.

Cependant les Catholiques attendoient
la décifion avec inquiétude, les Hérétiques, avec malignité. Si cinq propofitions, difoit-on, juftement cenfurées, no-

toirement hérétiques, ont troublé si long-
temps l'Eglise, qu'attendre de cent & une
proposition, dont pas une n'est évidemment erronnée, & qui sont toutes condamnées vaguement ?

Les Evêques s'assemblerent encore. Ils
convenoient tous qu'il falloit accepter &
expliquer la Bulle. Mais les uns vouloient
qu'on l'expliquât avant de l'accepter, &
les autres, qu'on l'acceptât avant de l'expliquer. L'Archevêque de Tours parut à
la tête des premiers ; & l'Archevêque
de Rouen se distingua parmi les seconds.
Dans cette assemblée de Courtisans & de
Théologiens, il n'y eut qu'un seul Phi-
losophe. Ce fut l'Evêque du Mans. » Je
» n'ai jamais lu, dit-il, le Livre de Ques-
» nel ; mais on m'en a dit beaucoup de
» bien. Ceux qui le condamnent le plus
» aujourd'hui, ne sont pas ceux qui l'ont
» le moins approuvé autrefois. Ce Ques-
» nel, m'a-t-on dit aussi, étoit un fort
» honnête homme ; comment donc au-
» roit-il fait un si mauvais Livre ? D'un
» autre côté, le Pape le condamne :
» comment un si bon Pape auroit-il
» fait une si mauvaise Bulle ? Cette
» contrariété forme un grand embarras ;
» d'une part, des Saints qui applaudis-
» sent, de l'autre, un Pontife qui sou-

» droye : Que faire ? Abandonner Quef-
» nel, puifqu'on peut s'en paffer , & obéir
» au Pape, qui eft bien un autre homme.
» Mais comment accorder ce que nous
» devons à la vérité, avec ce que nous
» facrifions à la paix ? Le plus aifément
» du monde. J'ai oui dire à beaucoup d'E-
» vêques qui ont opiné avec moi , qu'il
» falloit défendre la lecture de la Bible
» à caufe de fon obfcurité ; j'ai oui dire à
» beaucoup d'autres que la Bulle n'étoit pas
» moins obfcure. Mon avis eft donc, qu'on
» l'accepte, & qu'on défende de la lire. »
Le Cardinal de Noailles rendit compte
au Roi de tout ce qui s'étoit dit & fait
dans l'Affemblée. Le Roi ne parut pas offenfé de la réfiftance des-neuf Evêques.
Mais le lendemain, le Miniftre écrivit au
Cardinal de convoquer promptement l'Af-
femblé , qui ne devoit pas être rompue
pour l'entêtement de quelques Membres
mal-intentionnés.

Tous les Evêques fe rendirent à l'Archevêché, pour confommer ce grand ouvrage. Après qu'on eut achevé la lecture de l'Inftruction Paftorale, le Cardinal
de Noailles, avant que l'affaire fût mife
en délibération, déclara en fon nom &
en celui des huit Evêques, qu'ils n'opi-
neroient point. Les quarante autres Pré-

lats opinerent pour l'acceptation ; & tout fut décidé en moins d'une demi - heure.

Le Cardinal de Rohan dit en fortant au Cardinal de Noailles : » Je n'ai pris » mon parti qu'après avoir confulté les » Cafuiftes les plus rigides. Et moi le » mien, répondit Noailles, qu'après avoir » confulté les plus relâchés. » Si la vérité étoit fille de la vertu, il feroit facile de décider entre ces deux hommes. Noailles défendoit les droits de l'Eglife Gallicane ; Rohan en ambitionnoit les biens. L'un demandoit à Dieu le triomphe de la Foi Evangelique ; l'autre demandoit fans ceffe au Roi des Abbayes. Le premier, difgracié de fon maître, menacé des foudres de Rome, jouiffoit de la tranquillité & de la paix ; le fecond, foutenu de toute la faveur de la Cour, plongé dans les plaifirs, ne pouvoit cacher fon trouble, ni calmer fes inquiétudes.

Les quarante Evêques plaifanterent fur la regle de doctrine qu'ils venoient de figner. » Si nous avons mis la Foi à cou-» vert, dit l'Evêque du Mans, il eft cer-» tain que nous n'y avons pas mis la » bonne-foi. » Lorfqu'on leur demanda pourquoi ils avoient accepté, les uns répondirent : » Pour le bien de la paix ; » les autres, par ordre du Roi. »

Les Janséniftes fe prévalurent de ces aveux. Ils dirent que les Congrégations qui avoient dreffé la bulle n'étoient point libres, & que le Clergé qui l'avoit acceptée, étoit en partie ignorant, en partie corrompu. Les Jéfuites leur répondirent ce que les Arnauld & les Nicole avoient répondu mille fois aux Proteftants : l'homme délibere, mais c'eft le St. Efprit qui décide. Que des Evêques pieux & favants trouvaffent la vérité, rien ne feroit plus naturel ; mais que la lumiere forte du fein des ténebres, qu'un tas de foux & de lâches faffe ces heureufes découvertes, voilà le doigt de Dieu, voilà le myftere du dogme de l'infaillibilité, dont le propre eft d'exercer la foi en la fixant.

La Cour fut défendue au Cardinal de Noailles ; & fes huit adhérents furent renvoyés dans leur Diocefe. Me. de Maintenon fut vivement affligée de ce fchifme naiffant, & abandonna le Cardinal comme rebelle à l'autorité de l'Eglife. Les Janféniftes l'accuferent d'être foible & inconftante dans fes amitiés. Mais lui étoit-il permis de fuivre en cette occafion les mouvements de fon cœur ? n'avoit - elle pas à remplir un devoir fupérieur à celui des liaifons de famille & d'eftime ? Pour tout Catholique, la voix du plus

grand nombre eft l'Oracle du Ciel; &
d'après cette regle, le Cardinal de Noailles, condamné par le Pape, déja condamné par quarante Evêques, enfuite condamné par tous les Juges de la doctrine
qui accepterent formellement ou tacite-
ment la Conftitution, n'étoit-il pas l'ennemi de l'Eglife?

On ne fait quelle part elle eut à l'acceptation de la Bulle. Ses lettres au Pere
Tellier, qui nous auroient tout dit, furent brûlées par le Pere du Halde dès les
premiers jours de la Régence. Mais qu'elle
ait gardé la neutralité & le filence que
fa modeftie & fon fexe lui prefcrivoient,
ou qu'elle ait cédé aux invitations des
Papes & des Evêques, & à fon zele
pour ce qu'elle croyoit la vérité, il eft
évident qu'après l'acceptation, elle ne
devoit plus protéger le Chef des non-
acceptants. Son inclination l'auroit mife du
parti où elle voyoit la pureté des mœurs;
fa confcience la mettoit de celui où elle
voyoit la pureté de la Foi. Le Cardinal
de Noailles étoit pour elle un Saint hérétique, & le Cardinal de Rohan, un
mondain orthodoxe.

Je renvoye au recueil de fes lettres ceux
qui douteront qu'elle fe foit uniquement
conduite par des principes de piété; &

j'y renverrai encore ceux qui croiront
cette piété suspecte. Toujours même lan-
gage, mêmes sentiments, même caractere.
Il seroit bien étrange qu'une femme fausse
qui écrivoit à tant d'hommes remués par
des ressorts différents, l'eût été au point
de ne laisser aucune trace de fausseté !
Peut-on être hypocrite pendant quatre-
vingts ans ? Je le répete ; qu'on relise ses
lettres, & qu'on me dise comment par-
leroit la vérité.

Cependant le Cardinal de Rohan remet
au Syndic de la Sorbonne l'ordre du Roi
d'enregistrer la Bulle. Le lendemain, on
s'assemble dans la grande salle. A mesure
que les Docteurs arrivent, un Colporteur
leur distribue un Mandement du Cardinal de Noailles, qui défend, sous peine
de suspense, de recevoir la Constitution.
Les uns obéissent au Roi, les autres à
leur Archevêque. Le grand nombre soutient que la Sorbonne est un corps indépendant. Le Cardinal de Noailles en convient, & permet à ses soldats d'abandonner ses drapeaux. Le Roi va exiler les plus
mutins. Rohan l'assure que de nouveaux
ordres suffisent. Ces ordres sont donnés.
Les Docteurs se partagent. Quelques-uns
changent trois ou quatre fois d'avis. La
pluralité se détermine à l'acceptation.

Le Roi, pour mettre le dernier fceau à la condamnation de Quefnel, voulut que le Parlement enregiftrât la Bulle : car on croyoit encore, que la puiffance civile pouvoit faire d'une Loi de l'Eglife une loi de l'Etat. Les trois Avocats généraux étoient partagés fur la forme. Mr. Jolly de Fleury fit obferver au Roi qu'on n'avoit jamais donné des Lettres-Patentes que pour des affemblées faites par députation des Provinces qui repréfentent le Clergé. » Je vois bien, lui dit le Roi en » l'interrompant, que vous n'êtes venu » que pour me faire des difficultés. " Le Magiftrat infifta fur le terme, *Enjoignons aux Evêques*. Le Roi convint que ce mot étoit trop fort : il voyoit confufément, que ceux qui l'avoient mis dans les Lettres-Patentes, lui faifoient jouer le rôle de Grand-Prêtre. Il approuva le mot *exhortons*, qui lui fut fubftitué; & il dit aux Gens du Roi : » Expliquez comme vous vou- » drez ce qui regarde l'excommunication ; » mais ne vous brouillez pas avec le Pa- » pe. " C'étoit-là le feul article, fujet à l'examen des Parlements, qui enrégiftrent les Bulles, non pour les ériger en Loix de Doctrine ou de Police, mais feulement pour attefter qu'elles ne renferment rien de contraire aux maximes de l'Etat.

Le P. Tellier dit au Roi, que tout étoit perdu, ſi le terme *enjoignons* étoit changé : que ce terme rendoit coupable de leze-Majeſté le Cardinal de Noailles ; & que le Parlement ne pouvoit rejetter, ſans être Janſéniſte, ce terme ſi néceſfaire & ſi efficace. Le lendemain, le Roi dit au Premier Préſident : » Je n'exa » mine pas, ſi j'ai droit d'enjoindre quel » que choſe aux Evêques ; mais je vous » enjoins à vous de laiſſer paſſer ce mot. » Les Gens du Roi, répondit le Premier » Préſident, n'en voudront point entendre » parler. Je les obligerai, repliqua le Roi, » à ſe défaire de leurs Charges. Sire, » vous le voulez donc? reprit Mr. Jolly » de Fleury. Oui, répartit le Roi : Je » vous l'ai, ce me ſemble, aſſez répété." Les Chambres furent aſſemblées. Les Jéſuites eurent pour eux tout le Parlement ; mais les Janſéniſtes eurent l'Abbé Pucelle.

Les Evêques non-acceptants firent contre la Bulle, des Mandements que Rome flétrit, & que leurs partiſans défendirent. On ne répond guere par des écrits à ceux qu'on peut réfuter par les ordres du Roi : le P. Tellier prodigua des lettres de ca-

chet, & la Bulle n'en fut que plus odieuse. Quand l'autorité se détermine à faire
l'office de la Loi, elle ne doit être ni
plus févere, ni moins juste qu'elle. Et l'on
vit le Citoyen arrêté sur la délation d'un
ennemi, traité en criminel d'Etat pour des
opinions, condamné sans être jugé, ou
jugé sans être entendu. Et ce qui est plus
étonnant encore, c'est qu'on ne se plaignit point de cet abus du pouvoir su-
prême. Les persécutés se contenterent
de gémir de ne pouvoir être persécu-
teurs.

Paris étoit inondé de gros & de petits
Livres ; dans les uns, on proposoit des explications : rien ne déplaisoit plus à sa Sainteté que ces éclaircissements : en effet,
c'est bien à des petits Evêques, à expliquer ce que l'Evêque universel n'explique
pas! Dans les autres, on disoit que si Clément étoit orthodoxe, St. Paul étoit hérétique : les propositions de Quesnel sur la
grace étoient proposées dans un sens presque Moliniste par ses disciples : Quesnel,
qui apparemment savoit ce qu'il avoit voulu dire, avoit protesté cent fois qu'il les
entendoit dans le sens de Jansénius.

Le Pape, irrité de cette rébellion, dit
qu'il n'aimoit point ces Evêques, *qui veulent en savoir plus qu'il ne faut.* Il écri-

vit au Roi un Bref, dans lequel il l'exhorta à frapper de son bras souverain les novateurs. C'est un Despote qui ordonne à son Pacha de mettre à feu & à sang sa Province. Les Jansénistes étoient coupables sans doute : mais appeller le bras séculier au secours de la Foi, croire que le Prince a droit d'étayer des peines afflictives les anathêmes, c'est la plus criminelle & la plus funeste des hérésies (1).

Le parti opposa l'artifice à la violence. On entra en négociation. Mais on ne traite pas de la vérité comme d'un Bénéfice. Les voies de conciliation furent inutiles. Et l'Europe Protestante se réjouit encore aujourd'hui de voir dans l'E-

_____

(1) Les limites de la Puissance civile sont bien marquées dans l'Ecriture-Sainte, Act. des Apôt. c. 18. *Les Juifs s'éleverent contre Paul, & l'amenerent au Tribunal de Gallion, Pro-Consul d'Achaïe, disant, celui-ci induit les gens à servir Dieu contre la Loi. Et comme Paul vouloit ouvrir la bouche, Gallion dit aux Juifs : O Juifs! si vous l'accusiez de quelque outrage, ou de quelque crime, je vous écouterois autant qu'il seroit raisonnable. Mais il est question de paroles, de mots, & de votre Loi ; vous y regarderez vous-mêmes : car je ne veux point être juge de ces choses : & il les chassa de son Tribunal.*

glife Romaine un troupeau nombreux fourd
à la voix du berger ; extérieurement uni
au St. Siege, & fchifmatique par les fentiments ; défenfeur ardent du Tribunal infaillible, & contempteur des Arrêts qui
le condamnent ; enfants opiniâtres & de
mauvaife foi, qui, chaffés de la maifon par
leur mere, lui foutiennent, non qu'elle
n'a nul droit de les déshériter, mais qu'elle
ne les déshérite pas : odieux aux Catholiques, parce qu'ils font trop Proteftants ;
méprifés des Proteftants, parce qu'ils font
encore trop Catholiques.

CHAPITRE IX.

Les Princes légitimés Princes du Sang.

LE Roi, tranquille au milieu des divifions qui déchiroient fon Etat, pen-
foit à mettre fes enfants naturels à l'abri
des révolutions d'une Régence. Sa tendreffe pour le Duc du Maine étoit nour-
rie par Me. de Maintenon, qui aimoit ce
Prince comme l'ouvrage de fes mains,
& augmentée par les événements qui
avoient moiffonné la Famille Royale &
en avoient défolé le Chef. La nature raf-

fembloit fur le Duc du Maine tous les
fentiments auparavant difperfés fur les
divers enfants que la mort avoit ôtés à
Louis.

Les deux Princes légitimés jouiffoient
déja des plus belles terres du Royaume,
des Charges les plus éminentes, des Gouvernements les plus riches. En 1694, ils
avoient eu le pas fur tous les Pairs : ils
étoient au-deffus de tous les fujets. En
1711, le Roi leur avoit accordé les honneurs & les prérogatives des Princes du
Sang, & le Duc de Bourgogne ne s'y
étoit point oppofé : c'étoit un droit perfonnel : perfonne ne le leur envia. Louis
avoit fait plus que tous fes prédéceffeurs,
& crut n'avoir pas encore affez fait. Me.
de Maintenon ne ceffoit de lui repréfenter, que l'unique moyen de leur affurer
après fa mort la jouiffance des biens &
des titres dont il les avoit comblés, étoit
de leur communiquer une grandeur qui
eût fes racines en elle-même. Elle n'a-
voit pas voulu, ou elle n'avoit ofé fe
faire Reine de France, & elle ofa les faire
Princes du Sang.

Le Chancelier Pontchartrain, à qui l'on
confia ces premieres vues, répondit que
ce projet étoit contraire aux mœurs, aux
Loix, au bien de l'Etat ; qu'il raviffoit à

la Nation le plus beau de ſes droits, le droit de diſpoſer d'elle - même ; qu'il tendoit à peupler le Royaume de Princes du Sang, dont la dignité s'aviliroit en devenant commune ; que chaque Franҫois ſe tiendroit ſolidairement offenſé, & ſur-tout les grandes familles, ſur qui le choix pouvoit un jour tomber ; enfin, que ces prééminences expoſeroient aux traits de l'envie & de la haine, ceux à qui elles ſeroient accordées.

De Mêmes, Premier Préſident, fit moins de difficultés. Il répondit de ſa Compagnie : il dit que les Princes légitimes ne pourroient ſe plaindre, puiſque les Princes légitimés ne ſeroient appellés à la Couronne qu'à leur défaut ; que la Famille Royale ne pouvoit être déshonorée par ce qui en éloignoit la décadence ; que le Duc du Maine & le Comte de Toulouſe étoient déja Princes du Sang par la nature & par l'uſage.

(1) Les Gens du Roi furent mandés à Marly pour conférer ſur cette affaire. Ils dirent,

---

(1) Juillet 1714.

L'Auteur du *Siecle de Louis XIV*, qui ne date point les faits, ou qui les date mal, place celui-ci à l'année 1715.

dirent, qu'une difpofition de cette nature
touchoit une matiere fi élevée, qu'ils ne
doutoient pas que le Roi n'y eût fait toutes les réflexions que fa profonde fageffe
pouvoit lui infpirer. Ils ajouterent, que
fi le mérite donnoit un droit à la Couronne, perfonne n'y pouvoit afpirer plus
juftement que ceux que Sa Majefté hono-
roit de fon choix.

L'Edit fut dreffé. Le Roi y difoit, que
pour prévenir les troubles qui pourroient
arriver fi la Famille Royale venoit à s'é-
teindre, il déclaroit qu'au défaut des Princes légitimes, la Couronne appartiendroit
de plein droit au Duc du Maine, & à fon
défaut, au Comte de Touloufe, & à leurs
defcendants.

Le Parlement enrégiftra fans remontrances cet étrange Edit. Jamais il n'avoit
été plus nombreux. Dix-neuf Pairs y
donnerent leurs voix. Les Princes légitimes y opinerent en faveur des Princes
légitimés; mais le Duc d'Orléans n'y parut pas. Le Maréchal de Villeroi ne féli-
cita point le Duc du Maine. Le Chancelier Pontchartrain remit les Sceaux au
Roi. Tout le refte fouffrit, même fans
murmurer, cette révolte du Souverain contre la majefté de la Nation.

On eût rendu folide cet Edit, fi l'on

eût intéreſſé à ſa conſervation ceux qui pouvoient l'attaquer. Il eût fallu préliminairement déclarer Princes du Sang les bâtards des Rois, & Ducs & Pairs les bâtards des Princes du Sang. L'Edit n'auroit été injuſte qu'envers la Nobleſſe & le Peuple ; & en France, qu'eſt-ce que le Peuple & la Nobleſſe ?

La Ducheſſe du Maine, enchantée d'avoir égalé le rang de ſon mari au ſien, ne garda plus aucunes meſures avec les Princes du Sang. Ceux-ci étoient en procès avec M. le Duc du Maine. Ils engagerent quelques Chambres du Parlement à rejetter les requêtes, où les Princes légitimés prenoient la qualité que le précédent Edit leur avoit donnée. Le Roi ordonna par une déclaration, qu'ils la prendroient à l'avenir aux actes judiciaires & à tous autres, & qu'il ne ſeroit fait aucune différence entre eux & les Princes du Sang Royal.

On prévoyoit que ces diſpoſitions ne ſurvivroient pas long-temps au Roi. Mais les dangers de pareils exemples, l'honneur de la nation, la ſainteté des loix fondamentales exigeoient qu'on s'y oppoſât. Et s'il eſt vrai que les Parlements repréſentent la patrie, les Parlements d'alors la trahirent. Les conſervateurs des droits du

peuple ne peuvent être forcés à les abandonner, ni juſtifiés par les circonſtances.
Si le reſpect pour la volonté d'un vieux
Roi, pour la tendreſſe d'un pere malheureux, leur permettoit de conſacrer l'injuſtice par leur ſuffrage, n'auroient-ils pas
donné le Trône par arrêt à l'uſurpateur
qui l'auroit demandé l'épée à la main?

CHAPITRE X.

Teſtament de Louis XIV.

LOuis alloit mourir, & commençoit
à aimer ſon peuple. Il ne vouloit plus
qu'on lui parlât d'impôts. Il fit une reprimande fort ſeche au Maréchal de Mon-
trevel qui lui avoit propoſé une ſtatue
magnifique, placée devant le Château-
Trompette, expoſée à la vue de tout ce
qui entroit dans la Garonne, & ornée
d'un paſſage de l'Ecriture-Sainte. Il dit au
Miniſtre Voiſin, en le faiſant Chancelier:
*Juſtice & clémence, voilà tout ce que je de-
mande de vous.* Il gronda un Secretaire
d'Etat qui avoit déchiré le placet d'un
exilé, & lui dit: » Quoi? vous refuſez
» aux malheureux la conſolation de lire
» leurs excuſes. " Il répétoit ſouvent,

qu'il ne fouhaitoit de vivre encore quelques années, que pour laisser à son héritier *un peuple gros & gras.* Là veille d'une
promotion de Chevaliers de l'Ordre, il
dit à Me. de Maintenon, qui lui parloit
du grand nombre d'heureux qu'il alloit
faire. » Je suis moins touché du plaisir
» de ceux qui le seront, qu'affligé du cha-
» grin de ceux qui ne le seront pas ".
On le voyoit approcher des Sacrements
avec autant d'édification que d'exactitude.
Il répandoit dans le sein de l'indigence
tout ce qu'il employoit autrefois à ses
plaisirs. Il lisoit tous les soirs ce Livre
divin, qui ne flatte pas les Rois. Me. de
Maintenon faisoit cette lecture. Elle appuyoit sur les endroits les plus touchants.
Delà naissoient des réflexions chrétiennes,
auxquelles il ne manquoit que d'être ve-
nues plutôt. Il craignit que la France ne
fût bientôt déchirée par des divisions in-
testines. Il crut qu'une sage administration ordonnée par un testament, pourroit
les prévenir. Quoique le pouvoir des
Rois finisse avec leur vie, Louis avoit
régné avec tant de gloire, qu'il sembloit
avoir acquis le droit de régner encore
après sa mort.

Il eut là-dessus plusieurs conférences
avec Me. de Maintenon, & avec M. Voi-

fin. Sa premiere idée fut d'établir un Régent ; le partage de l'autorité lui paroissoit le plus grand vice d'une Monarchie. Le Duc d'Orléans fut unanimement rejetté : on n'avoit garde de donner le pouvoir à celui dont on vouloit réprimer le crédit. Le Roi osa proposer le Duc du Maine. Le Chancelier lui répondit, que depuis l'Edit de Juillet, nos Loix ne l'excluoient plus de cet honneur ; mais que nos mœurs n'étoient pas aussi flexibles que nos loix ; que la France obéiroit impatiemment à un Prince, qui, en perdant son pere, devenoit l'égal des autres sujets ; qu'une pareille disposition seroit regardée comme un attentat à la gloire de la Nation, & donneroit de la force aux prétendus droits du Duc d'Orléans.

Le Roi, qui croyoit toujours qu'il ne pouvoit rien arriver de pis à la France, que d'être gouvernée par son neveu, proposa de le créer Chef des Conseils, & de faire le Duc du Maine (1) Lieutenant-

_____

(1) » Il faut, dit M. de V., Tom. VI, p. 227 ;
» avoir des garants authentiques pour avancer
» une chose aussi extraordinaire & aussi impor-
» tante. Le Duc du Maine eût été au-dessus du
» Duc d'Orléans : ç'eût été tout bouleverser : aussi
» le fait est-il faux. "

K iij

Général du Royaume. Voisin contredit
encore cet avis. Il dit que deux Régents
ne pourroient s'accorder ; que le maître
des délibérations le seroit des armées,
ou que celui des armées le deviendroit
des délibérations ; que de l'égalité de pouvoir naîtroit la jalousie, de la jalousie l'in-
terruption des affaires, de cette interrup-
tion, le malheur de l'État. Il ajouta, qu'aucune Loi du Royaume n'exigeoit la créa-
tion d'un Régent dans un temps de minorité ; que la qualité de plus proche héritier donnoit au Duc d'Orléans droit à
la succession & non à la tutelle ; & qu'ainsi
l'on pouvoit sans injustice le priver de
la tutelle, & établir un Conseil de Régence pour l'administration.

Le Roi ne goûta point d'abord cette
forme de Gouvernement. Il lui sembloit
que l'autorité souveraine ne pouvoit rési-
der dans un Conseil sans être divisée. Mais
enfin, il comprit que l'unité de pouvoir
peut résulter des sentiments de plusieurs,
comme des sentiments d'un seul. Dès qu'il
eut adopté ce plan : » Composons ce
» Conseil, dit-il, de membres si bien choi-
» sis, qu'on ne puisse les en ôter sans fâ-
» cher le public. »

Ce choix fut dicté par l'amour de la
patrie. Le Duc d'Orléans eut la premiere

place qui étoit due à sa naissance. Le Duc
du Maine & le Comte de Toulouse, sin-
cérement attachés à l'Etat & au Roi;
Voisin, profondément instruit des loix &
des affaires; Villeroi, un des plus honnêtes hommes de la Cour; Villars, le plus
heureux Général de son siecle; d'Huxelles, d'une austere probité; Tallard, d'un esprit agréable & conciliant; d'Harcourt,
l'ami de tous les malheureux; les quatre
Secretaires d'Etat, & Desmarets, Contrô-
leur-Général des finances, neveu, éleve,
& rival de Colbert, eurent voix délibéra-
tive dans ce Conseil, où toutes les affaires devoient se rapporter & se décider à
la pluralité des suffrages.

Cet établissement étoit sujet à des inconvéniens sensibles. Le premier, que les
affaires, examinées par tant d'hommes
différens, ne pouvoient être terminées
qu'avec lenteur; le second, qu'un peuple
accoutumé à obéir à un Monarque, ne
s'accommoderoit guere d'un Sénat; le troi-
sieme, qu'il étoit imprudent d'offrir à une
Nation éclairée & mécontente le modele
d'un Gouvernement nouveau, funeste, si
elle en étoit opprimée, dangereux, si elle
ne l'étoit pas. Mais le Roi crut que les
Secretaires d'Etat continueroient à être les
maîtres dans leur département; que le

K iv

Conseil de Régence se réserveroit seulement les affaires importantes; qu'une foule de petits Rois seroit moins pernicieuse que l'autorité d'un seul, & que les lenteurs de l'Aristocratie convenoient mieux à une minorité, que la célérité de la Constitution monarchique. Son unique objet étoit de maintenir la paix au-dedans & au-dehors du Royaume. Et l'on ne sauroit nier que cet objet ne fût éminemment rempli par un Conseil de Régence, trop nombreux pour être entreprenant, trop sujet aux jalousies pour concerter une guerre ou une révolution. Malgré ses défauts, cette institution étoit préférable à cette pluralité de Conseils, qu'on établit depuis, que l'Abbé de St. Pierre vanta, & dont l'essai malheureux prouva que Louis XIV s'étoit défié avec raison de la capacité du Duc d'Orléans.

Quelque limitée que fût l'autorité de ce Prince, il étoit à craindre qu'il n'en abusât & qu'il ne l'étendît. Le Testament disoit, que dans les délibérations, sa voix en vaudroit deux en cas de partage. Le Duc d'Orléans pouvoit amener souvent ces cas avantageux, entraîner le grand nombre par la grandeur seule de son nom, intimider ses ennemis par des menaces toujours puissantes dans la bouche d'un

Prince voiſin du trône, ſéduire les foibles par ſes talents & par ſes intrigues.

Il falloit donc un contrepoids. Le Duc du Maine parut propre à balancer le Duc d'Orléans. Mais comme l'eſprit de l'un & de l'autre n'étoit pas égal, le Teſtateur compenſa ce déſavantage de ſon fils. Le Duc du Maine fut établi Chef indépendant, & Commandant abſolu de toutes les troupes de la Maiſon du Roi, avec plein pouvoir ſur le Gouverneur. Louis étoit ſûr que ſon fils feroit un bon uſage du pouvoir le plus étendu, & ſon neveu, un mauvais du pouvoir le plus borné. D'un côté, le génie & l'ambition ; de l'autre, la force & la vertu.

Les autres articles ne contenoient rien d'important. Conſtant dans le bien & dans le mal, le Roi y recommandoit à ſon ſucceſſeur l'Hôtel des Invalides, le Couvent de St. Cyr, les Edits contre les duels, & les Loix pénales contre les errants. L'Auteur du *Siecle de Louis XIV* eſt étonné qu'il n'aſſurât point une penſion à Me. de Maintenon. Je le ſerois bien plus s'il lui en eût aſſigné une : c'eût été méconnoître ſa modération, ſe défier de ſon déſintéreſſement, accuſer de fauſſeté toutes ſes vertus. Le ſilence du Teſtateur ſur la

K v

femme avec laquelle il fait son testament
en est le plus bel éloge.

Cette piece fut envoyée au Parlement
de Paris, avec un Edit qui portoit qu'elle
seroit déposée au Greffe & ouverte après
la mort du Roi. Ce profond secret fit juger que les dispositions en étoient importantes, & désavantageuses au Duc
d'Orléans. Quelques-uns dirent qu'il n'é-
toit pas permis à un Roi de France de
tester, & qu'un usufruitier de l'Etat excédoit son pouvoir en disposant de la
Régence. Tous les autres convinrent que
Louis, en qualité de pere, avoit droit de
pourvoir à la sûreté de son petit-fils, &
en qualité de Roi, à la conservation du
Royaume. Il ne pouvoit faire en mourant de nouvelles Loix ; mais il pouvoit
établir un Gouvernement conforme aux
anciennes. Toute minorité est une espece
d'interregne : le pouvoir souverain ne
peut tomber en enfance ; il est le même
que celui d'un majeur ; mais l'exercice en
est différent : la personne du mineur représente la loi ; & la volonté du Testateur la fait encore exécuter.

Il ne manquoit à ce testament, que la
solidité. Les Grands, admis à ce Conseil
de Régence, étoient intéressés à en demander l'exécution. Mais aucun d'eux ne

favoit qu'il y fût admis ; & ce fut une faute capitale. Le Duc du Maine fonda Me. de Maintenon, qui, vaincu par fes importunités, obtint du Roi que ce Prince & fon frere liroient le Teftament : mais fous la condition qu'ils agiroient, qu'ils parleroient, comme s'ils ne l'avoient pas lu. Le Duc du Maine répondit qu'il ne fe foucioit pas d'avoir des connoiffances, que cet inviolable fecret lui rendroit inutiles. La Ducheffe du Maine lui reprocha cette imprudente difcrétion. Pour la réparer, on demanda fi le Roi rappelloit Philippe à la fucceffion. On fut qu'il ne le rappelloit pas, & l'on en conclut que le Duc d'Orléans auroit la Régence. Le Duc du Maine l'en informa : la Ducheffe tâcha de fe lier avec lui. Le Duc d'Orléans s'y prêta, dans l'idée qu'il auroit encore plus de befoin de l'appui dé fon rival, que fon rival n'en auroit du fien. Il propofa le mariage de Mlle. de Valois fa fille avec le Prince de Dombes. Le Duc & la Ducheffe du Maine négligerent cette alliance, qui déplaifoit au Roi, parce qu'elle uniffoit les Chefs de deux familles qu'il étoit bon de défunir.

Me. de Maintenon, inftruite des inquiétudes du Duc du Maine & des prétentions du Duc d'Orléans, dit au Roi, que fa volonté ne feroit point refpectée après fa mort, s'il ne prenoit, dès fon vivant, de juftes mefures contre l'ambition de fon neveu. (1) Il falloit affembler les membres du Confeil de Régence, leur lire le Teftament, en tirer parole qu'ils retiendroient chacun la portion d'autorité qui leur étoit confiée, s'affurer des principaux Chefs du Parlement, & des troupes de la Maifon du Roi. Au-lieu de ces précautions que la prudence la plus bornée infpiroit, le Roi fit un Codicile, où il régla le cérémonial pour l'ouverture de fon Teftament. Il y nomma pour Confeffeur du Dauphin, le P. Tellier, & pour Précepteur, l'ancien Evêque de Fréjus, le même qui, à cinquante ans, trouva le gouvernement d'un petit Diocefe fort pénible, & à foixante & feize, celui d'un grand Empire fort aifé.

Le Duc d'Orléans n'oublia rien pour découvrir le myftere qu'on lui cachoit, & qui par conféquent ne lui étoit pas favorable. Mais les dépofitaires du Teftament furent incorruptibles, Me. de Main-

***

(1) Louis XIV dit à M. le Maréchal de Noailles : *On m'a fait faire un Teftament ; il fera caffé, comme celui du feu Roi.*

tenon impénétrable, & le Chancelier insensible à tout ce qu'on lui promit. Le
Duc d'Orléans prit des mesures contre
tous les événements ; ne pouvant en prévoir un, il osa s'opposer à tous. Tandis
qu'il se frayoit le chemin au souverain
pouvoir, le Duc du Maine traduisoit
l'*Anti-Lucrece*. La Duchesse sa femme lui
disoit : » Monsieur, un beau matin vous
» trouverez, en vous éveillant, que vous
» êtes de l'Académie, & que M. d'Or-
» léans a la Régence ".

CHAPITRE XI.

Disgrace de Mad. des Ursins.

LEs esprits n'étoient pas plus tran-
quilles en Espagne. Me. des Ursins
étoit toujours odieuse aux Grands, & la
Nation irritée contre Orry, qui avoit
permis aux Anglois de bâtir un fort sur
le Rio de Plata, & qui ne savoit qu'a-
masser de l'argent. On reprochoit à l'une
& à l'autre les suites de la révolte de
Catalogne, que les Anglois, alors comme aujourd'hui, contempteurs des Traités
les plus saints, secouroient pour l'engager à s'ériger en République.

La Reine mourut. Elle fut regrettée. On lui pardonna le mal qu'elle avoit fait en faveur de ses intentions toutes décidées pour le bien.

La premiere femme qui s'offrit aux yeux de l'ardent Philippe le consola dè celle qu'il venoit de perdre ; & cette femme fut la Princesse des Ursins. Le lendemain, elle eut l'honneur de souper avec lui. Tout le Palais retentit de murmures contre cette indécente nouveauté. Un Roi d'Espagne n'avoit encore mangé qu'avec ses égaux. Le peuple accoutumé à regarder son maître comme un Dieu, fut indigné qu'on méprisât si ouvertement ses préjugés. Il avoit souffert patiemment les plus lourds impôts, & ne pardonna point ce scandaleux soupé.

Le Pere Robinet, Confesseur du Roi, & le P. Rubio, Confesseur de la feue Reine, furent partagés sur la passion naissante de Philippe pour Me. des Ursins. Le premier soutenoit qu'elle étoit innocente ; le second, que les mânes de la Reine en étoient offensés. La Princesse des Ursins les laissa disputer, & se flatta que son étoile l'appelloit au Trône. Déja Philippe lui avoit déclaré des sentiments tendres ; déja elle lui avoit insinué qu'elle n'avoit que soixante ans. Elle ne cessoit

de lui parler du mariage de fon grand-
pere avec Me. de Maintenon, qu'il eût
fait régner, difoit-elle, fi la bienféance le
lui eût permis. Pour fe donner cet air
de dignité, qui ne meffied point à l'ambition, elle refufa d'accompagner le corps
de la Reine à l'Efcurial : elle n'avoit point
été de fa maifon, elle avoit vécu auprès
d'elle à titre d'amie.

Quand ces nouvelles arriverent à Paris,
Louis les rejetta comme des fables. Mais
Me. de Maintenon, qui fut tout le détail
de ces ridicules amours, dit à la Mar-
quife de Pompadour, qui l'a fouvent répété à Mr. l'Abbé....., Envoyé de Florence
à Paris, & encore vivant : *J'effpere que nous*
verrons bientôt Me. des Urfins Reine d'Ef-
pagne, & Reine déclarée.

Une bagatelle empêcha ce mariage. Me.
des Urfins voulut que Philippe logeâ: à
l'Hôtel du Duc de Medina-Celi, & qu'on
l'aggrandît d'un Couvent de Capucins pour
faciliter la communication de fon appartement à celui du Roi. On exhuma les
cadavres ; on ôta de l'Eglife le St. Sacrement ; ces Moines fortirent de leur
Couvent en proceffion ; tout Madrid cria
contre cette violence ; Philippe entendit
ces clameurs, dit à la Princeffe des Urfins, que leurs tête-à-tête fcandalifoient

le peuple, & la pria de lui chercher une femme.

Me. des Urfins, déchue de l'efpérance de régner par elle-même, voulut du moins régner encore par une autre. Brouillé avec l'Ambaffadeur de France, elle fe lia étroitement avec l'Abbé Alberoni, Curé Italien, que le Duc de Vendôme lui avoit fait connoître, & que le Poëte Campiftron avoit fait connoître à Vendôme. Elle le confulta fur le choix de la Reine qu'il falloit à ce Roi fi ennemi du célibat. Alberoni le fixa fur la Princeffe de Parme. Il lui dit que c'étoit un efprit de poupée, avide de plaifirs, incapable d'ambition. Philippe eft bientôt déterminé. Me. des Urfins charge fon confident de négocier ce mariage. Alberoni part avec de grandes proteftations de fidélité, & dans la réfolution de tourner à fon profit fes artifices.

Me. des Urfins apprend que la Princeffe de Parme eft d'un caractere bien différent du portrait que lui en a fait Alberoni. Elle repréfente au Roi, qu'une ambitieufe ternira la gloire de fon regne, que l'affaire n'eft pas encore finie, & que du moins, elle doit être fufpendue. Philippe ordonne en diligence à fon Miniftre de furfeoir la négociation. Le courier arri-

ve juftement la veille du jour pris pour
la terminer. Alberoni eft frappé de ce
coup inefpéré, mais n'eft point abattu. Il
demande au courier, s'il veut vivre ou
mourir, & lui ordonne de n'arriver que
le lendemain. Le mariage fe conclut. La
Princeffe de Parme lui promet une reconnoiffance proportionnée à la grandeur de
l'établiffement qu'il lui procure, & de
l'affront qu'il lui épargne. Alberoni écrit
en Efpagne, que le courier eft arrivé trop
tard. La nouvelle Reine le mene avec
elle à Madrid, en qualité de Réfident de
Parme. Arrivée à Bayonne, elle prend
des leçons de fa tante fur le pays où elle
va régner. Philippe s'avance jufqu'à Gua-
dalaxara. Il envoye Me. des Urfins à Xa-
draque pour la recevoir. M. Hocquart, aujourd'hui (1756) Fermier-Général, alors
fon favori, l'inftruit de la permiffion que
la Reine a obtenu de la chaffer. La Princeffe croit, ou que cet avis eft faux, ou
que la Reine n'ofera lui prononcer fa difgrace. Elle paroît avec affurance. La Reine
lui dit, qu'elle eft fort étonnée qu'elle
ofe fe préfenter devant elle. La Princeffe
des Urfins toute tremblante, lui remet
une lettre du Roi, pleine de chofes flat-
teufes pour celle qui la reçoit, & pour
celle qui la donne. La Reine, fans l'ou-

vrir, lui commande de ſe retirer. Me. des Urſins la prie d'en donner un ordre de ſa main. Cet ordre eſt bientôt ſigné, & lui eſt remis avec des imprécations & des inſultes qui ne peuvent ſortir que de la bouche d'une Reine outragée. On lui reproche la mort de Manuel de Silva, de Don Valero d'Aſpetia, du Duc de Medina-Celi, de la Ducheſſe de Najara, tous les crimes qui ſe ſont commis de-puis qu'elle eſt en Eſpagne.

La Princeſſe des Urſins, honteuſement chaſſée, partit ſans équipage, ſans ſuite, maudiſſant le perfide Alberoni, l'impé-rieuſe Parmeſane, le foible Philippe. La nouvelle Reine renvoya en France Orry & le Pere Robinet. Le Roi d'Eſpagne déclara naïvement par un Edit, qu'il avoit juſqu'alors mal gouverné ſon peu-ple, & qu'il le gouverneroit mieux dé-ſormais.

Louis XIV ne permit point à Madame des Urſins de demeurer à Paris. La Ré-publique de Gênes ne voulut pas lui don-ner un aſyle. Et le Pape refuſa de la re-cevoir dans Rome. On voit dans ſes let-tres (1) ſes foibleſſes, ſes artifices, ſon

---

(1) On en donnera un recueil, ſi le publiç les demande.

défefpoir. Son ambition ne la quitta point.
Elle alloit mourir, & afpiroit encore à
régner.

***

CHAPITRE XII.

Suite des affaires de l'Eglife.

LE Cardinal de Noailles tâchoit de
fe réunir à l'Eglife. Il venoit d'achever enfin une Inftruction Paftorale, où
il avoit promit de manifefter fa foi, &
de concilier tous les différends. Elle plut
à tous ceux qui la lurent, hormis à Rohan & à Biffy. Le Roi, prévenu par ces
deux Prélats, n'attendit aucun fruit des
négociations des Cardinaux d'Eftrées &
de Polignac. » Sans être Théologien, dit-
» il, je vois que le Cardinal de Noailles
» eft un hérétique; j'uferai de toute mon
» autorité pour le pouffer à bout. » Il fit
répandre à Paris divers bruits qui pouvoient intimider; qu'il alloit donner au
Nonce toute permiffion d'agir; que le
Cardinal feroit ajourné perfonnellement à
Rome, enlevé, emprifonné; & tout cela,
pour croire qu'une Bulle eft obfcure, dans
une Religion, dont le premier article de

Foi eſt, que l'Ecriture-Sainte même n'eſt pas claire.

Le Cardinal de Noailles retouchoit avec docilité ſon Mandement d'acceptation d'après les remarques de ſes ennemis. Il ſe prêtoit à tout ce qui pouvoit contribuer à la paix de l'Egliſe ſans intéreſſer ſa conſcience. Le Cardinal de Polignac ſoutint au Roi que la doctrine de Noailles étoit très-pure, & que les Evêques acceptants en convenoient. » Que vous me faites grand plaiſir! s'é- » cria le Roi; me voilà bien ſoulagé. » Mais, ajouta-t-il, quarante contre huit, » peut-on balancer un moment entre les » deux partis? Sire, répondit Polignac, » à parler juſte, ce n'eſt pas quarante » contre huit, mais plutôt deux contre » huit; car le Cardinal de Rohan & l'Evê- » que de Meaux ont tout fait & tout con- » duit dans l'Aſſemblée." Bientôt les Conſtitutionnaires eûrent à oppoſer 115 à 14, & aujourd'hui, 1000 à 0.

On réſolut de renvoyer l'affaire à Rome. Le public s'en réjouit. On ne douta point que le Pape ne fût plus accommodant que le Pere Tellier. L'Evêque de Meaux propoſa un Concile national, & fit la liſte de ceux qui rempliroient les ſieges bientôt vacants par la dépoſition des rebelles. Le

Roi attendoit avec impatience l'inftruction Paftorale du Card.nal de Noailles :
il la reçut enfin , & ne la trouva pas telle
que Polignac la lui avoit promife. » Le
» Cardinal de Bouillon , dit-il , ofa me
» dire dans une efpece de frénéfie , qu'il
» n'étoit pas mon fujet; mais le Cardi-
» nal de Noailles manque à une parole
» donnée par écrit."

Le Chancelier Voifin eût pu aifément
juftifier Noailles ; mais , dit un Auteur Jan-
fénifte , Madame de Maintenon , qui l'a-
voit pris comme par la main pour le
conduire de dégré en dégré jufqu'à la
place qu'il occupoit , lui avoit fort recommandé le dévouement aveugle ; les volontés du Prince paffoient toujours par
lui , comme par un organe inanimé.

Le Cardinal de Polignac fut accufé d'a-
voir trompé le Roi. » On voit bien , dit
» Madame de Maintenon , qu'il a conçu
» & donné des efpérances tout auffi lé-
» geres que lui. " Il fut vivement piqué
de ce trait ; il fentit tout ce qu'il perdoit
dans l'eftime du public. Il voulut fe juftifier , & ne put fe réfoudre à parler contre le Cardinal de Noailles. Le Roi fut
même qu'il l'excufoit : » Monfieur, lui
» dit-il, la vérité n'eft qu'une ; vous vous
» plaignez à moi de l'Archevêque de

» Paris : ailleurs, vous parlez différem-
» ment ; qu'est-ce que cela signifie ? " Polignac fut consterné de ces paroles ; il alla
chez Me. de Caylus, & lui dit avec désespoir, que le Roi le regardoit comme
un homme léger ; Me. de Maintenon, comme superficiel ; le Cardinal de Noailles,
comme un ami infidele ; Rohan & Bissy,
comme un homme qu'ils fouloient aux
pieds ; le public, comme un homme déshonoré.

Le Roi résolut enfin d'assembler un Concile national, & envoya Mr. Amelot à
Rome pour en solliciter la permission,
comme si les premiers Empereurs n'en
avoient pas convoqué d'écuméniques sans
le consentement du Pape. Amelot reçut
ses instructions, les Mémoires emportés
de Tellier, les Mémoires ambigus de Bissy, & l'apologie modérée de Noailles.

Rohan, craignant que l'honneur qu'il
attendoit de cette affaire ne lui échap-
pât, tenta de la renouer en France. Il
en chargea le P. Massillon, Orateur ex-
cellent, Négociateur médiocre. Celui-ci
présenta divers projets au Cardinal de
Noailles. Mais on y vouloit que cet Emi-
nence convînt qu'elle avoit approuvé comme bon un Livre qui étoit mauvais, &
rejetté comme mauvaise une Bulle qui

étoit bonne. Le Roi avoit prié Me. de Maintenon de veiller au succès de cette nouvelle tentative, dans laquelle il ne vouloit pas paroître. Elle étoit aidée par le Duc de Noailles, dont on ne craignoit pas la partialité, & par l'Evêque de Meaux, qui ne cachoit la sienne qu'à elle.

Les Jésuites ne vouloient point de Concile : ils en appréhendoient les décisions s'il étoit libre; & ils le croyoient inutile, s'il ne l'étoit pas. L'Evêque de Meaux alla ramper encore devant le Métropolitain qu'il vouloit déposer; il lui ouvrit divers expédients, tous refusés comme portants tous sur l'acceptation pure & simple de la Bulle. » Mais, lui dit-» il, vous voulez donc humilier le Sou-» verain Pontife? Non, répond Noail-» les, mais je ne veux pas humilier la » vérité. »

Valincourt & l'Abbé Meingui parurent sur les rangs. Ils se virent sans pouvoir, se parlerent sans franchise, & se quitterent sans succès. Le Cardinal de Rohan proposoit tous les jours de nouveaux moyens. Mais au moment de la conclusion, il disoit, qu'il falloit en parler au Roi, c'est-à-dire au P. Tellier. Et rien ne finissoit.

Le Pape étoit entré dans toutes les voies

de conciliation : perſonne ne croit moins à ſon infaillibilité que lui-même. Mais excédé de ces longueurs, il envoya en France un Bref de rigueur pour décardinaliſer Noailles, & enſuite le citer à Rome. Pour cela il falloit le dénaturaliſer. Et le St. Pere croyoit qu'un Roi de France pouvoit ôter à un citoyen ſa qualité de François ſans l'avoir jugé. Le lendemain, il envoya un Bref de douceur, que le Cardinal de Noailles trouva fort amer.

Ce Prélat étoit préparé à tout. On lui diſoit qu'il ſeroit enlevé à Conflans, mené dans un lieu dont le Pere Confeſſeur ſeroit le géolier, conduit à Rome ſous bonne garde, enfermé au Château S. Ange pour le reſte de ſes jours. Noailles écoutoit ces diſcours comme l'hiſtoire d'un étranger.

Le Nonce reçut un autre Bref qui ordonnoit à l'Archevêque de Paris de recevoir la Bulle dans quinze jours, ſous menace des peines canoniques. Ce Bref foudroyant étoit accompagné d'une lettre du Pape au Roi, pour le prier de láiſſer agir le Nonce. Le Roi répondit en protecteur des maximes de ſon Etat : » Je » ne le ſouffrirai pas ; le Pape eſt le maî- » tre de ſon terrein ; mais il ne l'eſt point

contre

» contre un de mes sujets. " Cependant il
vouloit qu'un Concile déposât le Cardinal.
Mais le Pape ne vouloit pas se livrer lui-
même *à une centaine d'ours, qui*, disoit-
il, *me dévoreront tout vivant.*

Le Cardinal de Noailles envoya son
Mandement à Rome. Les Jésuites le con-
damnerent. Le Pape l'admira. Le Roi ne
voulut pas qu'il fût publié, de peur que
le Pape n'en fût offensé, & les François
furent plus Ultramontains que les Ultramontains mêmes. A cette nouvelle, Me.
de Maintenon s'écria : » Je ne comprends
» plus rien à l'affaire présente ; & si le
» Cardinal est Janséniste, il faut que le
» Pape le soit. "

Les ennemis de Noailles étoient plus
sûrs du Roi, que du Concile. Ils imagi-
nerent une déclaration, par laquelle Sa
Majesté, en Pape de l'Eglise Gallicane,
dénonceroit les peines des hérétiques à
tous ceux qui ne recevroient pas la Bulle. Mais si des Evêques trahirent l'Eglise, le Magistrat la défendit. Le Premier
Président & le Procureur-général ayant
reçu cette déclaration des mains du Roi,
se regarderent en silence : » Parlez, leur
» dit-il. Nous craignons, répondit l'un
» d'eux, que V. Majesté n'empiéte su-
» l'autorité de l'Eglise. Je n'ai fait, rér

» pliqua bonnement le Roi, que ce qu'on
» m'a dit que je pouvois faire, & que ce
» que j'ai déja fait. " Cette réponse de
Louis revenoit à ceci : J'ai jugé les Huguenots, je puis bien juger les Jansénistes. Irrité
que le Parlement doutât d'une autorité
que les Evêques invoquoient, il dit qu'il
iroit tenir un Lit de Justice. Voisin fit de
grandes menaces au Premier Président,
qui lui dit : » Croyez - vous donc être
» Chancelier d'un Roi de vingt - cinq
» ans ? "

CHAPITRE XIII.

Mort du Roi.

Ccablé de soucis & d'années, Louis
dépérissoit tous les jours. Me. de
Maintenon le voyoit, en étoit effrayée,
& ne vouloit pas en convenir. Le Duc
du Maine la pria d'engager le Roi à prendre avant sa mort des mesures qui don-
nassent de la stabilité à son Testament.
Ses instances furent inutiles, soit qu'elle
crût cette mort prochaine, soit qu'elle
craignît de l'avancer en représentant l'in-
certitude de l'obéissance du Parlement à
un Prince, auquel les refus de Daguef-

ſeau ſur la déclaration venoient de porter le coup mortel.

Après le retour de Marly, le Roi parut ſi abattu, que Me. de Maintenon ne ſongea plus qu'à le préparer aux jours éternels. Elle lui propoſa de recevoir les Sacrements : » C'eſt encore de bonne heure, » dit-il ; je me ſens aſſez bien. ” Elle lui répondit qu'on ne pouvoit trop tôt demander pardon à Dieu de ſes fautes, & lui en rappella quelques-unes dont elle avoit été témoin. Il ſe confeſſa, & dit : Maintenant je ſuis en paix.

Il demanda ſa caſſette, en viſita tous les papiers, & dit : » Brûlons celui-ci, il » pourroit brouiller ces deux Miniſtres. » Il trouva un chapelet qu'il donna à Me. de Maintenon, ajoutant avec un ſouris : » Non comme une relique, mais com- » me ſouvenir. ” Fagon décida que la jambe étoit gangrénée, & qu'il n'y avoit plus d'eſpérance. Il lui annonça cet arrêt en ſanglotant : » M'avez-vous cru im- » mortel ? lui dit le Roi. ” Maréchal donna deux coups de lancette. Le malade n'en ſentit rien, & s'évanouit. Les Médecins voyant ſa fermeté, propoſerent l'amputation. » Me ſauvera-t-on par-là la vie ? dit- » il. ” Maréchal répondit qu'il y avoit peu d'apparence. » Hé bien ! reprit le

» Roi, il eſt inutile que vous me faſ-
» ſiez ſouffrir ? " Se tournant enſuite du
côté où étoit le Maréchal de Villeroi,
il lui dit : » Adieu, mon ami, il faut nous
» quitter. "

On ſe plaignoit hautement à Paris &
à la Cour, que Tellier oſât le laiſſer mourir ſéparé de Communion d'avec ſon propre Paſteur. Ce bruit pénétra juſqu'à Me.
de Maintenon, qui lui demanda, s'il n'a-
voit rien de perſonnel contre le Cardinal ? » Non, vraiment, dit le Roi, & s'il
» veut venir tout-à l'heure, je l'embraſ-
» ſerai, pourvu qu'il ſe ſoumette au Pa-
» pe : car je veux mourir bon Catholi-
» que comme j'ai vécu. " On dépêcha
au Cardinal un courier, qui le trouva aux
pieds du St. Sacrement.

Le P. Tellier ſe rendoit maître des derniers inſtants du Roi. Il le preſſa vivement de ſigner un papier pour obliger le
Duc d'Orléans & le Parlement de Paris
à ſoutenir la Bulle. Il le préſenta quatre
fois : quatre fois il fut refuſé. Les gar-
çons-bleus lui défendirent de parler de
cette Conſtitution qui avoit tué leur
maître.

Dès le commencement de la maladie,
Me. de Maintenon avoit fait mettre un
lit pour elle dans l'appartement du Roi.

Témoin de ses souffrances & de sa fermeté, elle étoit pénétrée de ces aspirations : *Cela durera-t-il encore long-temps ? .. Mon Dieu ! la vie ou la mort, tout m'est égal : je ne vous demande que mon salut. .... Je n'ai point de restitutions à faire comme particulier, mais comme Prince ! .... Qui acquittera les dettes du Royaume ? Mon Dieu ! j'espere en votre miséricorde. .... Je souffre ; mais je ne souffre pas assez, & c'est ce qui m'afflige.*

Il appella le Duc du Maine, & lui confia les dispositions de son Testament. Le Prince le remercia de ce dangereux honneur, & lui dit que le Duc d'Orléans en seroit offensé. *Ah !* répondit le Roi, *vous serez au-dessus de ses ressentimens.*

Il dit au Duc d'Orléans, en l'embrassant, qu'il l'avoit toujours aimé ; qu'il ne lui faisoit pas de tort ; qu'on le verroit par son Testament ; qu'il lui recommandoit d'avoir de la Religion, & de conserver à Louis XV son Royaume. A ce mot, Me. de Maintenon ayant fait une espece de frémissement : » Hé pourquoi ? ». ajouta-t-il ; cela ne me fait point de » peine. »

Il fit approcher le Dauphin, & le prenant entre ses bras : *Mon enfant,* lui dit-il *vous allez être un grand Roi : soyez tou-*

jours bon Chrétien. *Ne suivez point mon exemple pour la guerre. Tâchez d'avoir la paix avec vos voisins. Rapportez à Dieu toutes vos actions. Faites-le honorer par vos sujets. Aimez-les. Je suis fâché*, ajouta-t-il en soupirant, *de les laisser dans l'état où ils sont. Suivez toujours les conseils les plus modérés. Tâchez de diminuer les impôts. Faites ce que je suis assez malheureux de n'avoir pu faire. N'oubliez jamais la reconnoissance que vous devez à Me. de Ventadour. Pour moi, Madame,* je ne puis trop vous marquer la mienne. Après lui avoir donné ces conseils, & fait ce magnanime aveu de ses fautes, il l'embrassa deux fois, lui donna sa bénédiction, leva les mains au Ciel, & fit une priere en le suivant des yeux.

Les Princesses entrerent poussant les hauts cris. *Il ne faut pas crier comme cela*, leur dit le Roi en riant. Il dit à chacune ce qui leur couvenoit. Deux d'entre elles étoient brouillées, & se réconcilierent sur le champ. Il exhorta le Duc de Bourgogne à maintenir l'union dans la Maison Royale, & le Prince de Conti, à n'imiter que les vertus de ses ancêtres.

Après avoir reçu le Viatique, il dit aux Cardinaux de Rohan & de Biffy :

Je suis satisfait de votre zele pour la vérité. J'ai donné de bons ordres pour vous soutenir après ma mort. Dieu m'est témoin, que je n'ai cherché que la paix de l'Eglise. Je comptois l'établir. Dieu réserve ce bonheur à un autre. On a cru que j'agissois par prévention, & que j'abusois de l'autorité. Je souhaite que cette grande affaire finisse heureusement en d'autres mains.

Le même jour, il ordonna qu'on fît entrer tous les Seigneurs, & leur dit : *Messieurs, je vous demande pardon des mauvais exemples que je vous ai donnés. Je vous fais mes remerciments de l'amitié que vous m'avez toujours marquée. Je vous demande pour mon petit-fils la même fidélité. Vous contribuerez tous à l'union : si quelqu'un s'en écarte, vous aiderez à le ramener. Je sens que je m'attendris, & que je vous attendris aussi. Adieu, Messieurs : souvenez-vous quelquefois de moi.*

Pour vous, Mr. le Maréchal, en s'adressant à Villeroi, *je vous donne en mourant une nouvelle marque de ma confiance. Je vous fais Gouverneur du Dauphin. Vous saurez par mon Testament ce que vous devez faire à l'égard du Duc du Maine. J'espere que mon neveu vivra avec vous comme on doit vivre avec un homme que j'ai toujours aimé.*

L iv

Après avoir recommandé les finances
à Mr. Defmarets, & les affaires étrangeres à Mr. de Torcy: *Et vous*, Mr. de
Pontchartrain, ajouta-t-il d'un ton ferme, *expédiez un brevet pareil à celui du
feu Roi, fans y rien changer, pour que mon
cœur foit porté aux Jéfuites.*

Il avoit fait d'un œil fec fes adieux
à tous fes parents & fes amis. Quand il
les fit à Me. de Maintenon, il ne put
retenir fes pleurs. *Je ne regrette que vous,*
lui dit-il: *Je ne vous ai pas rendue heureufe: mais tous les fentiments d'eftime &
d'amitié que vous méritez, je les ai toujours eus pour vous.* Il lui tint les difcours
les plus affectueux, qu'elle écrivit depuis, & qu'elle joignit à fon teftament.
Il lui dit devant tous les Princes: *L'unique chofe qui me fâche, c'eft de vous quitter; mais j'efpere vous revoir bientôt dans
l'éternité.* (1) quand tout le monde fut
forti; *Qu'allez-vous devenir? vous n'avez*

(1) Je ne réfute point le menfonge groffier de
Poulduc, premier Apothicaire du Roi, Membre
de l'Académie des Sciences: il affuroit que Me.
de Maintenon, fe tournant vers l'affemblée, avoit
dit: *Le beau rendez-vous qu'il me donne! cet homme-là n'a jamais aimé que lui-même.*

rien. Je vous prie, répondit-elle, *de ne point penser à moi : Je suis un rien.* Il s'avança pour l'embrasser, & se sentant prêt à pleurer, il lui dit d'examiner si personne n'écoutoit : *Quoique*, ajouta-t-il, *on ne sera jamais surpris que je m'attendrisse avec vous.*

Il appella le Duc d'Orléans : *Mon neveu*, lui dit-il, *je vous recommande Madame de Maintenon. Vous savez les sentiments que j'ai toujours eu pour elle. Elle ne m'a donné que de bons conseils, & je me repens de ne les avoir pas tous suivis. Elle m'a été utile en tout, & principalement pour revenir à Dieu. Faites ce qu'elle vous demandera : elle n'en abusera point.* Le Duc d'Orléans racontant cet entretien, dit en présence d'un parent de Me. de Maintenon : » Je croyois à tout moment qu'il m'alloit déclarer son mariage. »

Les dernieres paroles du Roi s'adresserent à elle. Après être revenu d'une grande foiblesse, il lui dit : *Il faut, Madame, que vous ayez bien du courage & de l'amitié pour demeurer-là si long-temps. Retirez-vous. Je sais tout ce que la bonté de votre cœur souffre d'un pareil spectacle ; mais j'espere qu'il finira bientôt.* Sa tête

L v

s'embarraffa. Il perdit toute connoiffance.
Me. de Maintenon rentra dans fon appartement, pour pleurer en liberté fon Roi,
fon ami, fon époux.

LIVRE QUINZIEME.

CE dernier Livre ne peut être ni long, ni intéressant. Que chercher dans la vie de Me. de Maintenon, quand, pour le public, cette vie est achevée? Dès que Louis XIV n'est plus, elle cesse d'être. La curiosité publique finit là où finit le personnage qui l'excitoit. Me. de Maintenon n'est plus qu'un corps accablé d'années & d'infirmités, enseveli dans la retraite, épuisé de douleurs, ou languissant dans un lit. Ayons pourtant la curiosité qu'eut le Czar Pierre : ouvrons le rideau pour la contempler encore dans ses derniers moments.

CHAPITRE PREMIER.

Me. de Maintenon se retire à St. Cyr.
30 Août 1715.

LE Roi respiroit encore, & tandis que ses plus fideles serviteurs fondoient en larmes autour de son lit, les Courtisans se rassembloient autour du Duc d'Or-

L vj

léans. Me. de Maintenon fe demandoit, fi elle devoit attendre le dernier coup de la mort, ou épargner ce fpectacle à fa fenfibilité. Il lui paroiffoit honteux de ne pas fermer les yeux au Roi, & imprudent de s'expofer aux emportemens publics, auxquels l'afpect d'un tel cadavre forceroit fa douleur. Ses foins lui étoient déformais inutiles : il avoit perdu l'ufage de fes fens ; il luttoit contre la mort ; il fouffroit peut-être ; mais du moins, elle le voyoit encore. A chaque inftant, elle demandoit à Fagon des nouvelles du Roi ; elle en alloit chercher elle-même d'accablantes ; fes triftes yeux fe portoient en tremblant fur ce vifage déja couvert des ombres du trépas. Elle envoyoit Mlle. d'Aumale voir s'il étoit bien vrai qu'il ne reftât plus d'efpérance.

Le Maréchal de Villeroi, témoin des agitations de l'ame la plus vivement frappée, la conjure de fe retirer. » C'eft à » moi, lui répond-elle, à recevoir fon » dernier foupir, & il me refte encore » affez de force & de courage. " Ces derniers mots étoient démentis par fes pleurs. Villeroi lui dit : » Hé ! Madame ! je » perds mon bienfaicteur, & à peine fuis- » je mon maître ; vous perdez le meil- » leur des amis ; comment ferez-vous

» maîtreſſe de votre douleur ? voulez-
» vous que toute la France vous voye
» livrée aux premiers tranſports de vo-
» tre affliction ? Mais , repart Me. de Main-
» tenon , il vit encore ; il voudra peut-
» être me revoir ; ſi ſes derniers regards
» me demandoient & ne me trouvoient
» pas ! ajouta-t-elle en ſanglotant. ” Le
Maréchal lui promet que , s'il prononçoit
une ſeule fois ſon nom , elle en ſera promptement inſtruite , & la détermine à partir. Cependant elle veut encore que l'Abbé Briderey , ſon Confeſſeur , voye le Roi,
& l'aſſure qu'elle ne lui eſt plus néceſſaire.

Elle craignit les inſultes que les perſonnes déchues de la faveur eſſuyent d'ordinaire de la populace. Elle fit le trajet
de Verſailles à St. Cyr dans le carroſſe
du Maréchal de Villeroi , qui lui donna
ſes gens pour l'eſcorter , & qui mit des
gardes ſur le chemin, de diſtance en diſtance. Précautions dont ſon ami ſe mo-
quoit en les prenant. Il ſavoit que ſi autrefois la calomnie ayoit cherché à la noir-
cir , elle ſe taiſoit depuis bien des années. Verſailles étoit témoin de ſa vertu:
Point de pauvres qu'elle n'y eût ſecou-
rus ; point de familles réduites à une miſere ſecrete , qu'elle n'eût ſecretement ſou-

lagées. Sa fermeté à exhorter le Roi mourant, avoit été tellement admirée à Paris
& dans les Provinces voisines, qu'on répétoit de bouche en bouche : » Ce n'est
» pas une femme, c'est un Ange. »

Elle arriva à St. Cyr avec Mlle. d'Aumale ; dont le fidele attachement ne se
démentit jamais. Elle pleura, mais pleura
en Chrétienne. *Ma douleur est grande*, lui
disoit-elle en chemin ; *mais elle est douce
& tranquille. Je pleurerai souvent, mais ce
feront des larmes de tendresse ; car dans le
fond du cœur, sa mort Chrétienne me donne
de la joie. J'en ai déja rendu à Dieu des
actions de graces. Depuis qu'il est malade,
je n'ai jamais demandé sa vie, mais son
salut.* Quelques moments après, elle dit
encore : *Nous allons le pleurer & hâter sa
gloire dans le Ciel par nos prieres, & puis
nous ne songerons plus qu'à notre salut &
à faire de bonnes œuvres.* Ces paroles
étoient entrecoupées par des torrents de
larmes, & Mlle. d'Aumale, pénétrée elle-
même de sentiments de tristesse & de foi,
voyoit une ame naturellement forte, en
ce moment affoiblie, s'efforçant de devenir courageuse, & ne se trouvant que
trop sensible.

Quand elle apperçut St. Cyr : *Hélas,*
dit-elle, *cette maison perd son pere & sa*

mere. Je vais lui être bien inutile, après avoir tout pu pour elle auprès de celui que nous pleurons. En entrant, ses gémissements redoublerent : *Je ne veux plus, s'écria-t-elle, que Dieu & mes enfants.* Ces enfants passerent tous devant elle, afin que tous les objets, qui pouvoient augmenter sa douleur, fussent réunis en ce triste jour. Elle dit aux Dames : *Il faudra employer le reste de notre vie à leur inspirer la piété solide que le Roi avoit acquise.* A ce nom, elle ne put retenir ses pleurs ; elle dit à Me. de Glapion, étonnée de tant de foiblesse mêlée à tant de constance : *Ma fille, on peut pleurer un Roi.*

Le Maréchal de Villeroi lui envoyoit d'heure en heure un courier pour lui apprendre des nouvelles de l'agonisant. Elle passa la nuit & les deux jours suivants à en entendre, à en recevoir, à en entendre encore, à se désespérer d'en avoir reçu. Elle pria, pleura, parla du Roi, & ne pensa pas un instant à elle-même.

(1) Le Roi étoit mort, & personne n'osoit le lui dire. Enfin, Mlle. d'Aumale entra dans sa chambre, & lui dit du ton le plus lugubre : *Madame, toute la maison*

_____

(1) 2 Septembre.

consternée est à l'Eglise. Me. de Maintenon se leve, va au chœur, assiste à l'Office
des morts, & le lendemain, au service.
Des pleurs eussent été suspects de quelque retour sur elle-même; des prieres ne
pouvoient l'être. On ne vit point en elle
cette désolation ordinaire dans les douleurs extrêmement vives; on n'entendit
aucun regret sur son état passé, aucune
plainte sur l'avenir cruel qu'elle entre-
voyoit. La tristesse étoit peinte sur tous
les visages; tout concouroit à augmenter
la sienne; elle réprimoit tous les mouvements qui auroient pu la manifester.
L'Archevêque de Rouen & l'Evêque de
Chartres vinrent s'affliger avec elle. Dès
qu'elle les apperçut, elle se mit à genoux,
& demandant leur bénédiction, leur dit:
*Je me remets entre vos mains ; apparem-
ment j'y mourrai.* Ces Prélats la releve-
rent, confus de bénir celle qu'ils révé-
roient.

CHAPITRE II.

Teſtament du Roi caſſé.

L'Outrage fait à la mémoire du Roi ne permit pas à ſa douleur de ſe calmer. Le lendemain de ſa mort, le Parlement s'aſſemble. Les Gardes Françoiſes, le Duc de Guiche à leur tête, s'emparent des avenues & de la Cour du Palais. La grande ſalle ſe remplit d'Officiers armés ſous leurs habits. Paris attend avec plus de curioſité que d'inquiétude le maître qu'on va lui donner. Le Duc d'Orléans arrive. Cet homme, ſi intrépide à la tête d'une armée, tremble à la vue du Sénat, qui va décider de ſes droits, & dit d'un ton mal aſſuré : » Meſſieurs, le » premier des ſujets doit à ſon Roi le » plus fidele attachement. Ce ſentiment » connu de celui que nous avons perdu, » m'attira ſans doute le diſcours qu'il me » tint dans les derniers inſtants de ſa vie. " *Mon neveu*, me dit-il, après avoir reçu le Viatique, *j'ai fait un Teſtament où je vous ai conſervé tout ce que vous donne votre naiſſance. Je vous recommande le Dauphin ; ſervez-le auſſi fidélement que vous m'a-*

vez servi , & travaillez à lui conserver son Royaume. S'il vient à vous manquer , vous serez le maître , & la Couronne vous appartient. Les premieres paroles étoient vraies, les suivantes ne l'étoient pas , & les dernieres étoient odieuses. Ceux qui savent que les articles secrets de Rastadt l'excluent du Trône , sont allarmés d'une si grossiere fausseté : les amis du feu Roï sentent qu'elle n'est crue de personne , & pâlissent de la voir écoutée sans émotion.

Le Duc d'Orléans continuë : » A ces » paroles, il en ajouta d'autres ; qui me » sont trop avantageuses pour pouvoir me » les rappeller ; il finit en me disant : *J'ai fait les dispositions que j'ai cru les plus sages. Mais comme on ne sauroit tout prévoir , s'il y a quelque chose qui ne soit pas bien , on le changera.* Ce sont ses propres termes, ajouta-t-il à voix basse, honteux de citer à une si auguste assemblée des paroles entendues de lui seul, comme propres à invalider ou à démentir des dispositions écrites.

» Je suis donc persuadé que, suivant » les Loix du Royaume, les exemples » du passé & la volonté du feu Roi, la » Régence m'appartient. Mais je ne serai » pas satisfait, si à tant de titres, vous » ne joignez votre approbation , dont

» je ne ferai pas moins flatté que de la Ré-
» gence même." Ce compliment déride
le front de ces vieux Confeillers, qui,
après avoir été fi longtemps privés du
droit de faire des remontrances, fe voyent
enfin attribuer celui de faire des loix.

» Je vous demande donc, lorfque vous
» aurez lu le Teftament du feu Roi, de
» ne point confondre mes différents ti-
» tres, & de délibérer également fur le
» droit que ma naiffance me donne, &
» fur celui que le Teftament pourra y
» ajouter, mais en commençant par le
» premier." Propofition contradictoire,
pleine de refpect pour le Teftament, &
tendante à l'annuller par un Arrêt prélimi-
naire. La Régence eft, ou n'eft pas par droit
héréditaire au Duc d'Orléans. Si elle l'eft,
il entre fur le champ en poffeffion, &
alors pourquoi délibérer ? Pourquoi le
maître paroît-il ici fupliant ? Si elle ne
l'eft pas, de quel front le Parlement, af-
femblé en vertu de la volonté du Roi,
uniquement pour déclarer fes intentions
fecretes dont il eft dépofitaire, entend-il
qu'on lui propofe un autre objet de délibération, qu'on le prie de difcuter ce
qui eft déja jugé, & ce qu'il ne peut décider, quand il ne le feroit pas ?

» Mais, reprend le Duc d'Orléans, à

» quelque titre que j'obtienne la Régence,
» j'ose vous protester, Messieurs, que je
» la mériterai par mon zele pour le bien
» public, & que je travaillerai de con-
» cert avec vous à tout ce qui peut ren-
» dre un Etat heureux." Cette promesse
acheve dans tous les membres de l'assemblée, l'aveuglement que la corruption
avoit commencé dans quelques-uns. Déja
le Parlement se croit associé à l'Empire,
& prend les sentiments d'un Souverain;
indifférent pour le mort, qui lui avoit
tout ôté, dévoué au Prince qui lui rend
tout.

Tout le monde a les yeux sur le Duc
du Maine. Les uns craignent, les autres
esperent qu'il se levera pour s'opposer
à cette proposition. Il garde un profond
silence. Il se reproche en secret une faute
qui va en entraîner mille, je veux dire,
l'inexécution de l'article du Codicile,
par lequel le commandement des troupes de la maison est dévolu, ce jour-là
à Villeroi, qui, après avoir promis de recevoir l'ordre de lui, a tout permis au
Duc de Guiche.

On lit le Testament avec beaucoup de
rapidité, & si bas, que personne ne peut
l'entendre distinctement. On se flatte qu'enfin le Duc du Maine parlera. Il se tait

encore. Il a pourtant bien des chofes à
dire, & de beaux droits à défendre. Il
peut repréfenter que le Teftament con-
ferve au Duc d'Orléans ce qui lui eft dû
en le déclarant Chef du Conseil de Régence ; qu'aucune loi n'a ftatué que la
Régence appartient au premier Prince du
Sang ; qu'un Roi a fans doute le droit
qu'a un pere de donner un ou plufieurs
tuteurs à fes enfants, de les choifir hors
ou dans fa famille, de préférer le plus
proche parent ou le plus éloigné ; que la
qualité de plus proche héritier donne droit
à la fucceffion & non à la tutelle ; qu'il
ne convient point qu'un pupille foit entre les mains de fon héritier préfomptif ;
que nulle loi ne l'ordonne ; qu'il feroit
à fouhaiter qu'une loi le défendit ; que
les meres des Rois mineurs ont toujours
eu la Régence, en dépit des oppofitions des
premiers Princes du Sang.

Un pareil difcours eut du moins fait
honneur au Duc du Maine, & au choix
de fon pere ; mais fon efprit lui fut auffi
inutile en ce grand jour que fon épée.
Le Préfident Luber, le premier Préfident
de Maifons, divers membres de l'affemblée, beaucoup d'Officiers, quelques Pairs,
n'attendoient pour fe déclarer qu'une op-
pofition courageufe de fa part. Il eût for-

mé un partage, & dès lors, l'affaire eût
été plus mûrement délibérée, & le Testament d'un Roi aussi respecté du moins
que celui d'un particulier.

S'il eût osé rappeller les grandes raisons qu'avoit eues Louis XIV, de confier
la conservation du mineur à d'autres mains
qu'à celles du Duc d'Orléans, il se seroit
irréconciliablement brouillé avec lui ; mais
en réveillant dans le cœur de tout ce qui
étoit François l'amour de ses Rois, il l'auroit accablé du poids de la haine publique. S'il lui avoit dit hardiment, qu'il
devoit lui-même refuser la garde d'un
pupille qui ne pouvoit mourir sans exciter ou réveiller mille bruits fâcheux, il
l'auroit confondu. Les gens armés, dont
le palais étoit environné & rempli, in-
clinoient pour le Duc d'Orléans, mais
n'auroient point massacré le Duc du Maine.
Dévoués au parti qui prévaudroit, ils
attendoient l'événement, & ne songeoient
pas à le fixer. Les suffrages étoient libres ;
le Duc du Maine crut qu'ils ne l'étoient
pas. Dans cette idée, il eut encore pu
savoir qu'un fils de Roi pouvoit leur rendre la liberté ; mais il s'abandonna lui-
même, & ne parut à toute l'Assemblée
que le fils de Me. de Montespan.

Le Parlement donna le souverain pou-

voir à celui qui le demandoit; & fur une
fimple lecture, caffa le plus judicieux &
le plus refpectable des teftaments. Ce ne
fut point un Arrêt de Juge, ce fut un
Edit de Légiflateur. Nulle procédure, nulles formalités : on ordonne, on ne dai-
gne pas même expofer le motif de fes ordres ; on n'écoute point les parties con-
teftantes ; on méprife les plus facrées difpofitions du plus grand des Rois, on
donne un maître à tout le Royaume,
quoiqu'on n'ait que le droit de donner des
réglements au reffort ; on dit feulement,
que *la Cour, toutes les Chambres affemblées, la matiere mife en délibération, a déclaré & déclare M. le Duc d'Orléans Régent
en France, pour avoir en cette qualité l'ad-
miniftration de toutes les affaires du Royaume pendant la minorité.*

Le Duc d'Orléans avoit offert de fe
foumettre à un Confeil de Régence. Le
Parlement l'y affujettit. Ravi de ce premier fuccès, le Prince alloit tout accorder au Confeil & au Parlement. L'Abbé
Dubois, qui prévoyoit les fuites de cette
joie imprudente, lui marqua dans un billet, que s'il ne rompoit vîte la féance,
il alloit fe donner deux affociés à la puiffance fuprême. Le Duc d'Orléans la remit
à l'après-dînée. Ses amis lui compoferent

un difcours fur les inconvéniens de l'auⸯ
torité partagée. L'après-dînée il réntⸯa
dans l'affemblée : il avoit parlé en fup-
pliant, il parla en maître : il voulut que
le pouvoir entier réfidât en lui feul : il
confentit de délibérer avec le Confeil fur
les affaires, & fe réferva la diftribution
de toutes les graces ; comme fi le choix
des fujets n'étoit pas l'affaire la plus importante. Ce fut alors qu'il dit ces paroles
fi belles en un fens, fi ridicules en cette
occafion : *Je fuis ravi de me voir lié pour*
le mal, & libre pour le bien.

Il obtint tous les Arrêts qu'il voulut
du Parlement, qui fuivit conftamment
l'inftabilité de fes penfées. Un Arrêt donna la fur-intendance de l'éducation du Roi
au Duc du Maine : un autre Arrêt lui
ôta le commandement des troupes de fa
Maifon, & même celui de la garde qui
fervoit chaque jour auprès de lui. Enfin,
le Duc du Maine parla : il demanda d'ê-
tre déchargé de répondre de la perfonne
du Roi. Le Duc d'Orléans lui accorda fa
demande, & le Parlement, prodigue d'Arrêts, alloit la ratifier par un nouvel acte
de Souveraineté, lorfqu'on engagea le
Duc du Maine à s'en défifter, en lui en
repréfentant l'indécence.

Le Duc d'Orléans vainqueur flatta le
peuple,

peuple, & en fut auſſi ſottement adoré
qu'il en avoit été injuſtement haï. On
étoit fatigué du regne précédent : on ne
l'appelloit plus que l'âge de fer ; on avoit
beſoin de ſoulagement : on l'eſpéroit ; on
ſe prenoit aux ombres de la félicité publique.

Les Sages furent ſurpris de cette révolution ineſpérée. Quelques-uns l'attribuè-
rent à l'habileté du Duc d'Orléans, & à
une perfidie de Me. de Maintenon. Ils
dirent, & vingt Hiſtoriens (1) d'après
eux, qu'inquiete de ſa deſtinée après la
mort du Roi, prévoyant par la différence des caracteres & des talents, que le
Duc du Maine ſeroit opprimé par le Duc
d'Orléans, elle réſolut de ſacrifier le premier à ſa ſûreté, & de ſe faire un appui
du ſecond en lui révélant le ſecret du
teſtament. On ajouta qu'elle y fut déter-
minée par la néceſſité de garantir le Duc
de Noailles ſon neveu de la vengeance
du Duc d'Orléans, perſonnellement irrité de quelques diſcours de ce Seigneur
contre lui, qu'un ſervice ſignalé pouvoit
ſeul effacer. Le Duc de Noailles révéla
donc le myſtere au Prince, & lui offrit

_____

(1) Mémoires du Duc d'Orléans.

toute ſa famille , la plus puiſſante du
Royaume par ſes alliances. Les offres furent acceptées, les propos outrageux oubliés, la place de Préſident des Finances
promiſe, le Duc de Guiche, Colonel des
Gardes Françoiſes, gagné , toutes les meſures priſes pour s'aſſurer des gens de
guerre. Il falloit corrompre le Parlement;
les auteurs de ce conte eurent bientôt imaginé une intrigue. Les liaiſons du Cardinal de Noailles avec pluſieurs membres
de ce Corps, mécontents de l'excluſion
aux Dignités Eccléſiaſtiques que le P. Tellier avoit données à leurs enfants, le mi-
rent à portée de traiter avec les principaux. Les conférences ſe tinrent au Pa-
lais-Royal , où l'Archevêque de Paris , le
Préſident de Maiſons, M. de Fleury, Avo-
cat-général ; M. d'Agueſſeau, Procureur-
général ; Mrs. de Fortia, l'Abbé Pucelles,
Gaumont, ſe rendoient par quelqu'une
des maiſons qui communiquent au jardin
de ce Palais. Le Duc d'Orléans & l'Abbé
Dubois alloient la nuit ſous divers dégui-
ſements à l'Archevêché. Là on convint
que le Prince ſeroit Régent ; que le Cardinal de Noailles ſeroit chef du Conſeil
de Conſcience ; le Préſident de Maiſons,
Garde-des-Sceaux ; Dagueſſeau, Chancelier; M. de Fleury, Procureur-général ;

Pucelles, Fortia, Gaumont, écoutés, employés d'une maniere diftinguée; le P. Tellier & compagnie chaffés de la Cour; les exilés pour la Conftitution rappellés; le Parlement rétabli dans fes prérogatives; le Duc de Noailles confulté fur tout.

Calomnie groffiere. On choifit juftement pour le rôle le plus lâche, les plus honnêtes gens du Royaume, & les plus attachés au Roi furent les plus accufés de lui être infideles. Ce fait ne porte que fur la perfidie de Me. de Maintnon; perfidie oppofée à fon caractere, à fon inclination pour le Duc du Maine, à tous fes devoirs envers le Roi, toujours fi fidélement remplis; combattue par fes liaifons poftérieures avec les Princes légitimés, par l'eftime conftante de tous les anciens ferviteurs du Roi, par les larmes qu'elle verfa jufqu'à la mort au feul fouvenir du jour où ce teftament fut caffé, au feul afpect de ceux que le feu Roi avoit aimés.

Le Duc d'Orléans n'en apprit le contenu qu'avec le public. Son difcours embarraffé & timide le dit affez. Il cabala pourtant, parce qu'il fut qu'il ne lui étoit point avantageux. On jugea de ce qui s'étoit paffé, par ce qu'on vit : on vit la Maifon de Noailles en faveur, & quel-

ques Magiſtrats en crédit : on ne douta
point, (en faut-il toujours tant à la malignité?) que cette faveur, que ce crédit
ne fuſſent la récompenſe de leur trahiſon,
comme ſi le beſoin qu'avoit le Régent d'a-
mis ſûrs & de bons conſeils, n'eût pas
ſuffi pour expliquer l'élévation de gens qui
réuniſſoient ces deux qualités.

Les vues du Duc d'Orléans ne pouvoient être que fort vagues : on ne voit
dans toute ſa conduite ni plan, ni coups
portés, ni coups prévus, ni partie liée.
Il avoit des prétentions : il n'avoit point
de projets. Le Duc du Maine les eût ai-
ſément renverſés, s'il ne lui eût laiſſé le
temps de ſe faire aimer. Grand-Maître de
l'Artillerie, Colonel-Général des Suiſſes
& des Carabiniers, Gouverneur de Lan-
guedoc, il eût eu autant de troupes que
ſon rival. Le Comte de Touloufe, le Duc
d'Antin, les Maréchaux de Villars & de
Villeroi, les Cardinaux de Polignac, de
Biſſy, de Rohan, tous les Courtiſans attachés à Louis XIV lui auroient donné
leurs créatures & leurs amis. Qui eût pu
montrer au peuple le mineur, ſeroit devenu le Régent. Le Duc d'Orléans, dé-
teſté de Paris, inconnu aux Provinces,
oublié des troupes, odieux aux dévots,
indifférent aux Janſéniſtes, n'auroit eu

pour lui qu'une jeunesse perdue. Il eût
pu exciter une sédition, il n'auroit pu
soutenir une guerre ; & s'il en eût allu-
mé une, il auroit passé pour rebelle :
parmi nous, le parti où est la personne
du Roi, est toujours celui du droit & de
la victoire. Il avoit dit : Je périrai plutôt
que de me soumettre au Testament. Le
Duc du Maine eût dû mépriser ses menaces. Sa piété pour son pere, son attachement pour son Roi, son intérêt, le
bien de l'Etat demandoient qu'il prît un
parti dans lequel il auroit trouvé la sûreté du mineur, le salut du Royaume, &
la conservation de ses propres droits.
Sa gloire & sa grandeur étoient dans ses
devoirs. Il les méconnut : il abandonna
un rang qu'il eût dû défendre au péril de
sa vie. Quelques-uns louerent sa modération, la plupart la blâmerent : ceux qui
jugerent du Duc d'Orléans par ses premiers Edits, s'en réjouirent. Mais quand
on le vit aussi infidele à ses promesses
qu'il en étoit prodigue, on regretta l'administration ordonnée par le testament ;
on accusa le Duc du Maine d'avoir trahi
sa patrie ; on murmura contre le Parlement ; on dit que la guerre civile la plus
cruelle auroit été moins funeste que cette
pacifique Régence.

CHAPITRE III.

Le Duc d'Orléans va rendre visite à Me. de Maintenon.

Madame de Maintenon apprit avec la plus amere douleur l'affront fait à la mémoire de Louis XIV. Elle prévit que le Duc du Maine seroit bientôt dégradé, les affaires de l'Eglise indécemment traitées, l'irréligion & le libertinage appuyés de toute la faveur d'un Prince déiste & débauché; les finances dissipées; les François gouvernés par le caprice, jusqu'à ce que ses fautes lui eussent appris qu'ils ne pouvoient l'être que par les loix. Elle frémit de voir la vie du Roi entre les mains de celui qui gagneroit le plus à sa mort; non qu'elle doutât que celles du Duc & de la Duchesse de Bourgogne n'eussent été naturelles. Mais qu'est-ce qu'un crime pour un Epicurien par système & par inclination, pour un ambitieux, & pour un trône?

Cependant elle étoit rassurée par le caractere du Duc d'Orléans, franc & généreux. Si le desir de régner l'invitoit au forfait, la vraie gloire l'en éloignoit. Elle fe difoit qu'il n'eût ôfé demander qu'on lui confiât cet enfant précieux, s'il n'eût voulu en répondre à la France ; que cet engagement pris par honneur, feroit auffi puiffant que les confeils de la vertu ; qu'il fe piqueroit de détruire les anciens foupçons, & que s'il étoit capable de fi noirs attentats, il feroit retenu & par les remords, & par la crainte, & par les bruits qui avoient couru fur ceux dont il n'étoit pas coupable.

Des réflexions cruelles repliquoient à ces réflexions confolantes ; & rien ne lui ôtoit l'affreufe perfpeétive des maux qui alloient fondre fur un Etat régi par un homme qui favoit fe battre, mais qui parmi des Philofophes, des proftimées, & des Artiftes, n'avoit pu apprendre à gouverner.

. Cependant les premiers jours de la Régence furent marqués par des projets utiles au foulagement des peuples. On fe conduifit par des maximes qui condamnoient ouvertement les principes du règne paffé. Ce mépris éclatant pour les volontés d'un Prince, à qui l'expérience en avoit plus appris que toute la Philofophie au Duc d'Orléans, acheva d'accabler Me. de Maintenon. En vain elle fe reprochoit de prendre un intérêt fi vif au monde, après y avoir renoncé : elle ne pouvoit voir sans indignation la mémoire de son Roi déchirée, ses vertus flétries, ses défauts exagérés, ses statues impunément couvertes de satyres & d'ordures, ses obsèques troublées par les insolents *Te Deum* de la populace, mêlés aux *De profundis* des Prêtres. (1)

Le Duc d'Orléans, pénétré d'estime pour elle, crut lui devoir une espece de compte de ses actions, & la préparer aux changements qu'il méditoit. Il lui rendit le même hommage qu'il eût rendu à une Reine Douairiere. Il savoit qu'elle avoit dissipé divers orages élevés contre lui. Et quoiqu'il ignorât peut-être qu'il

____

(1) Elle fut extrêmemant satisfaite du sacrifice que l'Académie Françoise offrit à la mémoire de LOUIS XIV, en retranchant de son Corps un de ses meilleurs membres, l'Abbé de St. Pierre, qui avoit écrit contre le Systême du regne passé. Elle fit des remerciments à La Motte, qui lui envoya son éloge funebre de LOUIS XIV. St. Cyr y étoit dignement célébré : *Cet autre Palais, ou plûtôt ce Temple, où la magnificence soulage la misere, où la piété éclaire la jeunesse, où les talents prêtent à la noblesse de nouveaux titres, où les vertus faisant l'office des graces fabuleuses s'empressent à parer la beauté.*

lui devoit tout fans exception, il en favoit affez pour fe faire un devoir de lui
donner des marques publiques de reconnoiffance. (1) Il l'alla voir à St. Cyr. La
Dame portiere n'ouvrit point fur le champ.
La Supérieure lui en fit des excufes. » Ce-
» la eft dans l'ordre, dit le Prince, &
» je ne viens point ici pour le troubler. »
Il entra feul dans l'appartement de Me.
de Maintenon. Ce tête - à - tête dura
une demi - heure. Les uns crurent qu'il
étoit allé l'accabler de reproches ; les
autres lui défendre de fe mêler des affaires ; quelques-uns lui demander les
fecrets de l'État. Ils fe trompoient. Le
Prince lui dit en entrant : » Je viens,
» Madame, vous témoigner la part que
» je prends à votre douleur, & vous
» affurer de toute la confidération que
» vous pouvez defirer : *Elle voulut le
remercier. Il l'interrompit :* » Je ne fais
» que mon devoir : & vous favez ce
» qui m'a été prefcrit. »

　　» Je vois avec plaifir, *lui dit-elle*, la
» marque de refpect que vous donnez
» au feu Roi en me faifant cette vifite.
» Cette raifon-là, *répondit-il*, ne me per-

» met pas d'y manquer ; mais mon ef-
» time pour vous me le permettroit en-
» core moins. Et je voudrois en don-
» ner des preuves plus fortes, que les
» mesures que j'ai prises pour vous affu-
» rer le peu que le Roi vous donnoit
» de sa cassette. On me l'apprit hier au
» soir, *dit-elle* : j'en rends mille graces à
» V. A. R. Mais c'est trop dans l'état où
» font les finances, & je n'en desirois
» pas tant. C'est une bagatelle, *repliqua-*
» *t-il ;* mais il est vrai que les finances
» font dans un grand désordre. Ce que
» je recevrai du Roi , *répondit-elle* ,
» sera employé au soulagement de quel-
» ques pauvres que je voudrois ne pas
» abandonner, & à des prieres pour ob-
» tenir de Dieu les secours dont vous
» avez besoin. "

» Je sens déja, *reprit-il*, le poids du
» fardeau dont je me suis chargé. Mon-
» seigneur, *lui dit-elle*, vous n'en sentez
» encore qu'une partie. Je serai, *ajouta-*
» *t-il*, à Vincennes le plus que je pour-
» rai : mais les affaires m'appelleront fou-
» vent à Paris : je vais m'y livrer tout
» entier : je ne négligerai rien pour les
» rétablir : je serois trop heureux, si je
» pouvois dans quelques années rendre
» au jeune Roi la France acquittée, tran-

» quille, floriffante, en meilleur état que
» je ne la trouve ; c'eft-là toute mon am-
» bition. Ce projet, dit Me. de Mainte-
» tenon, eft très glorieux. Perfonne, re-
» prit le Duc d'Orléans, n'a plus d'in-
» térêt que moi à la confervation du
» jeune Prince : c'eft à moi d'en répon-
» dre : j'ai à préfent tout le pouvoir :
» je n'aurai point à combattre ceux qui
» en poffédant fa perfonne auroient pu
» le partager, & je ferai ravi de le lui
» remettre tout entier pour jouir du repos
» & de l'honneur que je me ferai ac-
» quis. Ces fentiments, *lui dit-elle*, font
» bien dignes de votre naiffance, & vous
» reconnoîtrez combien ils font glorieux,
« s'il eft vrai que vous n'ayiez point ce
» defir infatiable de régner, dont vous
» avez été toujours accufé. Hé ! *répon-*
» *dit-il*, fi je perdois le jeune Roi, ré-
» gnerois-je en paix ? nous aurions la
» guerre avec le Roi d'Efpagne, qui a
» encore bien des amis, quoique le tef-
» tament ne l'ait point appellé à la fuc-
» ceffion. Non, *repliqua-t-elle*, je ne croi-
» rai jamais les bruits qu'on répand con-
» tre V. A. R. Je connois la malice des
» hommes : vous la connoiffez auffi ; je
» vous fupplie donc de ne rien écouter
» de tout ce qu'on m'imputera fur votre

» sujet. Mon crédit est passé : je n'ai plus
» rien à dire : je ne pense qu'à me ren-
» fermer, & à me faire oublier de toute
» la terre. L'état des choses, mon in-
» clination, mon respect pour votre per-
» sonne, mon inutilité, tout m'impose
» silence : mais la seule obligation que je
» vous ai du bienfait dont vous m'as-
» surez, suffiroit pour m'écarter de toute
» intrigue. Je m'engage d'honneur à ne
» jamais rien dire ni faire contre V. A.
» R. On m'attribuera des discours ; on
» m'accusera de commerce avec l'Espa-
» gne ; tout cela sera faux, & je ne pen-
» serai plus aux affaires que pour prier
» pour le bonheur de la France. Et moi ,
» Madame, dit le Régent, je vous pro-
» teste que vous trouverez toujours en
» moi un ami, & St. Cyr un protecteur.
» La place que vous aviez , vous a donné
» beaucoup de liaisons ; & votre retraite
» ne vous garantira pas d'importunités :
» je serai toujours prêt à vous servir :
» il ne convient pas que vous vous adres-
» siez à d'autres qu'à moi. Mes plus gran-
» des instances, *répondit-elle*, seront pour
» achever la fondation de St. Cyr. »

Après quelques compliments d'un côté, & des remerciments de l'autre, Mr.
le Régent demanda les Dames de la Com-

munauté, & leur dit : *J'ai voulu vous voir, Mefdames, pour vous affurer de toute la protection qui vous eſt due. Je n'ai rien à vous dire pour vous le perfuader : vous ſavez tout ce qu'on doit à celui qui vous a fondées & à celle qui vous gouverne. Je connois le mérite d'un établiſſement ſi utile au Royaume, & en particulier à la Nobleſſe. Pour tout ce que vous ſouhaiterez, Mefdames, pour tout ce que Me. de Maintenon deſirera, vous pouvez vous adreſſer à moi. Je ſerai toujours prêt à vous rendre ſervice. Je me recommande à vos prieres : la place où je me trouve, me les rend plus nécefſaires que jamais.*

Rien ne frappa plus le Régent, que la petiteſſe & la ſimplicité de l'appartement de Me. de Maintenon. On lui dit qu'elle avoit fait une infirmerie pour la Communauté, de celui que le feu Roi lui avoit bâti. Quelques Courtifans perfuadés qu'un reſſentiment l'avoit plutôt conduit à St. Cyr, que l'eſtime, voulurent s'égayer aux dépens de Me. de Maintenon : » Quel mal vous a-t-elle fait ? leur » dit le Prince : elle a ſervi beaucoup » de gens : elle n'a nui à perſonne. " Le difcours étant tombé ſur la Princeſſe des Urſins : » Pour celle-là, dit-il, c'eſt une

» intrigante ; & fans être capable de rien,
» elle s'eft mêlée de tout. "

Sa conduite envers ces deux Dames répondit à ces fentiments. Il abandonna Me,
des Urfins à fa deftinée, & fes bontés
adoucirent celles de Me. de Maintenon.
Il réduifit toutes les penfions ; mais il lui
conferva en entier celle de quatre mille
francs par mois qu'elle avoit fur la caffette : *penfion que fon défintéreffement lui
a rendue néceffaire*, dit le brevet par ordre exprès du Régent. Eloge qui commence à elle, & qui apparemment ne ten-
tera aucune Favorite. Elle en en eût peut-
être mérité un plus grand, fi elle eût
refufé cette penfion. Il femble que fon état
vouloit qu'elle n'en reçût que du Roi.
Un refpect délicat pour Louis XIV, lui
permettoit-il d'accepter ces bienfaits des
mains de celui qui venoit de fouler au
pied fon Teftament ? Devoit-elle foumettre fa reconnoiffance, fentiment dont la
veuve d'un Roi doit être fi jaloufe pour
lui, à une autorité illégitime, à laquelle,
comme fujette, elle devoit obéir, mais,
comme femme de Louis, fe dérober en fecret ? Le plus beau des fpectacles pour les
grandes ames, eût été Françoife d'Aubigné, pauvre après trente ans de regne, refufant d'être enrichie, fidelle par

ce refus aux mânes de fon époux, mé-
connoiffant feule un pouvoir ufurpé,
quoiqu'extérieurement foumife à ce même pouvoir, forçant à l'admiration le
Prince que cette réfiftance auroit porté
au reffentiment, & montrant à tout l'U-
nivers qu'un Roi qui ne vit plus peut être
encore aimé.

Voilà ce que la fageffe humaine lui eût
confeillé ; mais la piété Chrétienne ne
raifonne pas comme elle. Ce procédé eût
fatisfait l'orgueil, le monde, & fait gémir l'humilité. Me. de Maintenon crut
que fon amour pour le Roi, ne devoit fe
montrer que par fes prieres & par fa fou-
miffion au nouvel ordre que permettoit la
Providence. Ce n'étoit point à elle à braver le Régent, ni à contefter le droit de
donner, à celui qui donnoit au nom du
Roi. Peut-être auffi fut-elle féduite par fa
charité : pour une ame bienfaifante, qu'eft-
ce que de beaux fentiments en comparai-
fon de bonnes œuvres ? Après cet entretien, elle dit à Mlle. d'Aumale : » Si , par-
» mi tant de maux fi vivement fentis,
» quelque chofe peut aider à ma confola-
» tion, c'eft de penfer que je pourrai en-
» core affifter quelques malheureux : fans
» eux, que feroit cette penfion ? »

Elle fut fi contente du Duc d'Orléans ;

qu'elle écrivit fur le champ les principaux traits de fa converfation avec lui. Elle dit à Mlle. d'Aumale qui la lui demanda : » Je » vous la laifferai. " En effet, elle la joignit à fon teftament, peut-être comme une preuve modefte de fon mariage.

(1) La vifite du Régent fut fuivie de celle de Madame, fa mere, qui vint en grand habit : hommage rendu à fon élévation fecrete autant qu'à fa vertu. Elle lui annonça Me. de Berry & la Ducheffe d'Orléans. Soudain Me. de Maintenon fit partir un exprès, pour fupplier ces Princeffes de la laiffer prier & pleurer en liberté. Elle fit les mêmes inftances à toute la Maifon Royale, & fe refufa fans réferve à ces empreffements, peut-être finceres, mais fufpects après celui du Régent, & plus propres à flatter l'amour-propre, qu'à calmer la douleur.

Tous les Seigneurs fe préfenterent à fa porte pour lui faire leur compliment. Ils furent tous refufés. Elle avoit donné ordre qu'on ne lui annonçât que les Evêques. Elle fe repentit de cette exception : elle avoit efpéré qu'ils lui parleroient de Dieu : ils ne lui parlerent que du monde.

Le Maréchal de Villars demanda qu'il lui fût permis d'aller mêler ses larmes aux siennes. On lui répondit, que St. Cyr étoit inaccessible aux Héros comme aux Princes. Il répliqua qu'il alloit y mettre le siege. On se rendit; il étoit resté fidele au feu Roi.

(1) La Reine d'Angleterre ne put être excluse. Elle vint dans le plus grand deuil & avec le même cérémonial qu'elle eût observé pour une Princesse. En la voyant, elle lui tendit les bras; les pleurs coulerent de part & d'autre; à chaque circonstance que Madame de Maintenon lui racontoit de la mort chrétienne du Roi: » Le mien, disoit-elle, ne faisoit pas mieux: » voilà justement comme mon saint Roi » a fini. "

La Reine de Pologne, retirée à Blois, lui fit un compliment particulier. Tous ceux qui regretterent Louis XIV, lui adresserent leurs regrets. Le Roi d'Espagne, si bien servi par elle auprès de son grand-pere, fut le seul qui ne lui témoigna, ni considération, ni reconnoissance. Mlle. d'Aumale lui ayant dit: » Je suis surprise » que le Roi d'Espagne ne vous écrive

***

(1) 8 Septembre.

» pas ? Je le ferois bien plus, répondit-
» elle, " qu'il m'écrivit.

CHAPITRE IV.

Vie de Me. de Maintenon à St. Cyr.

SON premier soin fut de se défaire de
son train, quelque médiocre qu'il fût.
Elle assembla ses domestiques, les remercia de l'avoir bien servie, leur distribua
les restes de sa fortune passée, & les renvoya. Elle ne garda que deux femmes &
un valet de chambre au-dehors. Elle envoya ses chevaux au marché, disant : » Je
» ne puis me résoudre à nourrir six che-
» vaux, tandis que tant de Gentilshom-
» mes meurent de faim. "

Tout son revenu fut consacré au soulagement de quelques familles nobles. Elle
ne se réserva presque rien, & se refusa
souvent le nécessaire ; généreuse pour les
autres, avare pour elle-même, (1) Les

---

(1) Elle peint bien l'état de son ame dans la
lettre suivante à M. d'Aubigné, Archevèque
de Rouen : *Je suis à peu près comme vous m'a-*
vez laissée. Je crains l'orgueil, en repassant dans

Lettres - Patentes enjoignoient expresſé-
ment à St. Cyr de la nourrir elle & ſon
domeſtique; mais elle paya quatre mille
francs de penſion, & craignit encore d'ê-
tre à charge. Elle renchérit ſur la fruga-
lité de ſes repas, & ſe réduiſit à un ſeul
mêts. Son ſoupé étoit une taſſe de cho-
colat : dès le premier ſoir, elle s'en priva,
& ce fut pour toujours : » Je ne veux pas,
» dit - elle, faire à mes enfants des eſto-
» macs dévots. Elle n'uſa plus, ni de pâtes,
» ni de parfums : je n'ai plus celui pour
» qui je me ſervois de ces choſes-là. »
Elle ſe refuſa tout ce qui lui parut commode ou agréable, pour ne tenir plus à
rien, pour avoir davantage à donner aux
pauvres. A meſure qu'elle touchoit ſa penſion, elle la partageoit entre ceux dont les
beſoins parvenoient juſqu'à elle. Si elle
avoit pu oublier la perte qu'elle avoit faite,

---

ma mémoire les graces admirables que Dieu m'a
faites. Je crains l'ingratitude, en ne reconnoiſſant
pas avec aſſez d'actions de graces ſa main qui me
ſoutient, & me rend preſque inſenſible à ma perte
& à ma chûte. Je ne ſens que paix, douceur, joie,
confiance, quand je réfléchis à la premiere, & une
profonde indifférence quand je penſe à l'autre. Ne
m'écrivez point ſans quelques mots d'exhortations. Nos
cheres filles font ce qu'elles peuvent pour rendre ma
retraite agréable : elles n'y auront pas de peine.

les retranchements qu'elle étoit forcée de
faire à ſes aumônes, la lui auroient rappellée. » Je ne pleure point le Roi, diſoit-
» elle quelquefois, & il eſt maintenant
» heureux; mais il eſt bien dur de ſavoir
» tant de gens malheureux, & de ne pou-
» voir les ſecourir. " J'ai pris, dit Mlle.
d'Aumale, ſes dépenſes des années de 1717
& 1718. L'une va à 57942 liv., & l'autre à 68595, ſur leſquelles il n'y a pour
elle que quelques écharpes, & quelques
robes de chambre; tout le reſte eſt en
penſions ou en aumônes; je lui en ai vu
faire de très-conſidérables ſous des noms
empruntés; elle m'a dit ſouvent:

Le plaiſir de donner, eſt le ſeul qui me reſte.

Bientôt elle ſe fit un ſcrupule d'avoir
trop pleuré; & tandis que les plus ſaintes
admiroient ſa réſignation à la Providence,
elle ſe reprochoit de n'y pas être aſſez
ſoumiſe. C'eſt le propre des vertus chrétiennes, d'étonner ceux qui les voyent,
& d'allarmer ceux qui les ont; & rien
ne fait plus efficacement le bien, que la
crainte de ne le faire pas.

Dégagée du monde où le Roi ſeul
l'avoit retenue, enfin elle reſpira, & jouit
du bonheur d'être échappée du naufrage,
tant qu'éloignée de tous ſes amis, elle

n'apprit pas même par le bruit public les triftes aventures de cette mer orageufe. Elle s'abandonna dans fa retraite à ce recueillement qu'elle avoit toujours aimé, & que le tumulte de la Cour avoit fouvent interrompu. Elle éprouvoit enfin combien il eft doux de s'être donnée à Dieu de bonne heure, & garantie des vices d'un pays où on les refpire avec l'air, de ne recevoir que des rapports confolants de la confcience la plus féverement interrogée, d'avoir à perfectionner des vertus, & non des péchés à expier. Ce bonheur étoit court & tardif; mais fa vieilleffe lui en promettoit un prochain, & fa foi, un éternel.

Elle chercha quelque occupation qui pût éloigner d'elle l'ennui. Tantôt elle inftruifoit les Novices, tantôt elle partageoit avec les Maîtreffes des claffes les foins pénibles de l'éducation. Souvent elle avoit les Demoifelles dans fa chambre, & leur enfeignoit les éléments de la Religion, à lire, à écrire, à travailler, avec la douceur & l'affection qu'on a pour tout ce qu'on fait par goût. Elle affiftoit réguliérement aux récréations, & y paroiffoit auffi gaye, que fi elle s'y fût amufée. Elle difoit aux Dames, que c'étoit le vrai temps de connoître leurs filles, de

démêler les différents caracteres, & de
femer des maximes utiles fous l'appas du
plaifir. Elle étoit de tous les jeux, elle
en inventoit elle - même ; fa préfence ne
gênoit point ; elle refpiroit la joie & la
liberté ; on la refpectoit fans la craindre.

Me. de Vertrieux gouvernoit alors St.
Cyr. Me. de Maintenon fe foumit à fon
autorité, foit par laffitude de commander,
foit pour donner l'exemple de la dépen-
dance. Elle demandoit des permiffions,
comme auroit fait une fimple Dame de
St. Louis. Elle ne s'écartoit des regles,
qu'avec l'approbation de la Supérieure. Me.
de Vertrieux mourut : Me. de Glapion lui
fuccéda. Elle eut la voix de Me. de Maintenon ; elle avoit fon cœur, & le méritoit. Les charmes & l'étendue de fon efprit avoient brillé dès l'enfance. La piété,
fi fouvent accufée de retrécir l'ame, avoit
aggrandi la fienne : (1) & ce nom, à
St. Cyr, réveillera long-temps une idée
de perfection. Me. de Maintenon l'avoit
élevée, & lui obéit.

Elle foumit fes exercices de piété à la
Maîtreffe des Novices. Elle confacroit cha-

_____

(1) Voyez fon portrait dans les lettres aux Dames de St. Louis.

que mois un jour à la folitude. Là, fans
fociété, fans diftraction, elle fe préparoit à la mort, & fe jettoit dans cet avenir heureux que la Religion promet aux
fideles. Chaque année, elle paffoit une
femaine entiere dans le même recueillement, fans doute troublé par de fréquentes réfléxions fur les prodiges de fa vie,
aifément oubliés à Verfailles, vivement
rappellés dans le filence de St. Cyr. La
caducité de fon âge ne la difpenfa point
de cette fainte pratique. Elle demanda à
Me. du Perou, alors Maîtreffe des Novices, la regle de fes journées de retraite.
Le lendemain, elle trouva dans fon Oratoire le plan qu'elle avoit exigé ; elle répondit par ce billet : *Votre procédé feroit
parfait, ma chere mere, fi je trouvois de-
main la lifte de mes défauts, comme j'ai
trouvé celle de mes exercices.*

Me. du Perou, après l'avoir examinée
avec les yeux les plus critiques, jugea
que St. Cyr avoit une Inftitutrice accom-
plie. Cependant un grand défaut terniffoit
un peu l'éclat de tant de vertus. Me. de
Maintenon n'avoit ni la crédulité, ni la
foupçonneufe avarice, ni la triftefle importune, aucun des défauts de la vieilleffe ;
mais elle pouffoit à l'excès la crainte de

les avoir ; & cette crainte semble les donner tous.

Dans sa faveur, elle avoit toujours renvoyé à sa place les hommages rendus quelquefois à sa personne ; souvent elle avoit prié Me. de Caylus de la refuser à ses meilleures amies, & dit qu'on avoit besoin de se délasser d'elle par l'absence. Cette idée fit du progrès avec l'âge; elle naissoit d'une vertu, & produisit un défaut. Persuadée que les sentiments qu'on lui témoignoit étoient de pure bienséance, se regardant comme une de ces antiques qu'on estime plus à cause de la rareté, qu'à cause de leur prix, elle pensoit que l'amitié, le seul bien qui lui restât, avoit aussi disparu pour elle. Mlle. d'Aumale, malgré son attachement & ses assiduités, fut enveloppée dans ce soupçon; Me. de Glapion n'en fut pas exempte. L'une & l'autre, attentives à charmer ses ennuis, étoient souvent rebutées, non par aucune plainte, mais par des remerciments trop marqués, & par mille difficultés sur ce qu'elles projettoient pour l'égayer. Leurs cœurs pénétrés de tendresse, l'étoient de regret d'être si mal connus. Me. de Maintenon n'osoit dans ses moments de loisir les faire appeller de peur de les ennuyer; & elles n'osoient s'offrir, s'offrir, de peur que leurs empreſſements ne fuſſent attribués à la complaiſance. Ayant un jour demandé l'une des deux qui ſe trouva par haſard occupée ailleurs, elle alla ſoudain à l'Egliſe chercher aux pieds des Autéls une conſolation qu'elle ſe reprocha peut-être d'avoir cherchée dans ce qu'elle aimoit. Elle croyoit n'être qu'un objet de pitié pour elles, qui, de leur côté, témoins de ſes vertus, prêtes à l'invoquer ſi l'on pouvoit invoquer les vivants, ſe demandoient la cauſe de ces froideurs, & ne manifeſtoient qu'en tremblant leurs peines, de peur qu'elle ne les crût exagé-rées, ou qu'elle ne s'offenſât d'avoir été pénétrée. Cette extrême diſcrétion eût fait l'éloge d'une vieille qui n'eût été que reſpectable; dans une femme adorée à St. Cyr, c'étoit une foibleſſe..

Me. la Ducheſſe de Noailles ſollicitoit ardemment la permiſſion d'aller à St. Cyr, l'obtenoit, & en profitoit mal. Après avoir dit deux mots aſſez froids à ſa tante, elle s'enfermoit avec Me. de Radouay, qui avoit été ſa maîtreſſe avant que de l'être de Me. la Ducheſſe de Bourgogne. (1) Me. de Maintenon, qui vouloit qu'on

(1) *Extrait d'une lettre de Me. la Comteſſe D**. à Me. la Marquiſe de **.* Me. de Radouay avoit

répondît à des sentiments par des sentiments, voyoit ces préférences, &, malgré toute son humilité, ne s'accoutumoit
point à être humiliée, par ce qu'elle aimoit.

L'ingratitude des Courtisans, quoique depuis long-temps prévue, la jettoit
dans des réflexions défavorables au cœur
humain. L'intérêt ou le plaisir lui pa-
roissoient les seuls principes des affec-
tions : elle se croyoit inutile & importune, quoique St. Cyr, fermé par elle à
tous les vices du monde, ne dût guere
lui rappeller la ressemblance d'un Couvent avec une Cour. Elle répondit à quelqu'un qui l'exhortoit à se conserver, parce
qu'elle étoit nécessaire : » A la bonne heu-
» re, si je le suis : sinon, je ne puis trop-
» tôt mourir. »

---

toutes les qualités de Me. de Glapion sans en
excepter une, & quelques-unes que Me. de
Glapion n'avoit pas. Elle étoit Physicienne &
Chymiste. Le Roi lui fit faire un laboratoire que
je vis en 1731. Quoique capable de toutes les
charges, elle ne fut point Supérieure. Dans les
meilleures communautés, c'est un grand défaut
d'être trop aimée. Elle s'empoisonna, son verre
étant venu à se casser; mais le contrepoison la
tira d'affaire, avec trois ans qu'il fallut être au
lait.

La jaloufie vint encore tourmenter cette ame trop délicate. Elle aimoit uniquement Me. de Glapion, & craignoit de n'en être pas affez aimée. Elle la foupçonnoit de lui préférer Mlle. d'Aumale; cette prédilection lui paroiffoit naturelle, & ne l'affligeoit pas moins. De-là les féchereffes, les inégalités, les inquiétudes d'une perfonne qui voudroit infpirer autant de fentiments qu'on lui en infpire, & qui fe demande avec févérité, de quel droit elle le veut. Eft-ce une foibleffe d'avoir le cœur fi tendre ? je ne fais ; mais c'eft un grand malheur.

Ces défauts de caractere, Madame de Maintenon les avoit apportés du monde dans la folitude. On eft toujours foi : dans le monde, la diverfité d'objets & d'occupations les couvroit ; à St. Cyr, ils échappoient fans ceffe à fa vigilance fur elle-même. Dans fa jeuneffe, ils lui avoient ôté les plaifirs de la fociété ; dans un âge plus avancé, ils l'avoient rendue infenfible aux honneurs de la Cour ; dans fa vieilleffe, ils troublerent le repos de fa retraite. Un Auteur célebre (1) voudroit

_____

(1) Effais de Morale & de Littérature, par M. l'Abbé Trublet. Tom. III.

qu'on écrivît l'Hiſtoire des heureux du
ſiecle ; rien ne feroit plus haïr le bonheur.

Ses plus intimes confidentes voyoient
ſeules ces variations d'humeur toujours
ſévérement réprimées. L'habitude de ſe
vaincre leur en cachoit même une partie.

Elle portoit entre elle & Dieu des maux
dont elle ne ſe plaignoit jamais. Accablée de
fievres ou de migraines, elle ne récou-
roit point aux ſoulagements, à moins que
la violence de la douleur ne trahît ſon
courage. Ennemie de toutes les délica-
teſſes, elle comptoit pour rien le travail,
la fatigue, les incommodités des ſaiſons.
Les plaintes ſont les adouciſſements des
ſouffrances ; elle ſe les défendoit, non
comme des lâchetés, mais comme des ré-
voltes côntre la main qui les diſtribue
& les récompenſe. Elle garda juſqu'à ſa
mort une femme de chambre, qui la ſer-
voit fort mal, & qu'elle ne pouvoit ſup-
porter. On la preſſoit de la renvoyer : » Je
» m'en garderai bien, dit-elle, perſonne
» ne m'a mieux ſervi ; depuis vingt-cinq
» ans, elle exerce ma patience. ” Parmi
ſes perfections, celles qui ne lui étant pas
naturelles, étoient en elle des vertus, à
force d'être pratiquées, devinrent en elle
des qualités : unique but de la ſcience des

mœurs ; la Philofophie y afpire , & le Chriftianifme l'atteint.

La défiance eût refroidi fa piété , fi quelque chofe eût pû l'attiédir. Depuis long-temps défabufée des directions qu'elle croyoit prefque toutes intéreffées , elle n'avoit point donné de fucceffeur à l'Evêque de Chartres. Elle s'étoit bornée à dire fes péchés à l'Abbé Briderey , fon Confeffeur, fans demander à perfonne des confeils, mais toujours conduite par les maximes de M. Defmarais , qu'une lecture fréquente de fes écrits lui retraçoit. Cette unique confolation lui reftoit ; & elle lui fut ravie. Elle découvrit que l'Abbé Briderey étoit Janféniste. Son averfion pour toute héréfie , ne lui permettoit pas de fe fier à un ennemi fecret de l'Eglife ; fa bonté naturelle lui défendoit d'ôter fa confiance à un homme qui en avoit joui dix-fept ans. Elle n'étoit fûre que d'un penchant ; elle craignoit qu'un changement de Confeffeur n'accufât le Lazariste de quelque chofe de plus. Elle n'ofoit approfondir fes foupçons, de peur qu'ils ne tournaffent en certitude ; elle n'ofoit les rejetter, de peur de fe tromper elle-même. Parler ouvertement à l'Abbé Briderey , c'étoit l'expofer à un menfonge ; car quel Janféniste ne nie pas qu'il le foit ? lui cacher les peines d'efprit qu'il infpire, c'eft refter volontairement dans un doute, qu'il importe d'éclaircir. Le renvoyer, c'eft nuire au corps auquel il appartient ; le garder, c'eft attirer fur St. Cyr les prieres des Janféniftes pires encore que leurs malédictions, &, fur elle-même, le reproche d'une tolérance criminelle pour un parti que le Régent fait triompher. On fent à quelles agitations ces idées devoient livrer une ame exceffivement Catholique. Elle prit le parti de fe taire, de communier plus fouvent pour fe confeffer moins, & de fe confoler avec Dieu.

Les heures qu'elle donnoit à la priere, couloient le plus rapidement. » Voulez-
» vous abréger le temps, difoit-elle,
» paffez-le avec Dieu. " Et quelque-
» fois : » que les journées font cour-
» tes, quand on travaille pour lui !
» Tout le lui rendoit préfent. Je chan-
» tois devant elle, dit Mlle. d'Aumale,
» un cantique de Racine ; quand je fus
» à ces vers :

O Sageffe ! ta parole
Fit éclore l'Univers !

» elle parut dans l'admiration, jetta quel-

» ques larmes, & me les fit répéter. »
Toutes les fois qu'elle entendoit le trio
d'Esther :

Ah ! qui peut avec Dieu partager notre amour ?

elle étoit comme ravie en extase. Nous
autres mondains, nous ne concevons ni
la nécessité, ni les plaisirs de cette présence
continuelle de Dieu ; quand nos passions
se taisent, nous le voyons sous l'idée d'un
Juge irrité de nos fautes ; les vrais Chrétiens le voyent sous celle d'un pere satisfait de leurs foibles sentiments. Aussi
Me. de Maintenon disoit-elle : » Je n'ai-
» me point ces paroles: *Il est terrible de*
» *tomber entre les mains du Dieu vivant :*
» Il me semble qu'il n'est rien de plus
» doux. »
Pressée du desir de voir enfin cet Etre
si tendrement aimé, elle appelloit la mort,
non comme le terme de ses ennuis, mais
comme le commencement de son bonheur. Mlle. d'Aumale lui ayant dit qu'elle
craignoit d'aller en Enfer : » Ah ! mon
» Dieu ! s'écria Me. de Maintenon, peut-
» on avoir cette pensée ? Pour moi, je
» vous avoue que cela ne m'est jamais
» entré dans l'esprit ; oui, il m'est im-
» possible de penser que je serai damnée. »

Les Proteſtants rigides, en voyant ſortir tant de piété du ſein de l'erreur, ſou-
tiendront-ils encore que Dieu nous juge
ſur nos opinions ?

Elle n'avoit acquis que par degrés ce
goût vif pour l'Oraiſon. Les premiers exercices lui avoient beaucoup coûté.

» Mon inapplication, diſoit-elle aux
» Dames de St. Louis, me dégoûtoit au-
» trefois de la priere. D'ailleurs, je penſois
» qu'il valoit mieux conſoler une per-
» ſonne affligée, en viſiter une malade,
» que d'aller devant Dieu, la tête pleine
» d'affaires, m'y ennuyer, m'y livrer
» ſouvent à la légéreté de mes penſées.
» Je me diſois, il faut au Chrétien une
» vie active ; je médite ici ſur les per-
» fections de Dieu, & cependant mon
» anti - chambre eſt pleine de gens,
» dont je pourrois écouter & ſoulager
» les beſoins. Mais après une longue
» expérience, j'ai reconnu que les in-
» conſtances de l'eſprit peuvent être
» fixées par l'idée qu'on converſe avec
» le plus reſpectable des Êtres, & que
» la priere eſt l'aliment du Chrétien.
» Sans elle, on compte ſur ſa pruden-
» ce, & Dieu n'en bénit pas les pro-
» jets ; on languit, on ſe relâche, on
» ſe laſſe, on rapporte tout à ſoi, le

» cœur se desseche. On se flattoit d'ê-
» tre bienfaisant, & l'on est tout surpris
» de ne se trouver que dissipé. On a fait
» de bonnes œuvres, & l'on n'en a pas
» fait à Dieu cette offre, qui peut seule
» leur donner du prix ; le goût, l'humeur,
» le plaisir ont été le principe de la cha-
» rité, & en font la stérile récompense.
» Enfin, je ne date la paix dont j'ai
» joui, que du moment, où, soumise à
» mes Directeurs, j'ai destiné, suivant
» leurs avis, un certain temps à l'Orai-
» son. "

C'est ainsi qu'elle se servoit de tout
pour persuader ses enfants d'entretenir avec
Dieu ce saint commerce, si peu connu dans
les Couvents, quoiqu'il les ait tous fondés.
Elle parloit à Me. de Glapion, à Mlle.
d'Aumale, à Me. de Berval (1), à Me.
du Perou, de ses défauts, de ses bonnes
qualités, comme si elle eût parlé d'une autre. Morte à tout sentiment d'orgueil, elle
sembloit être devenue étrangere à elle-même. En elle, hors d'elle, tout ce qui pouvoit être utile à ses filles leur appartenoit,

_____

(1) Me. de Berval prétendoit qu'elle seule pouvoit écrire la Vie de Me. de Maintenon, & n'a
rien écrit.

N v

sans idée d'oftentation, comme sans fausse modestie : elle avoit des entrailles de mere, elle avoit droit d'en avoir les épanchements.

Après la recréation, où elle étoit fort affidue même dans ses maladies, elle instruifoit les filles du Noviciat, formées par ses discours & par ses exemples. Quand elle parloit des devoirs de la vie religieuse, on eût dit qu'elle les avoit tous remplis : quand elle parloit de Dieu, on étoit pénétré du feu facré du pur amour. Les Dames de St. Louis defiroient un jour que Dieu leur donnât une portion de l'esprit dont elle étoit animée, comme il avoit fait paffer dans les foixante-douze vieillards celui de Moïse leur Chef. » Ah! » dit-elle, quel Chef! & c'eft ce qui m'en » fait plaindre les membres : mais tous » les inftruments ne font-ils pas égaux » entre les mains de Dieu ? Quand je pen- » fe, ajoutoit-elle, que tous les Or- » dres Religieux, quoique fondés par des » Saints, ont eu befoin de réforme, je » me dis : Hélas! que deviendra St. Cyr, » qui n'a pas eu de fi heureux commen- » cements ? »

Cependant elle y a laiffé des écrits qui s'oppoferont au relâchement, tant que le goût pour les chofes fimples, droites, utiles, durera dans cette maison. Tel eſt celui qu'on nomme l'*Eſprit de l'inſtitut.* Elle le compoſa en entier. Mais pour qu'il ne portât jamais ſon nom, elle le fit corriger par l'Evêque de Chartres, & approuver par le Roi, qui le ſigna. Les Dames de St. Louis deſirerent qu'elle le ſignât auſſi : elle leur repondit : » Il vaut bien » mieuxque celles qui ſuivront, le croyent » d'un Evêque que d'une femme. Votre » amitié pour moi vous attache à tout » ce qui vient de moi : je ſerai très-in- » différente à votre poſtérité. " Dans les délibérations du Conſeil, elle opinoit avec une modeſtie qui laiſſoit toute la liberté aux ſuffrages, & avec une ſageſſe qui la leur ôtoit.

Il fallut un ordre de Mr. de Chartres pour ſauver du feu un grand nombre d'écrits fort précieux à St. Cyr. C'étoient des inſtructions recueillies ſur le champ par celles qui les écoutoient. Me. de Maintenon les revit, & raya tout ce qu'elle n'approuva point. C'étoit le ſtyle de Tobie, de Jeſus, fils de Sirach; du bon, du beau, du vrai, tel qu'il ſortoit d'un cœur qui en étoit rempli. Quand elle lut le recueil de Me. de Bouju, de St. Cyr, elle s'écrioit à chaque inſtant : *Mais voilà des choſes que je n'ai jamais dites, ni penſées!*

N vj

Me. de Bouju avoit une piété fort âpre:
& tout ce que Me. de Maintenon avoit
dit de doux, s'étoit aigri en passant par sa
plume.

En voyant St. Cyr de suite, elle apperçut dans les réglements quelques défauts. Sa premiere idée fut d'y remédier:
par prudence elle s'en abstint, & dit à
Mlle. d'Aumale : » Ne changeons rien :
» l'exemple seroit dangereux ; dans la suite
» on ne cesseroit de changer. " Elle ins-
piroit à ses éleves un grand respect pour
ses Religieuses : à la table sacrée, elle sui-
voit les Dames de St. Louis, & précé-
doit les Demoiselles : on la prioit d'y aller la premiere ; elle répondoit : » Ne suis-
» je pas trop honorée de marcher après
» le Clergé & à la tête de la Noblesse ? "
Elle étoit indignée de l'orgueil qui accom-
pagne les Grands, jusques dans leurs actes de dévotion : » A l'Eglise, disoit-el-
» le, la différence de condition disparoît,
» & j'en suis ravie : Léger communie à
» côté de moi, & souvent mieux que
» moi. " Ce n'étoit pas la femme de chambre qui vouloit être autant que sa maîtresse : c'étoit la maîtresse qui aspiroit à
n'être pas plus que sa femme de chambre.
Le Sage dit, que tous les hommes sont
égaux, & le vrai dévot le croit.

DE MAINTENON. 301

Ses infirmités ne diminuoient point son
zele pour l'éducation des Demoiselles de
St. Louis. Ne pouvant monter aux classes, elle souhaita d'en avoir un certain
nombre dans son appartement. Les maîtresses en firent la récompense du mérite. Mlles. de Mornay & de Montchevreuil furent préférées à cause de leurs
talents, & de leur nom qui lui fut toujours cher, & qui le sera long-temps à
St. Cyr. Sa douceur étonnoit les Dames
de St. Louis les plus patientes : » Rien
» n'est moins raisonnable, disoit-elle, que
» de vouloir que les enfants le soient. »
Son esprit se raccourcissoit ou s'étendoit
à son gré. Mlle. de la Tour fut élevée par
elle : c'étoit la fille d'un Gentilhomme
d'Auvergne, dont la famille composée de
vingt enfants, tous de la même mere,
vivoit dans une honnête pauvreté. Elle
plut à Me. de Maintenon : ses graces, sa
naïveté, sa douceur, & encore plus la
délicatesse de sa complexion, l'engagerent à la prendre auprès d'elle. L'enfant
répondit à cette tendresse. Me. de Maintenon s'y attacha, & si fortement, qu'elle
avoit besoin d'être rassurée sur cette inclination : car elle ne vouloit tenir au
monde par aucun lien : » A tout âge,
» disoit-elle, il faut à l'homme une pou-

» pée. " Toutefois, elle trouvoit dans cet amusement l'exercice de la charité & de l'instruction. Mlle. de la Tour acquit dès l'enfance toutes les qualités d'une excellente Religieuse. Me. de Maintenon la recommanda dans son testament aux Dames de St. Louis, qui n'ont pu lui faire un meilleur sort que de l'associer au leur. La faveur de l'enfant fit le bonheur de toute sa famille. Ses freres furent placés, ses sœurs dotées.

Me. de Maintenon alloit échapper au monde, & sa charité apprenoit tous les trois mois à ses pensionnaires qu'elle y étoit encore. Elle payoit ses aumônes comme des dettes. Nul nécessiteux ne fut refusé par elle. Quelquefois elle entretenoit les Demoiselles de St. Louis de leurs parents : & d'après les détails naïfs de quelque misere évidente, elle envoyoit au fond d'une Province des secours secrets & inattendus.

Pour multiplier ses bienfaits, elle les bornoit ordinairement au nécessaire, ou au commode. Donner le superflu à ces personnes qui le demandent plutôt par vanité que par habitude d'en jouir, lui paroissoit un larcin fait à ses pauvres. On l'accusoit de n'être pas libérale : elle étoit plus, elle étoit charitable.

· Cependant emportée par sa générosi-
té, elle excédoit souvent les bornes
qu'elle s'étoit prescrites, & ne calculoit
pas rigoureusement avec l'orgueil hu-
milié. Des dons considérables portoient
l'abondance dans des familles qui y étoient
accoutumées : elle entretenoit dans un
état décent plusieurs femmes de qualité,
dont je tais le nom, parce que certains
propos de leurs enfants m'ont appris
que dans ces maisons-là, on rougit bien
plus d'être pauvre que d'être ingrat. On
feroit un volume de ce qu'on sait de ses
charités, & un plus gros sans doute
de celles que sa main gauche a igno-
rées.

La solitude où elle s'étoit condamnée,
eut pour elle des jours nébuleux : on le
devinoit à Paris : à St. Cyr, on ne s'en
appercevoit pas. Quelques-uns soutenoient
qu'elle sortiroit du Couvent, & elle n'en
sortit que pour aller voir les pauvres du
village. Accoutumée à beaucoup de visites, aux affaires, au genre de vie le plus
varié, elle s'ennuyoit dans une maison
où elle ne voyoit que les mêmes personnes, d'où elle avoit banni les nouvelles,
où tous les jours se ressembloient. Le
souvenir du passé lui gâtoit le présent.
Mais habituée à se vaincre, elle ne per-

mit jamais à ces ennuis d'éclater. On ne
les sut qu'après sa mort : son Confesseur
avoüa, qu'elle avoit eu des combats à
rendre, mais que ces troubles intérieurs
n'avoient été que passagers. La grace ré-
paroit bien vîte dans ce cœur fidele, ce
que la nature y détruisoit.

Elle eût pu se rapprocher des sociétés
agréables qu'elle avoit quittées. Mesda-
mes de Dangeau, de Caylus, de Lévis
essayoient de l'y rappeller. Soit défiance
de ses goûts, soit indifférence pour tout
ce qui lui avoit plu, elle vit rarement
ses anciens amis. A quelle Favorite en
reste-t-il après sa chûte ? Me. de Maintenon avoit conservé tous les siens : Villars, d'Harcourt, Villeroi, d'Uxelles,
Rohan, Ventadour, les noms les plus so-
nores de la Cour du Régent, l'honoroient,
la recherchoient comme si elle eût été sur
le Trône.

Sa conversation avoit encore des charmes : son corps étoit infirme : la vieil-
lesse n'avoit respecté que son ouie & ses
yeux : mais le cœur & l'esprit étoient
entiers. Elle écrivoit, parloit, pensoit
avec toute la justesse & tout le feu de
ses premieres années. Un jour qu'elle faisoit une réprimande aux Demoiselles as-
semblées, une nouvelle servante qui l'en-

tendoit, l'interrompit en s'écriant : *Pardi, voilà encore une maîtresse femme !*

Lorsqu'elle étoit à la Cour, au centre de l'esprit, elle l'avoit dédaigné & banni de St. Cyr. Dès qu'elle fut dans un Couvent, elle sentit combien l'oisiveté du Courtisan avoit besoin de cette ressource, & que les choses d'esprit contribuent fort à la paix du cœur. Musique, scenes de tragédies, contes agréables, petits spectacles, jolis couplets, livres intéressants, innocentes frivolités, en un mot tout ce qu'elle avoit proscrit, fut rappellé. On lui lisoit les Mémoires du Cardinal de Retz, où sont peintes tant de personnes qu'elle avoit connues ; l'Histoire de le Vassor, où elle est obliquement attaquée ; le P. Daniel, qui cite toujours son grand-pere avec éloge. Le manuscrit de Mlle. d'Aumale ne dit point ce qu'elle pensoit de ces livres. Dans une brochure du Janséniste Villefor, elle lut que *Me. de Maintenon étoit pleine de bonnes intentions, mais timide, d'un caractere droit, mais peu elevé, toujours décidée par l'intérêt personnel du Roi ;* elle sourit, jugeant sans doute que si elle étoit cela, elle étoit tout ce que devoit être une femme, & que l'amour conjugal, en renfermant tous ses devoirs, justifioit toutes ses fautes.

La part qu'elle avoit eue aux affaires, son zele pour l'Eglise, son amour pour l'Etat ne lui permettoient pas d'être indifférente sur les événements de la Régence. Elle eût voulu tout ignorer, & demandoit qu'on lui dît tout : » La curiosité, disoit-elle, est le dernier sentiment qui meurt en nous; j'ai vu les choses de trop près. " Jettons un coup d'œil sur ce qui pouvoit l'intéresser : son caractere est connu : le récit des faits sera celui de ses sentiments.

CHAPITRE V.

Affaires publiques.

LE premier soin du Régent fut de gagner les Jansénistes : il étoit sûr d'avoir les Jésuites quand il voudroit. Le second, fut de poursuivre les Traitants. On érigea contre eux une commission, qui eût été fort utile, si l'on en eût ensuite érigé une contre les Commissaires. Les maîtresses, les favoris vendirent leur protection aux coupables; les Juges, leurs sentences. Mr. de Fourqueux, Procureur-Général de ce Tribunal, fut surnommé le Garde des Sceaux, parce qu'il avoit eu en par-

tage les sceaux d'argent de Bourvalais,
dont la dépouille fut distribuée entre les
amis du Prince. Les plus opulents parurent les moins criminels. Le peuple cria
contre l'iniquité de cette Chambre de Justice, apparemment la derniere qu'on éri-
gera. Que la France soit volée par le Fi-
nancier ou par le Courtisan, qu'importe, si son destin est d'être au pillage?
Les Jésuites & les Financiers se consolo-
loient mutuellement : *On n'en veut*, se di-
soient-ils, *qu'aux gens de bien.*

Le Régent avoit promis au Duc de Bourbon d'ôter aux Princes légitimés le rang
& les prérogatives que Louis XIV avoit
osé leur donner ; mais irrité de cette élévation tant qu'il avoit obéi, il dédaignoit
d'en être jaloux depuis qu'il régnoit. Le
Duc de Bourbon lui rappelloit ses promesses. Le Duc d'Orléans en différoit l'exécution, & en donnoit de contraires au
Duc du Maine. Les Princes, craignant
qu'il ne se jouât d'eux comme de sa parole, demanderent dans une requête au
Roi un Lit de Justice. Les Légitimés en
présenterent une autre pour être renvoyés
à la majorité. Le Régent goûta cet expédient : il sentoit qu'un Tuteur a droit
de faire des Réglements, & non de casser
des Loix.

Mais on lui dit que la demande du Duc du Maine & du Comte de Toulouse attaquoit son autorité, qui, pour être précaire, n'étoit pas moins absolue. On persuade aisément au pouvoir ce qui l'augmente. Il crut son honneur intéressé à juger ce grand procès. » L'autorité royale, disoit-il, n'est jamais mineure. " Mais l'exercice ne doit-il pas l'être entre les mains d'un Régent, sur-tout dans une Monarchie où nul Corps n'est évidemment dépositaire des droits du Prince, ni protecteur de ceux du peuple ? Il nomma des Commissaires : & les enfants du Roi furent dégradés comme ils avoient été élevés, contre les formes. Tous leurs mémoires furent réfutés : aucun ne méritoit de l'être. Ils en appellerent aux Etats-Généraux du Royaume : le Parlement ne statua rien sur leur protestation, & le Régent mit à la Bastille quelques Gentilshommes qui en avoient engagé trenteneuf à faire le même appel. (1) Du reste, l'Edit qui condamna les Princes légitimés, n'eut point ce caractere d'emportement & de partialité qu'on attendoit du Conseil de Régence. Le Monarque y re-

_____

(1) 2 Juillet 1717.

connoît qu'il ne peut difpofer de la Couronne, & que c'eſt à la Nation à fe donner un maître, quand les Bourbons ne le
feront plus; mais il laiſſe le Duc du Maine
& le Comte de Touloufe en poſſeſſion de
la préféance de leur Duché.

Quelque criante que fût l'injuſtice que
le feu Roi avoit faite à la Nation, il eſt
étonnant qu'elle n'ait pas fubfifté plus
long-temps : les Princes du Sang, devenus les époux de fes filles naturelles, pa-
roiſſoient engagés à la maintenir. L'aſſo-
ciation de leurs beaux-freres à leur rang,
fembloit effacer la tache de leur méſal-
liance. L'Edit de Juillet de 1714, laiſſoit
encore une aſſez grande diſtance entre les
Princes légitimes & les Princes légitimés :
nos loix en établiſſent une infinie, & nos
mœurs l'auroient conſervée. Le Duc d'Orléans fit ces réflexions, & modéra l'im-
pétuofité du Duc de Bourbon, qui, perfonnellement ennemi du Duc du Maine,
fon protecteur auprès de fon pere, vouloit le faire déclarer fils du Marquis de
Monteſpan, par un Arrêt du Parlement :
le meilleur fermon qu'on eût pu prêcher
contre le defpotifme & l'adultere.

Le Régent, craignant que le Roi ne
mourût, voulut s'aſſurer de la Couronne,
& en exclure la branche d'Anjou. L'Abbé

Dubois signa à Londres & à La Haye le Traité de la Quadruple Alliance, tendant à maintenir George sur le Trône d'Angleterre, & à placer Philippe d'Orléans sur celui de France. Le Prétendant fut sacrifié à ce projet ; & deux Anglois, qui s'étoient chargés de l'assassiner à Evreux, furent découverts, saisis, convaincus, & élargis.

Desmarets fut renvoyé des Finances, après avoir présenté pour son apologie un Mémoire qui démontroit qu'il étoit seul capable de les administrer. Le Duc de Noailles fut Président du Conseil des Finances ; & le Visa délivra dans un jour la France de trois cents trente-trois millions de dettes, en punissant tous les sujets, par des réductions méthodiques & presque équitables des billets de monnoie, du malheur d'avoir eu un Roi belliqueux. Le préambule de l'Edit étoit fort doux, & le dispositif fort amer ; le peuple étoit égorgé avec toute l'humanité possible : les besoins de l'Etat justifient tout.

Le Régent vouloit tout voir, étoit de tous les Bureaux, semoit la division parmi les Ministres pour n'être pas trompé ; & voyant qu'il l'étoit, en changeoit comme de maîtresse, ne parloit que de l'intérêt de l'Etat, & ne songeoit qu'au sien.

Peu laborieux, mais actif; aimant tout, & ne se passionnant pour rien; permettant à ses Favoris d'abuser de sa bonté, & abusant lui-même de sa pénétration; protégeant ou opprimant la Religion, doutant qu'il y en eût une, & ne se souciant pas d'en être éclairci, il donnoit tout le jour aux affaires, & une partie de la nuit aux plaisirs, où son ame sembloit reprendre une nouvelle vigueur pour les travaux & les débauches du lendemain.

M. Voisin mourut subitement. Le Duc de Noailles demanda pour lui-même sa place de St. Cyr, & pour M. Daguesseau son ami celle de Chancelier : il obtint l'une & l'autre. Le Duc d'Orléans fut en danger de perdre la vue; on prétendit que le nouveau Chancelier, le Duc de Noailles, & le Cardinal son oncle avoient délibéré si on lui ôteroit la Régence. Ce fait n'est guere vraisemblable; il l'est encore moins que le Prince ait pu être instruit des desseins de gens profondément secrets. Quoi qu'il en soit, le Chancelier, l'idole du parti Janséniste, fut envoyé à Frêne, & le Duc de Noailles se retira. Les Sceaux & les Finances furent donnés à M. d'Argenson, qui valoit bien deux hommes, mais qui ne valoit point ces deux-là. Né d'aïeux illustres, réduit par l'indigence à la Charge de Lieutenant-Général du Préfidial d'Angoulême, parvenu à celle de Lieutenant de Police par la protection de M. Pelletier, qui connoiffoit fon feul mérite, fous ce titre, Miniftre de Paris, haï de la populace à caufe de fa dureté, eftimé des citoyens à caufe de fa vigilance, propre à tous les Emplois, & fous Louis XIV, écarté des premiers parce qu'il excelloit dans le fien, pauvre, défintéreffé, & foupçonné de péculat, échappé à la Chambre de Juftice par la force de la vérité & par l'éclat de fon nom, prépofé à la réformation des mœurs, & accufé de les corrompre, craint des Jéfuites, quoiqu'il leur parût dévoué; difant fans ceffe que les honneurs de la Régence n'étoient que des *honneurs ambulants*, & mort de regret d'avoir perdu ces honneurs fi méprifés: le feul homme qui ait fu humilier le Parlement, & pourtant fauver la Nation (1)

(2) Law partageoit avec le Garde des Sceaux la confiance du Régent. Le Parlement le décréta d'ajournement perfonnel.

Le

---

(1) En confeillant l'Edit qui rendoit à l'argent fa valeur.

(2) 26 Août 1718.

Le Roi tint un lit de Juſtice, où toutes
les prérogatives de Chancelier furent attribuées à M. d'Argenſon, où tout ce que
cette Compagnie avoit fait ſur les Mon-
noies fut caſſé ; les Ducs & Pairs, rétablis
dans le droit de préſéance ſur les Préſi-
dents à Mortier ; la ſur-intendance de l'é-
ducation du mineur donnée au Duc de
Bourbon, ſortant lui-même de minorité ;
le Duc du Maine, odieux au Régent pour
avoir déſapprouvé la quadruple Alliance,
réduit à la ſimple qualité de Pair; le Comte
de Toulouſe, maintenu ſans raiſon dans
la poſſeſſion des honneurs ôtés ſans raiſon à ſon frere ; le Parlement, forcé à l'en-
régiſtrement de ces étranges nouveautés,
& par conſéquent, l'Etat au bord du
précipice.

Les eſpérances qu'on avoit conçues de
la Régence, s'évanouirent. On regretta
Louis XIV. On convint que le Conſeil
établi par le Teſtament eût été plus ſage
& plus utile, que tous ces bureaux, où
l'on délibéroit de tout, ſans rien réſou-
dre. On ſe répentoit d'avoir mépriſé ſes
dernieres volontés, qui étoient comme
l'abrégé de toute la politique qu'une longue expérience lui avoit appriſe. Les deux
partis qui diviſoient l'Egliſe, s'accordoient
à fronder le nouveau Gouvernement. Le

Duc d'Orléans avoit presque autant d'ennemis que de François. La Bretagne, le
Poitou, la Normandie étoient mécontent-
tes, & sa Cour étoit pleine de ses ennemis. On rappelloit les anciennes calomnies ; on y en ajoutoit de nouvelles ; on
trembloit pour les jours du jeune Louis,
de bonne-heure notre *bien-aimé* ; on avoit
trouvé des biscuits empoisonnés dans ses
poches ; le Maréchal de Villeroi l'avoit
garanti d'une prise de tabac qui l'auroit
tué ; Me. de Ventadour l'avoit empêché
de manger d'une collation qu'on lui avoit
servie ; & mille autres bruits insensés,
qui prouvoient & augmentoient la haine
publique. Le Régent avoit dit : » Il y a
» deux choses que je ne souffrirai jamais
» quand je devrois être brûlé vif : la pre-
» miere, qu'on attente à la vie de cet
» enfant ; la seconde, que l'Espagnol re-
» gne en France. " Ceux qui le connoissoient, n'en doutoient pas. Mais le peuple ne voyoit que son libertinage, & dans
ce libertinage, l'inclination à tout oser.
Fontenelle, témoin de l'indignation publique, lui dit : » Eh bien, Monseigneur,
» comment vous tirerez-vous de tout
» ceci? Fort bien, lui répondit le Prince ".

Toutes ses démarches sembloient tendre à s'assurer la succession. Au-dedans,

il augmenta la paye du soldat ; il donna du pain à la populace ; il séduisit les Grands en les associant à ses plaisirs ; il gagna tous les citoyens par l'attrait du repos (1). Au-dehors, il se lia par des Traités avec les ennemis naturels de la France, pour se préparer un appui contre le Roi d'Espagne en cas de concurrence. Dans cette vue, il sacrifia Mardick, le commerce & des sommes considérables à l'union avec l'Angleterre. Il consentit, en abandonnant la Sicile, de porter la Maison d'Autriche au plus haut degré de puissance, & pour ainsi dire, à lui assurer l'Empire d'Italie. Ces mesures eussent été aisément rompues. Philippe V eût détaché les Princes de l'Europe des intérêts du Duc d'Orléans, en les laissant les maîtres de disposer de la Couronne d'Espagne. Il eût gagné tous les François, en leur montrant le petit-fils de Louis XIV.

Le Régent fit valoir la validité des renonciations, dans un Livre composé par son ordre, sous le titre de *Lettre de Fitz-Moritz*. Cet écrit souleva toute la France.

---

(1) *Civile rebatur misceri voluntatibus vulgi ; militem donis, populum annonâ, cunctos dulcedine otii pellexit.* Tacit. Ann.

On y tuoit à chaque page le jeune Roi, qui, heureusement, ne s'en portoit pas plus mal : & sur le fondement de sa mort, on élevoit un grand édifice de systêmes politiques. Pourquoi, disoit-on, pourquoi supposer, anticiper un malheur que nous ne pouvons imaginer sans frémir ? Pourquoi fixer sans cesse nos yeux sur ce point chimérique de la ruine de l'Etat, malgré l'affection que nous avons pour cet enfant, malgré la nature qui le fortifie, malgré le Ciel qui le conserve ?

Alors parurent ces fameuses Philippiques, Vers sans Poésie, Odes sans enthousiasme, plus dignes encore d'être méprisées que punies. Le Régent pardonna les insultes des satyriques ; mais ses Ministres le vengerent : ils jettoient & oublioient dans les prisons d'Etat les beaux esprits coupables ou accusés de l'être, tandis que le Prince ne répondoit à l'épigramme que par une épigramme meilleure. Un jeune Poëte, soupçonné d'avoir écrit contre lui, & qui depuis a écrit contre tout le monde, se plaignant au pont de Seve d'avoir été brutalement châtié : *Que demandez-vous ?* lui dit le Régent. *Justice,* répondit le jeune homme. *Elle est faite,* repliqua le Prince.

Ses maîtresses ne le gouvernoient point :

la Comtesse de P...., livrée à ses ennemis, crut que l'instant de foiblesse étoit
arrivé, & osa le sonder sur une affaire
importante. L'amant saute du lit, & la
prenant par la main, la conduit devant
une glace : » Vois-tu cette tête charman-
» te ? lui dit-il; elle est faite pour les
» caresses de l'amour, mais non pour
» les secrets de l'Etat ".

Quoiqu'il se jouât de la Religion, il
comprit enfin qu'elle étoit le meilleur ressort du Gouvernement, & que la corruption ou la réformation des mœurs
dépendoit du choix des Ecclésiastiques.
Un Abbé de grande qualité lui disant :
» Je serai déshonoré, si vous ne me
» faites Evêque. J'aime mieux, lui ré-
» pondit-il, que vous le soyez, que
» moi. "

CHAPITRE VI.

Mariage de Me. la Duchesse de Berry.

LEs débauches continuoient, mais
étoient pourtant moins vives. Mlle.
de Chartres, fort belle, fort aimée de son
pere, & touchée de Dieu, avoit pris à

Chelles l'habit de Bénédictine, & amené
des réflexions, fortifiées par la Duchesse
de Berry, qui faisoit de fréquentes retrai-
tes aux Carmélites. Cependant la maison
de cette Princesse étoit entretenue avec
beaucoup d'éclat : le Luxembourg lui fut
donné : la Meute servit à ses plaisirs ; on
lui prêta Meudon. A quinze ans, sa beauté
avoit été parfaite : son embonpoint devint excessif, malgré les liqueurs dont elle
buvoit abondamment ; ses traits en furent
altérés , & il ne lui resta que les plus belles mains du monde, dont l'impitoyable
calomnie prétendoit que son pere étoit
idolâtre. Le Comte de Riom eut toute
sa tendresse, & ensuite sa main, pour se
délivrer des remords dont elle étoit agitée. Voici ce que Me. de Mouchy, sa Dame d'honneur, racontoit à une de ses
amies.

Me. de Berry, rassasiée de plaisirs, se
fit une cellule aux Carmélites, dont les
austérités la tentoient vivement, toutes les
fois qu'elle étoit lasse du péché. Après
une longue retraite, elle communie avec
beaucoup de ferveur ; & après la Communion, elle donne à Me. de Mouchy une lettre pour son amant. La Dame d'honneur
recule de surprise & d'effroi à la vue d'un
si horrible sacrilege. La Princesse remar-

que ce mouvement, la rappelle, pousse
de grands cris, pleure, sanglotte, gémit,
& lui avoue que son amant est son époux.
Me. de Mouchy en douta si peu, qu'après
que M. de Riom eût été fait Gouverneur
de Meudon, elle brigua pour son mari la
charge de Grand-Maître de la Garde-robe
du Comte de Riom, avec une pension
de quatre mille livres. La Duchesse de
Berry ne se ruinoit point pour son époux ;
le Duc de Lauzun, son parent, le voyant
partir pour l'armée avec des housses mes-
quinement brodées d'or : » Mon cousin,
» lui dit-il, quand je couchois au Luxem-
» bourg, mes housses étoient brodées à
» deux endroits. " Elle en eut une fille,
confiée à Me. de Mouchy, qui devina
bien à qui elle appartenoit. A peine l'eut-
elle sevrée, que des gens inconnus vinrent la lui demander. Me. de Mouchy refusa de la leur livrer. Sur de nouvelles
instances, elle courut chez la Princesse,
qui, à son jeu, & troublée, ne répondit rien, & ensuite dit deux fois : *Laissez-
les faire*, sans vouloir lui en donner un
ordre de sa main. Me. de Berry fut attaquée d'apoplexie. Quand elle reçut l'Extrême-Onction, le Duc d'Orléans fut appellé. Me. de Mouchy voulut sortir. Le
Prince lui dit de s'écarter seulement. La

Duchesse de Berry parla quelque temps à son pere, & si bas, que Me de Mouchy ne put rien entendre. Mais elle ouït fort bien, qu'après cette conversation, le Régent s'écria : » Que me dites-vous » là, ma fille ? » Il parut fort ému, & se promena dans l'appartement avec un silence & une précipitation qui montroient son étonnement & son inquiétude. Après sa mort, il demanda la cassette de la Princesse à Me. de Mouchy, qui la lui remit. Un instant après, il lui demanda la fille qui lui avoit été secretement confiée. Me. de Mouchy, répondit qu'elle l'avoit remise à des inconnus par ordre de sa maîtresse. Le Régent lui fit de grandes menaces, si elle ne la retrouvoit. L'Abbé de Champigny lui fut envoyé, & lui dit que sa tête répondoit de cette fille ; elle lui fit la même réponse. M. de la Vrillière vint l'interroger & la menacer de la Bastille ; elle répondit toujours que les plus cruels supplices ne lui pourroient faire dire ce qu'elle ne savoit pas. Au moment que le Ministre sort du Luxembourg, Mlle. de Beauveau, fameuse dévote, entre chez elle, & lui demande qui payera désormais la pension d'une fille mise dans un couvent de Paris par ordre de Me. la Duchesse de Berry. Soudain Me. de Mouchy écrit au Régent ce qu'elle vient d'apprendre. Le Régent l'exile, elle & son mari, tire la fille de ce Couvent, & l'envoye à Amiens, où elle fut élevée chez les Dames de Mauroncourt, de la regle de Fontevrault, avec Me. la Comtesse de......... qui m'a conté ces détails. Elle y étoit fort considérée, servie comme une Princesse, & passant pour une bourgeoise. On l'appelloit Mlle. Benoît. De-là elle fut envoyée, sous le même nom, pensionnaire à Valenciennes, où elle prit le voile. Elle vit encore; elle ressemble trait pour trait à sa mere; des yeux bien fendus, une bouche vermeille, des joues pendantes, un teint de lait.

Cette Religieuse me rappelle celle de Moret, que Voltaire & le peuple ont crue fille de Louis XIV. (1) Elle étoit fille d'un cocher du Roi; & Me. de Maintenon l'a souvent dit à deux Dames, de qui je le tiens. Le Roi, dit l'Historien, lui donna vingt mille écus de dot, en la plaçant dans ce Couvent. Ce fut Me.

_____

(1) Voyez *Siecle de Louis XIV*, Tom. *II* part. *III*. L'Auteur donne aussi à Louis XIV, une autre fille d'une Demoiselle attachée à Me. de Montespan, & dit que cette fille fut mariée à un Gentilhomme de Versailles, nommé *de la Queue*.

de Maintenon, & une quête de l'affemblée de la charité, qui la doterent. Il ajoute que Me. de Maintenon alla exprès à Moret pour défabuser cette fille orgueilleuse de fa naissance. Me. de Maintenon alloit dans ce Couvent trois ou quatre fois l'année, le foutenoit par fes libéralités, & le conduifoit par fes conseils. Il affure qu'on fe fouvient encore à Moret, que la Morefque répondit : » La peine » que vous prenez, Madame, de venir » me dire que je ne fuis pas fille du Roi, » me prouve que je le fuis, &c." Supplément à fa brochure fur les *Menfonges imprimés.*

CHAPITRE VII.

Confpiration contre le Régent.

LE Cardinal Alberoni, que la Nature avoit fait un grand homme, & la fortune, élevé à un rang où il pouvoit le paroître, fongeoit à fe venger de l'ordre que le Régent avoit donné à l'Efpagne de défarmer ; & Me. la Duchesse du Maine, outrée de l'abaissement de fa famille, à la relever en s'appuyant fur

le Roi d'Espagne. Le Pere de la Tour-
nemine lui donna pour Agent à cette Cour,
le Baron de Valef, que la Princesse chargea de traiter avec Alberoni. Le mécontentement de quelques Seigneurs réhaussa
les espérances de la Duchesse du Maine.
Le Comte de Laval, le Marquis de Pompadour, le Cardinal de Polignac, lui offrirent leurs services & leurs amis. Le dernier, plus propre à une intrigue qu'à une
conjuration, proposa de négocier avec le
Prince de Cellamare, Ambassadeur d'Espagne. Le Ministre & la Duchesse eurent
quelques conférences, qu'ils crurent fort
secretes, & qui ne le furent point pour
le Duc d'Orléans. Leur plan étoit d'empêcher le traité de la quadruple Alliance, de
rendre le Roi au Duc du Maine, de demander la convocation des Etats-généraux, de s'emparer la nuit des Tuileries,
de surprendre le Régent dans quelque partie de plaisir, de l'envoyer à Madrid,
de dépêcher des Couriers dans toutes les
Provinces avec des ordres convenables,
& de répandre de tous côtés des lettres
du Roi d'Espagne à tous les ordres de
l'Etat. Ces lettres étoient prêtes; il y en
avoit pour le Roi, pour le Parlement,
pour toute la nation. Le Cardinal de
Polignac, & Malezieu, Chancelier de

Dombes, les avoient compofées. Le Marquis de Pompadour avoit dreffé une requête au nom de toute la Nobleffe, pour
appeller l'Efpagnol en France. Alberoni
avoit inutilement tenté la fidélité des Re-
ligionnaires. Le Duc du Maine ignoroit
ces menées. Sa femme les lui cachoit toutes avec plus de fuccès qu'au Duc d'Orléans. Les écrits dont on envoyoit des mo-
deles à Madrid, fe multiplioient tous les
jours, & aucun ne partoit. Ils furent enfin
confiés à l'Abbé Portocarrero. Le Régent
le fut par la Fillon, fameufe Prêtreffe d'un
Couvent de Vénus. Le Secretaire de l'Ambaffadeur avoit écrit à une de fes Non-
nains, qu'il n'avoit pu aller au rendez-
vous, à caufe des occupations que le départ de Portocarrero lui avoit données. La
Fillon porta ce billet au Garde-des-Sceaux,
dont elle étoit la pourvoyeufe & l'efpion.
Quelques-uns prétendent que les premiers
avis du complot étoient venus de Londres. Sur le champ, ordre d'arrêter l'Abbé. On l'atteint à Poitiers; on s'empare
de fes dépêches; on laiffe en liberté fa
perfonne. On voit clairement la confpi-
ration. L'hôtel d'Efpagne eft invefti, l'Ambaffadeur arrêté, fes papiers faifis; on y
lit diverfes intrigues, quelques-unes obf-
cures, d'autres ébauchées, toutes contrai-

res à la Régence, aucune ennemie du Roi.
Les Cardinaux de Rohan & de Biſſy ſont
ſoupçonnés. Le Duc de Richelieu eſt preſque convaincu. Le journal de l'Abbé Bri-
gaut accuſe les plus fideles. Le Marquis
de Pompadour & de St. Génies ſont enfermés à la Baſtille. Le Comte d'Aydie
& le Marquis de Magny, Introducteur des
Ambaſſadeurs, s'enfuyent en Eſpagne. Le
Cardinal de Polignac eſt exilé dans une
de ſes Abbayes. Malezieu & ſon fils, le
Duc & la Ducheſſe du Maine, leurs domeſtiques, leurs Avocats ſont arrêtés. (1)
La Ducheſſe du Maine eſt envoyée à Dijon
ſous la garde de Mr. de la Billardrie, &
ſon mari à la citadelle de Dourlans, ſous
celle de Favancour, qui le traite avec
cruauté; leurs fils ſont relégués à la ville
d'Eu, leur fille enfermée à Chaillot.

Le Maréchal de Villeroi écrit cette nouvelle à Me. de Glapion, Supérieure de
St. Cyr, & la prie d'en adoucir l'amer-
tume à Me. de Maintenon. Au moment
qu'on apporte cette lettre, Me. de Glapion eſt auprès d'elle. Me. de Maintenon prend la dépêche, & la décachette
avec vivacité; elle y voit la douloureuſe
nouvelle ſans jetter un cri, une plainte;

_____

(1) 9 Décembre 1718.

elle se leve & court à l'Eglise. Me. de
Glapion lit, tombe pâmée, & ne se re-
leve que pour la suivre toute éplorée,
& s'arrête à la porte de la tribune, res-
pectant sa douleur. Me. de Maintenon en
sort avec la fievre, qui ne la quitta plus.
Le Duc du Maine avoit mis la premiere
main à son élévation, & mettoit le comble à ses malheurs.

Le Régent, à qui la nature avoit donné
tant de vertus brillantes, & à qui l'art de
régner en enseignoit tant d'utiles, se venge
de ses ennemis par la clémence. Les Ministres veulent appesantir indistinctement
leur main de fer sur les malheureux & sur
les criminels. Le Duc d'Orléans adoucit
les rigueurs de la prison, & permet aux
détenus ces tristes plaisirs de la lecture,
de la promenade, des visites, que la cruauté même ne devroit jamais refuser dans
ces prisons d'Etat, où l'on est envoyé
sur le soupçon souvent le plus léger, quelquefois le plus injuste.

Madame la Princesse, informée que son
gendre est innocent, & qu'on ne peut
prouver que sa fille soit coupable, demande qu'ils soient jugés, suivant une ancienne loi, par laquelle nos Rois se sont
engagés à ce qu'ils ne pouvoient refuser
à leur peuple sans tyrannie ; à ne point

retenir le prisonnier au-delà d'un terme sans lui faire son procès. Mais, à l'air dont on reçoit ses instances, elle voit, qu'après que les loix se sont tues pour les particuliers, elles ne parlent guere pour les Princes.

CHAPITRE VIII.

Le Czar Pierre à St Cyr.

Madame de Maintenon, trop foible contre tant de maux, n'eut plus un moment de santé ni de joie. Me. de Caylus, craignant qu'elle ne succombât sous le poids de son affliction, accourut à St. Cyr, & y passa huit jours. Elle vit que le coup sensible étoit porté. » Je ne veux » que la mort, lui disoit Me. de Main- » tenon : c'est mon seul bien. " Et un moment après : » Ah si nous savions tout » ce que Dieu fait, nous voudrions tout » ce qu'il veut. " Et quelquefois : » J'ai- » me bien les louanges que les croyants » donnoient à J. C. lorsque remplis d'ad- » miration, ils s'écrioient, *il a bien fait* » *toutes choses.* Dans tout ce qui arrive » aujourd'hui, ajoutoit-elle, nous ne » voyons pas le bien qui en doit résul-

» ter; mais nous pouvons l'entrevoir.
» Le Duc du Maine apprendra ce que font
» les grandeurs de la terre, & la Du-
» chesse déplorera peut-être les erreurs
» de ses jeunes ans. Que le Duc d'Or-
» léans soit sur le Trône, que le fils de
» Louis XIV soit dans les fers, que l'in-
» nocent soit confondu avec le coupa-
» ble, tout est dans l'ordre, tout vient
» de Dieu, tout est bien, & ce bien est
» toujours le mieux. "

Aux réflexions d'une Chrétienne suc-
cédoient les inquiétudes d'une femme, &
de la femme la plus sensible. Elle eût voulu être à Dourlans, consoler le Duc du
Maine, pleurer avec lui. Quand elle pensoit à l'acharnement de ses ennemis, elle
tomboit dans l'abattement : quand elle
songeoit à ce trésor de piété qu'elle lui
avoit donné, elle se reprochoit de verser
sur lui des larmes qu'il ne versoit pas sur
lui-même.

Ce fut alors qu'entiérement détachée
du monde, elle brûla toutes les pieces
qui auroient prouvé son état. » On ne
» saura jamais, dit-elle, ce que j'ai.été au
» Roi. " On blâmera peut-être cette saillie-
lie de dépit ou d'humilité : mais qu'est-
ce que le monde pour qui s'éleve sans
cesse vers Dieu ? Il est aisé de la justi-

fier : mais comment juſtifier ſes directeurs ?

Ce monde ſi mépriſé la conſidéroit
encore. Cet Empereur Moſcovite, qui
cherchoit par-tout des hommes, & qui en
étoit lui-même un grand, voulut voir la
femme que Louis XIV avoit aimée. Me.
de Maintenon lui fit demander la permiſſion de le recevoir ſur ſon lit. La Communauté, en habit de cérémonie, le reçut à la porte de clôture. Il alla droit à
l'appartement de Me. de Maintenon, ſuivi
de quelques Seigneurs François & de ſa
petite Cour. Il lui adreſſa la parole : l'in-
terprete en dit moins, que n'en diſoit le
viſage du Prince. Il tira lui-même le rideau du lit, & fit ſigne qu'on l'ouvrît
au pied. il la conſidéra attentivement :
elle rougit : & les Dames de St. Louis
qui la virent en ce moment, aſſurent qu'elle
dut lui paroître encore belle. Le Czar dit
quelques mots d'étonnement avec une
action encore plus énergique. De-là il
alla dans toutes les claſſes, parut ſurpris
de trouver ſi peu de beauté parmi tant
de filles raſſemblées, s'amuſa de tous leurs
jeux, & fit tirer le plan de la maiſon.
Quelques jours après, on lui montra dans
une aſſemblée Me. de Caylus : ayant ſu
qu'elle étoit niece de Me. de Maintenon,

il fendit la foule, l'aborda, la prit par la
main, la regarda beaucoup, & l'honora
de toutes les politesses Moscovites.

CHAPITRE IX.

Mort de Me. de Maintenon.

L'Heure de Me. de Maintenon appro-
choit (1). Sa fievre augmentoit tous
les jours. Il s'y joignit un très-grand rhu-
me avec des quintes si violentes, qu'elle
perdoit quelquefois la respiration. Elle
vit que sa carriere étoit finie, & le dit
à Me. de Caylus, au Duc & à la Duchesse de Noailles qu'elle avoit fait avertir
du danger.

On fit un changement dans sa chambre pour la garantir du froid. » C'est bien
» la peine, dit-elle, pour deux instants
» que j'ai encore à vivre ! " & se tournant
vers le Duc de Noailles, elle lui dit :
» Il n'y a que ma mort, mon cher Duc,
» qui puisse me justifier des soins que vous
» avez pris pour la retarder. Mais, ajou-

---

(1) 13 Mars 1719.

» ta-t-elle, les pauvres doivent geler de
» froid ! " Elle fit diftribuer une petite fomme à ceux du village de St. Cyr, pour
acheter du bois. Elle penfa auffi aux petites Demoifelles de la claffe rouge, &
dit à la Supérieure : » Je voudrois en ré-
» chauffer cinq ou fix avec moi. "

On lui propofa de diverfifier fes bouil-
lons, parce qu'elle en paroiffoit dégoû-
tée : elle répondit : » Eft-ce que je me
» plains ? "

Elle fuivoit, autant que fon mal le permettoit, les exercices de piété dont elle
avoit toujours rempli fes journées. Elle
fit fa communion Pafchale avec un degré de ferveur qui l'eût dû dédommager
du chagrin de ne la pas faire à l'Eglife
avec fes enfants. » Je ne goûterai plus
» du pain célefte, " dit-elle à fon Confeffeur. Depuis trente, ans elle commu-
nioit, comme fi chaque fois eût dû être
la derniere.

Le Maréchal de Villeroi vint la voir,
& paffa deux ou trois heures avec elle,
fuivant fa coutume ; elle lui parla toujours
avec le même efprit & le même agré-
ment. (1) On la crut beaucoup mieux,

_____

(1) 4 Avril.

son pouls étoit tranquille ; le Médecin espéroit, St. Cyr étoit dans la joie, elle seule ne s'y méprit point : » Je suis mieux, » dit-elle ; mais je pars. » Le Duc & la Duchesse de Noailles revinrent, & ne la quitterent plus. Elle dit à Me. de Glapion : » Il n'y a plus rien à faire, » mafille, qu'à prier Dieu qu'il épar- » gne à mon impatience les grandes dou- » leurs. » Elle étoit aussi inquiete des peines qu'elle croyoit donner aux Dames de St. Louis, que si elle eût été dans la maison un de ces objets de charité que la compassion y eût fait recevoir : fidelle à la regle jusqu'à la fin, elle renvoyoit les soirs Me. de Caylus coucher à Versailles.

(1) Elle dit à Mlle. d'Aumale : » Quoi- » que je sois bien mal, il ne faut pas né- » gliger les bonnes œuvres : envoyons » nos pensions ; il n'est pas juste que ces » pauvres gens attendent. » Ce fut la premiere fois de sa vie, qu'elle ne fit pas ses comptes elle-même. Elle dit ensuite : » Je » viens d'avoir un grand plaisir : j'ai » payé mes pensions d'avance : je ferai » du moins encore l'aumône après ma » mort. »

_____

(1) 6 Avril.

(1) Elle ouvrit fa caffette, & revit fon teftament : elle y ajouta : *Je donne à Mr. d'Aubigné, Archevêque de Rouen, mon petit portrait du Roi ; & je defire qu'il foit confervé à jamais par ceux de mon nom, qui le regarderont avec la vénération & la reconnoiffance qu'ils doivent.* Elle dit en riant à Mlle. d'Aumale : » Cela eft encore écrit » affez ferme. " Elle fit quelques railleries fur la modicité de ce teftament. (2) Pendant la vie du Roi, elle en avoit fait un, qui ne contenoit que ces mots : *Mlle. d'Aumale portera cette lifte de mes aumônes au Roi, & le priera de donner une penfion à Mlle. de Breuilhac.*

(3) La fievre & la toux diminuerent ; mais la foibleffe augmenta. Elle dit à Me. de Glapion : » En vérité, Mada- » me, j'abufe de vos bontés : que de- » viennent vos affaires ? " Me. de Bloffet lui ayant apporté une lettre : » Je ne fuis » pas encore morte, lui dit-elle, fans l'ou- » vrir, mais le monde eft mort pour » moi. "

---

(1) 7 Avril.
(2) Voyez Tom. VI, Pieces juftificatives.
(3) 9 Avril.

(1) Le redoublement de fievre fut accompagné de plufieurs fignes de malignité qui ôterent toute efpérance. On célébra la Meffe à minuit dans fa chambre. Elle y communia en Viatique. Voyant le Prêtre, le Médecin, Me de Glapion, & Mlle. d'Aumale autour de fon lit, elle leur dit : » Eft-ce que je fuis à l'agonie? " Elle mouroit dans cette douce paix qui eft le témoignage & la récompenfe d'une vie innocente.

(2) Elle tomba dans un affoupiffement duquel on ne la tiroit qu'en lui parlant de Dieu. On lui annonça l'Extrême-Onction fans détour. En ce moment, elle fe réveilla, & dit qu'elle l'aimoit fort : elle vit tous les préparatifs de ce trifte Sacrement, & dit aux Dames qui fondoient en pleurs : » Je vous difois bien que » j'en viendrois-là. N'y a-t-il rien à » préparer autour de mon lit? " Pendant la cérémonie, elle répondit à toutes les prieres funebres. Son Confeffeur la pria de donner fa bénédiction à la Communauté affemblée. » J'en fuis in-» digne, répondit-elle. " Il l'en preffa : elle obéit.

_____

(1) 14 Avril.
(2) 15 Avril.

Mr. le Duc de Noailles lui baifa la main en lui demandant comment elle fe trouvoit : elle répondit : » Pas trop » bien ; adieu, mon cher Duc, dans » quelques heures d'ici, je vais appren- » dre bien des chofes. " Auffi-tôt elle re- tomba dans cette efpece de létargie. L'a- gonie fuivit de près. Elle avoit l'air d'une perfonne qui dort tranquillement. Son vifage, dit Mlle. d'Aumale, paroiffoit plus beau & plus refpeétable que jamais. Elle s'éteignit à cinq heures du foir.

Je peindrois mal la douleur & la conf- ternation de tout ce qui refpiroit à St. Cyr. Les pleurs & les fanglots fuccéde- rent au faififfement : chacune regrettoit la portion de bonheur qui lui échappoit : chacune croyoit avoir perdu fa mere. Cette mort naturelle & tardive paroif- foit à fes filles une mort fubite & pré- maturée. On entendoit par-tout des cris perçants : les fervantes même mêloient les leurs à ceux des Dames & des enfants. Nul ordre dans la maifon. Tous les exer- cices étoient interrompus. Tantôt un pro- fond filence, tantôt de longs gémiffements. Parmi tant de perfonnes de caraétere & d'â- ge différents, l'affliétion paroiffoit la mê- me. Si quelques paroles échappoient dans cette défolation, c'étoient des regrets de

n'avoir pas affez connu le prix de ce qu'on
avoit perdu , des éloges naïfs , quelques
mots d'admiration parmi cent expreffions
de douleur. On fe répétoit fes dernieres
paroles; on s'interrompoit par des fanglots ; on s'empreffoit d'approcher de fon
lit pour la confidérer encore. La mort
avoit refpecté fon vifage : aucun de fes
traits n'étoient changés : elle infpiroit
la vénération : on prioit pour le repos
de fon ame ; on l'eût volontiers invo-
quée. Heureux ceux, difoit-on , que
Dieu appelle à lui dans ces temps durs
& fâcheux ! Car quoiqu'il lui eût été bien
doux de voir les premieres vertus d'un
Roi formé par fes amis, cependant c'eft
une confolation pour elle d'échapper à
l'avenir effrayant que promettoit cette
orageufe Régence.

Me. de Maintenon ne vit point la guerre
déclarée au petit-fils de Louis XIV; la
Bretagne, prefque révoltée; Dubois, honoré de la pourpre, & chaffant du Confeil par fa préfence tous les Grands du
Royaume ; le Duc du Maine, devant fon
retour à l'ingratitude de fa femme envers
tous fes amis ; le plus augufte Sénat, rempli de foldats & exilé, pour avoir refufé
de concourir au renverfement de la patrie ; Daguefleau, après être revenu de
Frêne

Frêne avec honneur, rester à Paris avec honte; Mlle. de Valois, dotée de quatre millions, malgré les murmures de la misere publique; Villeroi, puni d'avoir fait son devoir; les Ducs, demander d'être jugés par le Conseil; un Pair du Royaume, flétri par le Parlement, & n'être pas le plus coupable des Pairs. Jean Law n'étoit encore connu que par quelques Edits, bientôt chaque jour en vit naître un nouveau: l'autorité fut sans bornes: avoir de l'or & de l'argent furent des crimes d'Etat: les fortunes les mieux établies furent renversées, & les plus injustes, le plus solidement établies: la cupidité nous précipita dans l'illusion : &, victimes d'un système imaginé avec esprit, exécuté avec perfidie, nous déchirâmes nos entrailles de nos propres mains: un étranger sans foi, sans nom, coupa d'un seul coup la tête au peuple François. (Jusqu'alors nous avions été opprimés, du moins avec sagesse.) Louis XIV avoit gémi d'avoir fait quelques blessures à l'Etat : le Duc d'Orléans lui ôte tout principe de vie, & en rit.

Me. de Maintenon mourut donc fort à propos pour elle-même : cependant les soins du Duc du Maine manquerent à ses derniers moments : & ses yeux, dans leur dernier regard defirerent quelque chofe.

M. le Duc de Noailles, après avoir fait ouvrir le teftament, donna les ordres néceffaires pour les triftes cérémonies auxquelles la douleur des Dames de St. Louis ne leur permettoit pas de penfer. Quoique Me. de Maintenon eût demandé d'être enterrée au cimetiere de la maifon, il fit faire un caveau au milieu du chœur, pour y dépofer le corps embaumé dans un cercueil de plomb. L'Eglife fut tendue de noir. (1) L'Evêque de Chartres, accompagné du Général de St. Lazare & de tout fon Clergé, officia en habits pontificaux. Les Dames porterent le drap mortuaire ; les Demoifelles, des flambeaux allumés : l'Eglife retentit de chants & de fanglots. Mais quand tout ce qui reftoit de Me. de Maintenon difparut à leurs yeux, elles pleurerent plus amérement, comme fi elles la perdoient une feconde fois. Eloge funebre, plus glorieux à fa mémoire, que celui qui fut fupprimé par le Duc de Noailles. L'Orateur avoit une matiere bien propre à tous les ornements de l'éloquence ; mais on crut qu'il valoit mieux fe taire, que

_____

(1) 17 Avril.

de ne parler qu'à demi, suivant l'avis de ce Seigneur en qui St. Cyr a trouvé un protecteur tel que l'avoit desiré Me. de Maintenon.

Mais ce qu'on n'avoit osé dire, on le grava sur le marbre dans une épitaphe Françoise (1), faite par l'Abbé de Vertot, revue par le Duc de Noailles, renfermée en peu de mots dans mon épigraphe, & la seule, peut-être, que l'histoire ne démente pas. Oui, plus on examinera Françoise d'Aubigné dans les différents périodes de sa vie, moins on doutera qu'elle n'ait été une Sainte & presque une Héroïne : *Bonam facile crederes, magnam libenter.*

Voilà tout ce que j'ai rassemblé jusqu'ici sur le regne de Louis XIV, dans l'espérance que mon travail pourroit être utile à la gloire de ma patrie, si jamais

_____

(1) Voyez T. VI, n°. 22. Pour ne rien omettre de tout ce qui regarde Me. de Maintenon, je remarquerai ici que l'Auteur du *Siecle de Louis XIV* se fâche de ce qu'on affecta d'omettre dans son épitaphe le nom de son premier mari. On y a bien omis le titre de Dame d'atour ; le tour de la piece le vouloit ainsi. Scarron pouvoit-il figurer à côté de Louis XIV ? Ce nom, dit-il, n'étoit pas avilissant en lui-même, il est vrai ; mais il l'étoit devenu.

cette éclatante partie de notre Histoire trouve un Historien digne d'elle.

Peut-être suis-je entré dans trop de détails : peut-être me suis-je trop affectionné à un caractere que j'ai trouvé par-tout droit & bienfaisant : peut-être ai-je été trop vrai dans quelques endroits, & trop peu instruit dans d'autres : peut-être ai-je déplu à tous mes lecteurs. Mais, j'ose le dire, (car il en est un que je compte pour rien) j'ai tâché de n'en offenser aucun & d'être utile à la plupart, aux penseurs par des faits, aux frivoles par des réflexions. Je leur ai offert ce que j'ai cru la vérité, sans nuage comme sans crainte. J'ai peint Me. de Maintenon telle que je l'ai vue dans les Mémoires les plus fideles. Hé ! (à l'intérêt de l'humanité près,) que m'importe qu'elle ait eu des vices ou des vertus ?

Fin du Tome Cinquieme.

(341)

TABLE
DES MATIERES

Contenues dans ce Tome V^e.

A.

C.

D.

Fin de la Table des Matières du Tome IV.

www.ingramcontent.com/pod-product-compliance
Lightning Source LLC
Chambersburg PA
CBHW071631270326
41928CB00010B/1871